U0369616

外语教学改革中
一线教师情感张力的
追踪研究

高 原 ◎ 著

清华大学出版社
北京

内 容 简 介

本书以复杂动态理论为总体框架，将教学改革看作全面联结的复杂动态系统和多层嵌套的生态系统。本书通过对一线教师的长期追踪，探索教师情感与身份、信念和主体性的整体关系，力图深入挖掘教师个体与改革生态的复杂动态的协商互动，从而展现一线教师在外语教学改革中的情感张力的变化历程。本书着力分析消解情感张力的关键因素，首次提出影响教师情感变化和专业发展的关键概念、关键生态系统、关键事件。

本书适用于外语专业研究生和外语教师，同时可以为改革政策制定者、推行者、学校管理者、教师教育者提供参考。

图书在版编目（CIP）数据

外语教学改革中一线教师情感张力的追踪研究 / 高原著 .
北京：清华大学出版社，2024.11. -- ISBN 978-7-302-66801-5

Ⅰ . H09

中国国家版本馆 CIP 数据核字第 2024VE1664 号

责任编辑：徐博文
封面设计：何凤霞
责任校对：王荣静
责任印制：杨 艳

出版发行：清华大学出版社
　　　　网　　　址：https://www.tup.com.cn，https://www.wqxuetang.com
　　　　地　　　址：北京清华大学学研大厦 A 座　　邮　　编：100084
　　　　社 总 机：010-83470000　　　　　　邮　　购：010-62786544
　　　　投稿与读者服务：010-62776969, c-service@tup.tsinghua.edu.cn
　　　　质量反馈：010-62772015, zhiliang@tup.tsinghua.edu.cn
印 装 者：三河市东方印刷有限公司
经　　销：全国新华书店
开　　本：155mm×230mm　　印　张：18　　字　数：272 千字
版　　次：2024 年 12 月第 1 版　　印　次：2024 年 12 月第 1 次印刷
定　　价：158.00 元

产品编号：105934-01

序

　　2000 年秋，高原来到北京外国语大学在我门下攻读语言学博士学位。周围人眼中的她不善言辞、内向安静，甚至有些孤独。但是在我看来，她其实喜欢思考、善于倾听。她也许不会主动参与对话或表达情感，却更擅长于观察，更倾向于反省。如今看到高原采用一对一访谈的形式深度刻画外语教师教改工作的情感历程，我深切地体会到研究和研究者的确互为镜面。因为高原是天生的倾听者和观察者，她虽然不太展露情感，可却并不缺乏情感。相反，正是她对一线外语教师的深厚情感和切身体会，才使她有着细腻的观察力和敏锐的捕捉力。

　　《外语教学改革中一线教师情感张力的追踪研究》一书是高原多年来亲历外语教学实践和教师发展研究的成果，也是她对外语教育事业的热爱和坚持的体现。本书中，她深入探讨了教师发展的几个重要构念，如教师情感、身份、信念和主体性等，以及它们之间的复杂动态关系，提出了外语教师情感张力的关键构念、关键生态系统、关键事件的理论模型和许多新颖的学术观点，为外语教师发展领域的实践和研究贡献了宝贵的启示。我相信本书将对教师发展领域的研究者、一线教育工作者和教育政策制定者都具有重要的参考价值。我衷心希望本书能够得到广泛的关注和认可，为教师发展领域的进步做出积极贡献。

　　作为读者，我阅读本书的感悟在于，有关外语教师发展的学术研究之应用价值并不限于指导某个特定群体的专业发展。本书立足于"复杂动态视角"，研究了相关的关键构念、关键生态系统、关键事件等，其发现完全适用于每位个体的成长之路。个体成长的路径不同，发展阶段不同，而不同的发展阶段能够起到关键性作用的关键构念、关键生态系统、关键事件有所不同。有趣的是，在复杂动态的生态系统之中，往往无法提前确定真正能够起到关键作用的构念、生态子系统或事件。这就要求个体和个体发展密切相关的利益相关者积极尝试，努力促成相关构念、生态子系统和事件的关键性影响。

　　2003 年，高原离开了北京外国语大学的学习和工作生态，去到中国科学院大学。我很高兴当年播下的一枚语言学种子已经长成了一棵苗壮的大树。我赞赏她努力工作的热忱、专注于发展外语教师队伍的毅力、执着于融合一线教学实践与学术科研发现的奉献与勤奋。我为她感到骄傲和自豪。希望她能继续保持这种努力和热情，不断追求卓越，成为更加优秀的教师发展的研究者。再次祝愿这本书取得巨大的成功！

刘润清

2024 年 2 月于北京

前　言

　　为适应社会经济的快速和可持续发展，中国的高等教育正在经历重大的改革。人才培养是高等教育改革关注的重要方面。习近平总书记指出，"中国是一个大国，对人才数量、质量、结构的需求是全方位的，满足这样庞大的人才需求必须主要依靠自己培养。"在党的二十大报告中，习近平总书记将教育、科技、人才一体化部署，强调教育是基础、科技是支撑、人才是关键，凸显出教育、科技和人才在中国式现代化新征程中的战略性地位。因此，一线外语教师需要认真思考外语教育、科技发展和人才培养的相互关系，并有效推动融合三者整体性设计的外语教学改革。

　　一线教师是教育改革的关键环节，教师专业发展的成熟程度决定了教育改革的深度和广度。然而目前，在充满挑战的外语教学改革进程中，外语教师群体正在承受越来越大的压力，经历越来越复杂的情感张力。很多外语教师感到职业危机比较大，成就感却并不容易获得。部分教师甚至可能由于教学改革带来的情感张力而产生强烈的职业倦怠感，而不愿积极投身于外语教学改革的浪潮之中。可见，探讨外语教学改革中一线教师专业发展所面临的情感张力现实无疑对于进一步深化外语教学改革具有积极的影响作用，有助于推动一线外语教师的专业发展，并进而切实提高外语教育质量，培养出国家需要的具有全球胜任力和竞争力的国际化高端人才。

　　一方面，外语教学改革对于一线教师提出了较高要求；另一方面，教学改革为外语教师的专业发展提供了大量的机遇和给养。教师情感张力很可能成为教师专业发展的不可避免的起点和契机。当然，每位教师个体在经历情感张力时可能实现的发展路径有所不同，往往展现出很大的复杂性和动态性。本书以复杂动态理论作为总体框架，将外语教学改革看作全面联结的复杂动态系统和多层嵌套的生态系统，深入挖掘和长期追踪教师 X、Y、Z 的情感张力历程，力图准确把握教学改革语境下教师专业发展的关键因素，揭示影响不同一线教师个体情感张力变化和专业发展的关键构念、关键改革生态系统和关键事件。本书中的呼吁教学改革的政策制定者、改革推行者、教师教育者、学校管理者，以及一线教师关注改革生态中可能出现的关键构念、关键生态系统、关键事件，实现教师个体和改革集体的协力双赢和共同发展。

　　衷心感谢三位优秀的一线外语教师：教师 X、Y、Z，感谢他们将教学改革的情感经历和盘托出，本人才有可能细致观察和深度洞悉教师情感与身份、信念、主体性的整体互动，以及一线教师与改革生态的复杂动态的双向作用，从而真实呈现改革生态中一线教师的专业发展轨迹。通过三位老师的成长故事，本人得以发现教学改革过程中一线教师的专业发展规律，并且管中窥豹得见外语教师群体的积极进取的工作热忱。本人相信，作为中国高校教育改革重要部分的外语教学改革必将不断深化，迎来更为可喜的改革成果和更加美好的未来！

　　今年，外国语言文学学科增设外语教育学二级学科，希望本书可以成为外语界这一重要事件的小小贺礼。由于本人水平有限，疏漏与不足在所难免，敬请外语同行和广大读者批评指正。

高霞

2024 年 2 月于北京

目　　录

第 1 章　导言 ………………………………………………… 1

第 2 章　外语教学改革 …………………………………… 9

    2.1　中国高等教育改革与发展的时代背景 …………… 10

    2.2　高校外语教学改革的宏观语境 ……………………… 13

    2.3　学术英语教学改革中的一线英语教师 …………… 16

    2.4　小结 ……………………………………………………… 20

第 3 章　教师情感 ………………………………………… 21

    3.1　情感转向 ………………………………………………… 22

    3.2　情感的分类 ……………………………………………… 24

    3.3　作为生理和心理产物的情感 ………………………… 27

    3.4　情感的社会属性 ……………………………………… 29

    3.5　情感规则、情感调节和情感劳动 ………………… 29

    3.6　情感生态和权力关系 ………………………………… 32

    3.7　小结 ……………………………………………………… 34

第 4 章　教师情感的相关构念：身份、信念和主体性 …… 35

    4.1　教师身份 ………………………………………………… 36

        4.1.1　外语教学改革中的教师身份构建 …………… 37

        4.1.2　教师的自我概念 …………………………………… 39

        4.1.3　社会文化环境中的教师身份共建 …………… 41

4.2　教师信念 ··· 44

　　4.2.1　教师信念的理论基础 ····························· 45

　　4.2.2　传递主义和构建主义教师信念 ············· 46

　　4.2.3　教师信念的复杂系统 ··························· 48

4.3　教师主体性 ··· 51

　　4.3.1　教师主体性的定义 ······························· 51

　　4.3.2　教师主体性的分类 ······························· 54

　　4.3.3　教师主体性与教师身份 ························· 56

　　4.3.4　教师主体性与教师信念 ························· 58

　　4.3.5　教师主体性与教师情感 ························· 60

4.4　小结 ··· 61

第 5 章　教师的情感张力 ··· 63

5.1　张力的社会文化视角 ····································· 64

5.2　改革实践共同体中的情感张力 ······················· 68

5.3　小结 ··· 74

第 6 章　复杂动态系统理论 ··· 75

6.1　复杂动态系统的主要特征 ······························· 77

6.2　复杂动态系统与生态系统 ······························· 82

6.3　小结 ··· 84

第 7 章　质性研究方法 ··· 87

7.1　研究场所 ··· 88

7.2　研究对象 ··· 91

7.3　研究数据 ··· 94

7.4　数据分析 ··· 97

7.5　研究伦理 ··· 99

7.6　研究信度 ·· 100

7.7　小结 ·· 101

第8章　研究发现 ·· 103

8.1　教师 X 的情感张力 ··· 104

8.1.1　教师 X 的身份、信念和主体性存在张力 ········ 104

8.1.2　教师 X 身份、信念和主体性的内部张力持续

存在 ·· 108

8.1.3　教师 X 身份、信念和主体性的内部张力与

情感张力的复杂动态互动 ··························· 111

8.1.4　教师 X 的情感张力在改革推进过程中整体上

有所减弱 ·· 120

8.1.5　教师 X 的身份构建是情感张力变化过程的主要

矛盾 ·· 123

8.2　教师 Y 的情感张力 ··· 132

8.2.1　教师 Y 的身份、信念和主体性持续存在内部

张力 ·· 132

8.2.2　教师 Y 的身份、信念和主体性与教师情感是

复杂动态的开放系统 ································· 146

8.2.3　教师 Y 的信念塑造是情感张力变化过程的主要

矛盾 ·· 160

8.3　教师 Z 的情感张力 ··· 165

8.3.1　教师 Z 的身份和信念达成稳定 ················· 166

8.3.2　教师 Z 在中观生态和外部生态的情感张力 ····· 173

　　　8.3.3　教师 Z 的教师主体性在个体主体性和集体
　　　　　　主体性之间存在张力 ································· 179

　8.4　小结 ··· 188

第 9 章　研究讨论与启示 ································· 189

　9.1　教师情感张力变化的关键教师发展构念 ········· 191

　9.2　教师情感张力变化的关键改革生态系统 ········· 196

　9.3　教师情感张力变化的关键事件 ················· 202

　9.4　小结 ··· 208

第 10 章　结语 ··· 211

　10.1　主要观点 ··· 211

　10.2　学术创新 ··· 212

　10.3　结束语 ··· 214

参考文献 ··· 215

附录 ··· 259

术语表 ··· 273

第1章
导　言

在当今世界全球化的时代背景下，传统的语言教学秩序面临着很多挑战（龙在波、徐锦芬，2021）。全球化进程的日益推进加速了全球经济文化的流动性和多元文化的融合，冲击着传统的英语教学范式对于正统的语言使用的重视（Blommaert，2010），不再全然强调英语使用的标准性和正确性，而是认为英语教学不应以英语本族语的语言能力和语言运用为唯一目标。作为世界第二大的经济体，中国拥有着世界上最大的英语学习人口（Crystal，2008）。一方面，中国在全球化进程的积极参与中迫切需要对外进行经济文化交流，因此英语教学在中国教育事业中一直处于重要地位（徐锦芬、龙在波，2021）；另一方面，中国的英语教学正在逐渐摆脱单向趋同于英语文化的英本主义（native-speakerism）（Huang，2019）的价值立场。中国高校的外语教学正在经历一场重要的改革，英语教学开始注重培养学生使用跨文化方式更加有效地讲好中国故事（刘熠、商国印，2017；岳豪、庄恩平，2022），以提升中国文化的国际传播和国际影响。

讲好中国科学家的科研故事也是讲好中国故事的重要一环。中国的快速发展为外语教育带来了前所未有的挑战与机遇（孙有中等，2016；王守仁，2016），我国的高等教育生态赋予了外语教育全新的特征（雷鹏飞、徐锦芬，2020），促使英语教学在教学内容、教学理念和教学方法等方面进行相应的变革（陈菁、李丹丽，2020）。近年来，学术英语（English for Academic Purposes，EPA）被很多高校纳入外语教育课程体系之中（李韬、赵雯，2019），成为外语课程结构中的重要组成部分。学术英语已经成为我国高校英语教学改革（teacher-initiated reform）的主流方向之一，很多高校将学术英语视为重构外语课程体系的重要部分进行建设（颜奕等，2020）。助力未来科技人才在国际舞台上讲好中国科学家和科学研究的故事已成为中国高校学术英语教学改革的坚定目标。因此，本研究以学术英语教学改革为例，深入探讨中国高校外语教学改革中一线教师（frontline teacher）的发展问题。

一线英语教师的专业发展（professional development）无疑是中国外语教学改革的重要课题（高雪松等，2018）。1993 年颁布的《中华人民共和国教师法》明确规定："教师是履行教育教学职责的专业人员。"作为具体的教学改革工作的执行者，一线教师的成长与发展直接决定了教学改革的成败（文灵玲、徐锦芬，2014；张莲、高释然，2019）。2018 年，中共中央、国务院印发的《关于全面深化新时代教师队伍建设改革的意见》指出，兴国必兴教，强教必强师（文秋芳，2020）。因此，确保外语教学改革的质量，关键在于建设一支具备高素质和创新型的一线教师队伍（徐锦芬、李霞，2019），而高素质的教师队伍建设的根本在于外语教师专业能力的提升与发展（张莲，2019）。可以说，一线教师的专业发展切实影响着我国外语教学改革的顺利实施（徐锦芬、李霞，2018）。

同时，外语教学改革是一线英语教师获得专业发展的重要契机。教师的发展"常常发生在工作场所独特的环境之中"（Beckett & Hager，2000：302），可理解为"在变化的环境中作出恰当判断和反应能力的提升"（同上）。教师在"自身的内在努力和外部的工作环境的影响下，其专业知识和能力获得提高的过程"（张敏，2008：84）。可见，教师的发展离不开与所在工作环境的密切互动（徐锦芬、李霞，2019）。而教学改革所带来的工作环境的剧烈变化极大地拓展了教师发展（teacher development）的成长空间，激发了教师富有创造力的自我更新。教学改革的过程同时也是一个促进一线教师不断思考、勤于实践和提升理念的过程（Bailey et al.，2004）。教学改革的艰难语境将一线教师推出了安全舒适的技能范围，迫使教师完善知识体系、构建新的身份、重塑教师信念（teacher belief）、努力发挥教师主体性（teacher agency）并经历复杂的情感变化，从而超越自我实现专业的发展。

近年来，随着高校教育改革的不断深化，高校教师表现出不同程度的复杂情感，教师情感（teacher emotion）已经成为高校教师发展研究的重要课题之一（王欣、王勇，2015）。教学改革的动力来源大致可以分成两类：一种类型的改革动力来自教师群体的外部力量，比如政府或其他社会力量；另一种类型的改革动力则来自学校内部特别是教师群体内部（Gitlin & Margonis，1995）。来自教师群体之外的改革动力可能形成外部压力，造成教师的改革负面情感（negative emotion）；而来自教师群体内部的改革动力未必在所有参与改革的教师之间均匀分布，部分教师可能动力更充沛而部分教师则可能相对被动。此外，如果改革动力完全源自教师群体内部，则改革的目标往往因为不同教师的个人认识不同变得模糊而不确定（高原，2018），从而容易引发一线教师的焦虑情绪（孟宪宾、鲍传友，2004）。以学术英语教学改革为例，改革动力很可能是外部和内部的综合结果，教学改革既来自教师的主观能动性也离不开教师群体对于外部宏观环境的深入思考。因此，教学改革的一线教师可能同时面临来自外部和内部的压力，导致他们产生十分强烈的改革负面情绪。尽管一线教师对于教学改革总体持有拥护和支持的态度（顾佩娅等，2014），但是改革所带来的教师身份（teacher identity）的重建、教师信念的重塑、教师主体性的提高都不可避免地给教师带来强烈的情感波动。尤其是考虑到学术英语教学具有一定的学科特异性（Hyland，2002），强调学术情境下的语篇构建能力。然而，高校英语教师整体来看存在学术训练严重不足、科研基础薄弱、科学研究实践能力较低的问题（徐锦芬、雷鹏飞，2020；赵晓光、马云鹏，2015）。正如汪晓莉、韩江洪（2011：44）所说，"羸弱的科研能力已成为阻碍高校外语教师个人发展的桎梏"，这不仅不利于外语教学改革工作的开展，还严重削弱了一线教师参与教学改革的意愿，成为他们构建新的教师身份的最大障碍，给教师带来极为强烈的危机感（Alexander，2007）。

　　一线教师面临繁重艰难的改革任务难免经历内心情感的挣扎（高原，2018）。教学改革对一线英语教师提出了很多要求，高校英语教师不仅需要走进教授全新内容的一线课堂，而且还需要参与教材的编写和出版、线上资源（如微课、慕课）建设、试题库建设等工作。研究显示（Gao & Cui，2022a；Tomlinson，2003），教材的开发对于教师发展极其重要。作为课堂教学的重要依据以及教师个体与实际课堂教学活动的重要联结（徐浩，2010），体现了教学理念向具体载体的转化。然而，一线教师未必能够形成有关外语教学的全面系统的理论认识，这为一线教师的教材编写实践带来了难题。而且，我国的英语教材编写的思路和理念正在经历不断的创新和发展，要求一线教师打破传统编写模式（陈坚林，2007；张德禄、张淑杰，2010；庄智象、黄卫，2003），充分结合中国特色的外语教学实践（文秋芳，2002；徐锦芬，2021），以针对性、科学性、完整性、系统性为原则促进人格塑造和素质培养（徐锦芬、龙在波，2021；庄智象，2006）。开发与时俱进的英语教材对于一线教师而言无疑是一项巨大的挑战，对高校英语教师的情感稳定不可避免地形成威胁。可见，一线教师在完成各项改革任务时难以避免地面临情感的波动。

当然，我们应该采用辩证的观点来看待教师负面情感。对立统一规律是唯物辩证法的精髓与核心（文秋芳，2017），认为世界是由既相互对立又相互统一的矛盾集合体构成，我们既要认识到矛盾双方的对立关系也要看到两者的内在联系。在外语教学改革过程中，教师经历的正面情感（positive emotions）和负面情感均以对方为前提，彼此对立而统一，负面情感并不是教师发展的单纯消极因素（Gao & Cui，2022a），反而可能对于教学改革和教师发展有所促进。基于对立统一的矛盾论，辩证唯物主义（dialectical materialism）提出联系观、发展观和差异观（文秋芳，2017）。联系观注重事物之间的相互制约和相互影响。教师情感并非孤立存在，而是与教师发展的重要构念如教师身份、教师信念和教师主体性密切相关，负面情感可能恰恰是教师积极构建身份、重塑信念和发挥主体性的必然反应。发展观认为事物处在不断变化的过程之中，事物内部的矛盾是事物发展的根本原因。教学改革中教师的正面情感和负面情感之间的张力（tension）很可能是推动教师努力作出改变的内在动力。差异观则指出事物之间既存在普遍联系又存在本质区别，每一位教师个体虽然都在经历情感的变化，但是由于所在的工作场所不尽相同、改革的实践共同体（Community of Practice，CoP）有所差别，很可能在情感的变化路径上有所差异。辩证唯物主义所强调的矛盾论还指出，任何矛盾都由两面组成，分为主要矛盾（principal contradiction）和次要矛盾（secondary contradiction），矛盾的不同方面对立统一、相互转化，抓住主要矛盾是解决问题的关键所在（文秋芳，2018）。因此，缓解教学改革中教师的情感张力（emotional tension）需要明确教师发展过程中的主要矛盾，即抓住问题的关键，以便真正解决主要矛盾，从而有效干预教学改革所引发的对抗与冲突，有效推进教学改革的顺利开展。

教学改革是一个复杂的、动态的系统。首先，外语教学改革往往形成复杂的生态系统（ecological system）（郑咏滟，2011；Gao & Cui，2022b）。生态一词出自德国生物学家 Ernst Hackel（秦丽莉、戴炜栋，2013），强调一种有机生物体在其生存和发展的环境中与其他有机生物体之间的整体关系（高原、崔雅琼，2021）。生态系统的视角注重采用整体的方法来探索某一物体或某个过程在特定环境下与其他共生、共存的物体或者过程的相互关系（秦丽莉、戴炜栋，2013）。教学改革所在的工作环境被视为一个包含不同层级的嵌套复杂系统（Bronfenbrenner，2005）。多种因素在多个层面上相互联结，形成了系统的全面联结性（complete interconnectedness）（郑咏滟，2011）。教师的情感是教师和所在环境的不同层面之间全面联结和复杂互动的表现。在教学改革语境下，一线教师会与学生、同事、学校管理者、社会环境，尤其是教师所在的改革实践共同体之间产生不同程度的彼此互动，从而经历非常复杂的情感体验（Chen，2017）。同一个改革语境由于不同的改革参与者对于各个层面投入程度的差异可能会形成不同的改革生态（reform ecology），因此改革的复杂动态系统（complex dynamic system）具有显著的个体差异性（韩晔、许悦婷，2020），不同教师寻求改革生态平衡的过程很可能有所不同（徐启豪、王雪梅，2018），从改革生态中获得的给养（affordance）（van Lier，2000）很有可能存在程度的差别。由此看来，不同的教师个体即使参加了同一场教学改革实践也极有可能经历完全不同的情感变化。其次，基于 Larsen-Freeman & Cameron（2008）的复杂动态系统理论，外语教学改革可被视作一个动态开放的，甚至有时混沌的系统（李茶、隋铭才，2017）。教学改革的复杂动态系统随着时间的变化，系统中的各个要素之间的互动方式可能发生变化并对系统未来的状态产生相应的影响，所以教学改革不可能是单纯的线性过程，改革系统和系统的各个要素随着改革的生态环境的变化不断进行调整和适应（徐锦芬、龙在波，2021），而教师情感的变化轨迹也并非简单地从负面情感向正面情感的线性的单向转变。那么，在复杂动态的教学改革系统中，随着改革的逐步推进，一线教师经历了怎样的情感体验是一个非常值得探究的问题。

目前看来，复杂系统理论多应用于语言的习得研究（郑咏滟，2011），而很少应用于教师发展研究。Hiver & Whitehead（2018）从复杂动态理论视角解读教师的身份和主体性。Zheng（2015）考察中国的课程改革背景下一名中学英语教师的认知与环境的互动，揭示了教师信念的动态和非线性特征。然而目前，还未出现从复杂系统理论视角下对于一线英语教师在教学改革推进过程中的情感变化的探索，以及关于教师情感与教师发展的重要构念的复杂动态关系的研究，即教师情感与教师身份、教师信念和教师主体性的复杂动态关系的研究。基于此，本研究将以复杂动态理论为指导，充分重视教学改革中一线教师情感的复杂性和动态性，通过深入探讨教师情感与教师发展的重要构念之间的复杂动态关系，追踪外语教学改革生态中一线教师的情感变化轨迹，以期为教学改革的政策制定者、推行者、教师教育者、学校管理者和一线教师提供参考。

本书共十章。第 1 章为导言，简要勾勒出外语教学改革的时代背景，阐述一线教师专业发展和教学改革顺利推进两者之间相互的重要作用，特别强调关注一线教师情感变化对于教学改革顺利开展的不可忽视的重要意义，提倡采取辩证的眼光考察教学改革语境下的教师情感，从复杂动态系统的理论视角深入探究教师的情感张力在教学改革推进过程中发生的变化。第 2 章为外语教学改革，说明"双一流"（"Double First-Class" initiative）建设和"新文科"（new liberal arts）建设的重大教育战略决策如何呼唤与之相应的外语教学改革，中国外语教学的改革与转型如何响应中国高等教育改革和发展的时代背景，体现了国家对于国际化创新型高端人才培养的迫切需求，明晰一线教师在外语教学改革语境中所面临的更高要求。一线教师需要重建教师身份、重塑教师信念并积极发挥教师主体性，他们因此不可避免地会经历教师情感上的迷茫和张力。第 3 章探讨了教师情感，展现了教师情感研究所基于的人文和社会科学领域的情感转向，描述了情感的分类，阐释了作为生理和心理产物的情感和作为社会关系产物的情感，明晰了情感研究中的重要概念，包括情感规则、情感调节、情感劳动（emotion labor）以及情感生态，进一步明确了教师情感是改革语境下的复杂工作场所的生态环境中各个方面互动的产物。第 4 章为教师情感的相关构念：包括教师身份、教师信念和教师主体性。本章强调了教师身份、教师信念和教师主体性的社会文化属性，明确教学改革语境必然影响这三者的构建与变化，同时强调了教师身份、教师信念和教师主体性均为复杂的动态系统，并且与教师情感之间彼此影响、相互交织。因此在追踪教学改革语境下教师情感的变化应该深入分析教师情感与教师身份、教师信念和教师主体性的互动关系。第 5 章为教师的情感张力，这是教学改革的关键词，可能对教学改革和教师发展起到积极的促进作用；通过批判性运用社会文化理论视角分析改革实践者和改革实践共同体之间的复杂动态的互动关系，阐明教学改革引发的实践共同体权力关系的动态重建势必挑战一线教师的教师身份、信念和主体性，从而必将产生教师情感的张力。第 6 章为复杂动态系统理论，梳理了复杂动态系统理论的发展脉络，总结了复杂动态系统的主要特征，探讨了复杂动态系统与生态系统的密切关系，强调从复杂动态系统视角审视教师的发展规律的重要性。第 7 章为质性研究方法，阐述了本项研究采用质性研究的原因、质性研究发生的场所、质性研究的对象、研究的主要数据来源和辅助数据来源、数据分析的四个关键步骤、以及对于质性研究非常重要的研究伦理和研究信度。第 8 章为研究发现，深度追踪了处于不同改革实践共同体中的三位一线英语教师的情感张力变化，展现了三位教师在复杂动态的改革生态系统中的发展变化，以及他／她们的情感变化与身份、信念和主体性的复杂关系。第 9 章是研究讨论与启示，从复杂动态系统的理论视角概述和揭示了影响外语教学改革语境下一线教师的情感张力变化的关键构念、关键生态系统和关键事件（critical event）。第 10 章为结语，对全书内容作出概述，全面总结研究的理论价值和实践价值，旨在为教学改革的政策制定者、改革推行者、教师教育者、学校管理者、以及一线教师提供参考。

第 2 章
外语教学改革

　　教学改革是一个全球性概念（global concept）（Donnell & Gettinger，2015），是当今教育体系需要面对的普遍现象（ubiquitous fact）（Storey，2007），也是一线教师职业生涯不可或缺的经历（Vähäsantanen，2015）。人类社会的政治经济和科学技术的发展必然要求进行相应的教育变革，以适应不断变化的社会现实。教育领域的改革和发展是人类社会发展的客观要求和必然选择，往往是对人类进步的响应和体现。一线教师因此肩负着特定历史环境所赋予的使命，可以通过积极参与教学改革而投身到人类历史的实际进程之中，为科技进展和经济进步作出贡献。

　　教学改革采取的方式和实现的目标有所不同（Wilson，2013）。有些改革采取了自上而下的方式（top-down approach），为执行某些教育政策而要求一线教师作出改变（Cuban，1988）。教师往往需要被动接受教学改革对于课程设置和教学策略等方面的具体指导，而教师原本秉持的教育理念常常受到忽视，因此无法真正排除自上而下的教学改革方式受到一线教师积极或消极抵制的情况（Coburn，2003）。一方面，教师可能需要响应学校或国家层面的自上而下的改革要求（Gurney & Liyanage，2016），而另一方面教师也可能主动发起和推行教学改革（Jenkins，2020）。目前来看，自上而下的教学改革引起了学者的众多关注（Wenner & Campbell，2017），而教师主动发起的教学改革则鲜有研究。然而，教育领域中发生的很多改革往往都是宏观教育政策加以引导与一线教师自主发起的产物，并不一定完全是为了体现对上级政策的有力执行。或者说，即使教育政策有着较为宏观的指导作用，却并未对一线教师的教学实践作出强制性要求，有关课程和其他教学环节的调整实际上来源于教师主体。

教学改革应该是一项系统的（Kennedy, 2012）、持续的（Afshar & Movassagh, 2016; Janssen et al., 2012）和战略性的（Fox, 2009）工程。唯有如此，才更有可能产生实质性的改革效果，并为教师的职业发展带来充分的空间。然而实际上，很多教学改革可能会是短暂的和表面的，也许引发了一些讨论，也引导一线教师作出了一些努力，但却无法真正产生持久性的影响。Coburn（2003）提出了成功的教学改革的四个重要方面：深度（depth），即对于教师的身份、信念、情感以及教学原则等方面是否产生了深刻的改变；持续度（sustainability），即支持教师和学校发展的客观条件是否持续存在；扩展度（spread），即改革所倡导的规范、信念和原则等是否产生了超出本校范围的影响；改革所有权变化（shift of ownership），即改革努力由改革设计者（reform designer）向改革实施者（reform implementer）的转移，成功的改革中教师往往由相对被动的改革实施者成长为主动的改革推进者。毫无疑问，更多研究应聚焦展现出成功特质的教学改革实例，以期为未来的教学改革尝试提供宝贵的经验。本研究将关注一场学术英语的教学改革实践，长期追踪一线教师在外语教学改革中个人发展的案例，探讨外语教学改革中一线教师专业发展所面临的情感张力现实。

2.1　中国高等教育改革与发展的时代背景

改革开放四十多年来，中国始终把教育摆在优先发展的战略地位，大力发展教育事业，不断深化教育体制改革，全面提升全民族素质，培养了大批高素质人才，努力将人才培养与社会发展紧密结合。毋庸置疑，中国教育水平的总体发展为改善民生发挥了重要的作用，为中国的经济发展、社会进步和民生改善作出了不可忽视的重要贡献（佘宇、单大圣，2018）。

目前，中国经济正在迈向高质量发展阶段，这就要求更高质量的教育服务作为有力支撑。教育决定着未来中国的发展潜力和发展速度（吴云勇、姚晓林，2021）。中国未来的强国之路需要依托于德智体美劳全面发展的社会主义建设者和接班人。面对科技进步日新月异和全球竞争日趋激烈的国际环境，如何把握世界发展的新机遇，提升我国教育的国际化水平，怎样从教育着手培育富有创新精神的优秀的高端人才，已经成为我国教育改革面临的重大历史使命。正如《国家中长期教育改革和发展规划纲要（2010–2020）》指出的，要"提高我国教育国际化水平，培养大批具有国际视野、通晓国际规则、能够参与国际事务和国际竞争的国际化人才"。可以说，具有创新能力的国际化高端人才培养是当前中国高等教育改革与发展的重要理念和战略抉择，也是当今中国社会高速发展的客观要求与必然选择，更是中国教育的理论研究与教育实践所应共同关注的重大问题。

近年来，"双一流"建设和"新文科"建设的重大战略决策体现出国家对于高等教育质量的高度重视和对于国际化创新型高端人才的迫切需求。

为提升我国高等教育的综合实力和国际竞争力，2017 年 1 月，教育部、财政部、国家发展和改革委员会印发《统筹推进世界一流大学和一流学科建设实施办法（暂行）》。同年 9 月，教育部、财政部、国家发展和改革委员会联合发布《关于公布世界一流大学和一流学科建设高校及建设学科名单的通知》。党的十九大报告指出，我国高等教育未来发展首先要加快一流大学和一流学科的建设。党的二十大报告进一步指出，应"加强基础学科、新兴学科、交叉学科建设，加快建设中国特色、世界一流的大学和优势学科"。高等教育不同于其他的教育阶段，是为了培养高素质、高质量的创新型人才，能够为我国的经济建设和社会发展作出贡献。推进"双一流"建设的主要目的就是提高我国高等学校的教育教学质量，从而为国家发展和社会进步培养更多的优秀人才（吴云勇、姚晓林，2021）。2019 年，国务院印发的《中国教育现代化 2035》明确提出，要"提升一流人才培养与创新能力"。同时，《中华人民共和国国民经济和社会发展第十四个五年规划和 2035 年远景目标纲要》也强调，要"遵循人才成长规律和科研活动规律，培养造就更多国际一流的战略科技人才、科技领军人才和创新团队"。总之，"双一流"建设旨在努力发展高水平大学和优质学科，推动我国更多的大学和学科跻身世界前列，促进高等教育质量和学科水平达到较高的水平，其核心是培养更好服务于中国社会发展和国际事务交流的优秀人才。

中国高等教育的"双一流"建设对于学生在专业领域的国际交流能力提出了更高要求（宋缨、朱锡明，2019）。"双一流"建设培养出的人才不仅能够积极地学习和借鉴世界各国各地区的先进理念和专业成果，高效引进国外的优质资源，而且应该能够有效地开展国际交流与合作，拓展双向交流渠道，促进国际社会认识和理解中国的科技进步和社会发展，增进我国科技成果的国际传播，提升我国在国际相关专业领域中的话语权和认可度（武成，2022）。因此，开展广泛、科学、理性的对外交流合作是"双一流"建设工作的重要环节。

近年来，外语学科在国家加快"双一流"建设和注重国际化创新型人才培养的背景下，也在积极探索、努力发挥自身学科优势，并力求为中国高等教育的快速发展作出外语学科的独特贡献。很多外语学者意识到，建设世界一流大学和一流学科，培养学生用英语交流专业思想和研究成果的能力至关重要（蔡基刚，2019；宋缨、朱锡明，2019）。我国未来的专业人才必须充分融入国际的专业领域，才能拥有本学科领域的国际话语权，这显然对高校的英语教学提出了更高要求，对于英语教学的高阶性与前沿性的需求日益凸显（淳柳等，2021）。而要培养未来在专业领域具有良好国际沟通能力的人才，很大程度上有赖于外语教学改革的大力开展。例如，学术英语教学改革所推行的相关英语课程能够直接反映学生专业学习与交流的真实需求（蔡基刚，2018；Flowerdew & Peacock，2001），帮助学生了解和掌握专业学科的话语体系和实践规约（宋缨、朱锡明，2019），切实助力学生的专业发展和国际交流。

2019年4月，教育部和科技部等13个部门联合启动"六卓越一拔尖"计划2.0，以全面推进新工科、新医科、新农科和新文科建设。2020年11月教育部召开新文科建设会议，牵头130多家高校共同发布了《新文科建设宣言》。《新文科建设宣言》阐明新文科建设的中心任务是"构建世界水平、中国特色的文科人才培养体系"，力图打破文科内部以及文科与其他学科之间的传统壁垒，推进文理学科之间的交叉与融合，培养更好地服务于国家的人文科学的创新型和复合型人才（胡开宝等，2022）。新文科建设大力加强交叉学科的建设，借助现代科学技术发展突破传统文科的知识边界，鼓励文理相邻学科的密切协作和跨学科交流，努力寻求文科发展的创新知识增长点，从而推动人文和社会科学的国际化水平和前沿化趋势（刘振天、俞兆达，2022）。新文科建设要求对传统文科通过不同学科之间的交叉融合进行改造和升级，实现人文科学和自然科学之间联结与渗透，以取得人文和社会科学发展上的重大突破（马璨婧、马吟秋，2022）。学界需要重新思考学科的边界，重构学科的关键问题，重塑学科方法论，借助交叉学科催生知识的新范式（马璨婧、马吟秋，2022）。新文科建设对于推动文科创新发展，优化专业结构布局，推进优质课程建设，构建中国特色的社会科学新格局和提高国家人文软实力具有十分重要的意义（方延明，2022），可见，新文科建设被赋予了解决知识之外的社会问题的使命，是实现文化输出和有效国际传播、增强国际话语权的现实需求。

　　新文科建设注重培养具有多学科背景的复合型国际人才，外语教学改革的推进是新文科建设的重要的组成部分。新文科建设强调文科建设与人才培养是对新时代新形势的适应与对接（李凤亮，2020），本质上是对新时代、新技术、新产业发展大趋势的积极回应（朱文利，2022）。外语教学必须肩负起更大的历史使命，为学生注入新时代的精神与价值，以满足对于未来人才的全面综合素养的更高要求。在新文科建设的背景下，外语教学改革应该充分重视语言知识与学科知识（subject knowledge）的深层的相互结合，以促进学生的语言文化素养与学科专业知识能力的紧密结合，着力培养既了解中外语言文化又善于克服中外交流障碍的专业人才（胡开宝等，2022），努力提升外语在学生业务发展和个人成长中的核心支撑作用，切实提高未来人才运用外语有效构建国际话语体系的系统能力。外语教学改革还应该主动适应新文科建设所面临的新时代发展大趋势，赋予中国未来人才积极、自信的文化价值和话语能力，准确展现中国未来人才的精神品格和文明素质。

2.2　高校外语教学改革的宏观语境

　　教育部颁布的《大学英语教学指南》指出："高校开展大学英语课程，一方面是满足国家战略需要，为国家改革开放和经济社会发展服务；另一方面，是满足学生专业学习、国际交流、继续深造、工作就业等方面的需要。"《大学英语教学指南》进一步强调:"大学英语在注重发展学生通用语言能力的同时,应进一步增强其学术英语或职业英语交流能力和跨文化交际能力,以使学生在日常生活、专业学习和职业岗位等不同领域或语境中能够用英语有效地进行交流。"同样地,教育部颁布的《关于高等学校本科教学质量与教学改革工程的意见》也明确提出:"高等院校英语教学改革要探索有效的教学方法和教学模式,切实提高高等院校学生的专业英语水平和直接使用英语从事科研的能力。"可见,英语学习与专业发展相结合是当前高等教育所关注的重要方面。

目前,中国高等教育中的英语教学正在处于一个重要的转型时期(孙有中、李莉文,2011)。

一方面,中国高等教育中的英语教学仍处于一个迷茫的阶段(束定芳,2013)。为响应新时期国家发展战略对于外语教学提出的新要求,外语界的确能够审时度势,积极地进行关于英语教学实践的理论探讨和实验探索,努力为中国高等教育的国际化贡献力量,为中国未来优秀的专业人才在国际舞台展现专业魅力提供有力支持。然而,在教学理论的探讨和教学实验的探索过程中,外语界也引发了大量的思考和激烈的争论(韩佶颖等,2021)。通用英语(English for General Purposes,EGP)和学术英语(English for Scientific and Technological Purposes (EST))的关系问题被视为继 20 世纪 90 年代通用英语与科技英语之争、文学英语与实用英语之争,以及 21 世纪初阅读还是听说领先之争后,我国高等院校英语教学定位和发展方向的第四次大讨论(蔡基刚,2015)。可以说,通用英语与学术英语的定位争论是新一轮高校英语教学改革的核心问题(安美丽,2017)。通用英语和学术英语在课程大纲、教学内容、教学方法和学习测评等各个教学环节均存在较大差异。前者注重培养学生用英语就日常生活话题进行交流的听、说、读、写等基本语言技能;后者则旨在培养学生在实际的学术场景中使用英语获取信息、传递信息、进行交流的能力(韩佶颖等,2021)。有关通用英语和学术英语的关系问题学界大致持两种立场(文秋芳,2014):一种观点认为,学术英语教学实践与通用英语教学实践存在较大差异,学术英语应该取而代之(蔡基刚,2014);另一种观点则认为,学术英语不应成为高校英语教学的全部内容(王守仁、姚成贺,2013)。

另一方面，随着高校英语教学改革的日益推进，通用英语与学术英语互为补充（文秋芳，2014）并重推进的大方向已日渐明朗（高原，2018）。越来越多的高校开展了学术英语教学，学术英语成为近年来中国高校英语教学的热门方向之一（廖雷朝，2015；张为民等，2011；邹斌，2015）。越来越多的学者认为，学术英语是高校英语教学中不容忽视的重要方面（高原，2018），是我国外语教学改革和发展的主要方向之一。高校的一线英语教师应该顺应这一改革趋势，对于学术英语和专门用途英语（English for Specific Purposes，ESP）教学给予足够的重视（王守仁、王海啸，2011）。培养学生的通用综合英语能力当然重要，然而面临学生英语水平的整体提高和高校英语课程学分的大幅缩减，直接针对学生专业学习需求的学术英语课程逐渐受到学界和一线教师的关注（孙有中、李莉文，2011）。学术英语教学能够解决学生使用英语查找文献、参加学术会议等真实语境下所面临的具体困难，在当今高等教育的国际化的背景下，学术英语教学改革呼应了《大学英语教学指南》所强调的有关英语课程对学生未来发展的现实意义，即"学习英语有助于学生树立世界眼光，培养国际意识，提高人文素养，同时为知识创新、潜能发挥和全面发展提供一个基本工具，为迎接全球化时代的挑战和机遇做好准备"。

当然，学术英语教学改革还需深入推进。目前，学术英语的课程类别较为单一（张雪红，2014），在课程设置上缺乏层次感，缺少对基础的学术英语能力和更高层次的学科学术英语（Discipline-specific Academic English）能力培养的区分。而且，课程设置不够全面，学术英语教学缺少对不同类型的学术英语能力培养的细化，比如部分高校过于偏重对于学术英语写作能力的培养，而忽视了学术英语其他方面能力的培养。除此之外，学术英语课程开设呈零散态势。在一些高校学术英语为选修课程，课时很短，往往因教师的个人兴趣和热情设置，没有形成学术英语自身的体系，对于培养学生的学术英语能力虽有所促进却未必能够产生根本性的作用。学术英语能力本身是一个十分复杂的系统。从语言技能的角度看，包括学术英语的听、说、读、写等能力；从语言交际的角度看，包括参与学术讨论的能力、撰写学术申请的能力等；从学术思维的角度看，包括培养批判性思维能力，提出并解决问题的能力，创新思考能力等。这些技能与能力的培养不可能在短期内完成，相反，需要彼此呼应、反复加强、不断深化。通用英语能力培养没法一蹴而就，同样地学术英语能力也不可能通过几十学时的课程就得到显著和全面的提高。因此，学术英语建设应该采取长期化定位和多维化发展的模式，唯有长期地、系统性地开展学术英语教学，才能更为有效地培养学生的学术英语能力（Elisha-Primo et al., 2010）。

2.3 学术英语教学改革中的一线英语教师

本书将以高校外语教学改革的宏观语境为背景，重点关注国家"双一流"建设和"新文科"建设的学术英语教学改革，以学术英语教学改革为例，探讨一线教师在艰难的外语教学改革进程中的专业发展历程。

Hess & Ghawi 说（1997：15），学术英语教学对于英语老师而言犹如"要求严苛的竞技场（demanding arena）"。多年以后的今天，学术英语教学对于一线英语教师来说仍然极具挑战（高原，2018；高原、崔雅琼，2021）。尽管很多国家都开展了学术英语教学（Labassi, 2010），但是并未就理想的教学模式达成任何一致（Fox, 2009; Jackson, 1998），缺乏现成的、可以直接模仿的实践经验样本。中国的学术英语教师普遍接受过有关语言学习理论和外语教学方法等方面的训练，但是这些方面的知识储备一般只针对通用英语教学，一线教师做好准备进行学术英语教学之前常常需要经历一段艰难的自我培训（self-training）的过程（Chen, 2000）。Alexander（2007: 1）形容刚刚进入学术英语教学的一线教师仿佛是"在黑暗中的摸索（groping in the dark）"。Wu & Badger（2009: 19）把学术英语领域描述成"一片陌生而未知的土地（a strange and uncharted land）"。显然，面对充满挑战的学术英语教学，一线英语教师很可能会感到无力和困惑。在 Campion（2016: 59）研究中的受访者谈到"学习没有尽头（The learning never ends）"，Afshar & Movassagh（2016: 132）的研究提出问题"学术英语教学应该走向何方（Where are we heading?）"，而高原（2018: 73）研究中的受访者说到"尽头在远方"。可见，站在学术英语教学生涯开端的一线教师普遍表现出对未来的深深迷茫。

一线英语教师情感上的迷茫可能来自学术英语教学改革对于教师身份、教师信念和教师主体性的巨大冲击（Gao & Cui，2021，2022a，2022c）。

学术英语改革中，一线英语教师往往需要重建教师身份。学术英语教学改革对于我国高校传统的英语教学模式提出了挑战（胡作友、郭海燕，2020），同时也引发了通用英语和学术英语的关系之争。虽然我国高等教育的改革语境接纳了学术英语的改革方向，但是在学术英语改革具体的实施和推进过程中难免会遭遇各方阻力。部分高校的学术英语教学改革更多是一线教师自发式的个体或团队行为，缺乏来自学校或者更大范围的体制支持（Tao & Gao，2018），即使外部环境并未刻意阻碍学术英语教学改革，但是由于课程设置、学分、测评等各个方面依然沿袭以往传统的教学模式，会在无形中为学术英语改革的推进带来不利的影响，因为学术英语课程的教学环节相比通用英语多有不同，按照通用英语的培养方式开展学术英语的教学，会对学术英语教学改革形成隐性阻碍。虽然宏观的外部教育改革环境欢迎学术英语的改革尝试，但是学校的中观的工作环境未必能提供有力支持（Khany & Tarlani-Aliabadi，2016），那么，一线教师在构建学术英语教师身份时就会十分困难。不仅如此，一线教师在构建学术英语教师身份的时候还可能受到来自同行的质疑。由于一线教师开展学术英语教学需要了解自身专业以外的学科知识，一方面，外语同行对于英语教师的学术身份构建能力存在质疑，认为实现语言和专业的跨越太具挑战性，完全超出了一名英语教师能力的承受范围，甚至会因此而将通用英语和学术英语对立起来；另一方面，专业学科的同行也可能质疑英语教师对于学科知识的理解能力，过于关注外语教师学科知识的不足，而全然忽略英语教师分析专业文本时的语言优势。他/她们甚至误解学术英语与英文授课（English as a Medium of Instruction）之间的差别，认为学术英语就是用英语讲授专业知识，而英语教师显然并不完全具备这样的资格。毫无疑问，来自同行的质疑与挑战很可能动摇一线教师在构建学术英语教师身份时的自信，形成强大的外部阻力。此外，一线教师的学术英语教师身份构建也可能受到自身内部阻力的影响，无论是自发进行改革还是被动参与改革，一线教师都需要离开熟悉的舒适区（comfort zone）而进入到充满挑战的工作领域（高原，2018）。对于资深教员来讲，学术英语教师的身份构建可能尤为困难，资深教师由于长期从事通用英语教学所形成的工作经验可能会导致他们不愿进行新的尝试。虽然很多教师没有完全排斥学术英语教学改革，但是他/她们徘徊在通用英语和学术英语之间，一方面希望获得职业的发展，一方面又想固守原有的身份和维持熟悉的舒适区，所以不会去积极地构建学术英语的教师身份。

在学术英语改革中，一线英语教师可能需要重塑自己的教学信念（pedagogical belief）。辛积庆（2019）对中国学术英语发展十年进行述评指出，在需求分析（needs analysis）方面国内的研究远多于国外。很多研究学术英语的中国学者特别关注需求分析。比如余樟亚（2012）认为目前我国大学英语教学定位过程中对行业英语（English for Vocational Purposes，EVP）需求分析研究存在不足，提出了在大学英语教学中应逐渐增加行业真正所需的专门用途英语的建议。蔡基刚、陈宁阳（2013）则强调需求分析除了学生本人，还应调查专业院系对学生专业学习的外语能力要求，他们的研究发现，在学生需求和专业教师对学生外语能力的需求方面，专业教师相比英语教师对于高校学生学术英语能力的培养需求更加迫切。鲍明捷（2013）进一步指出，学术英语教学模式必须以社会需求、学生需求为导向才能进行合理的课程设置，满足学生特殊的学习目的是学术英语教学的首要考虑。中国学术英语研究者对于需求分析的普遍强调恰恰反映出一线英语教师对于学生需求的关注不足。一线英语教师可能秉承传统的教学理念，往往从自身对于学生英语水平的理解出发而非学生工作学习中的真实需求出发去安排教学内容设计教学活动。周梅（2010）指出，一线英语教师从事学术英语教学需要更新教学信念。学术英语教师需要改变以教师为中心的传统教学模式，而转向以学生为中心、以学生的真实需求为课程内容的核心，接受不同于传统教学信念的新的教师信念。在中国的"学高为师"的传统教育文化背景之下，彻底改变教师应为知识权威的教师信念可能并不容易，很多教师甚至认为如果没能成为知识的权威就很难称得上是合格的教师，这样的教师信念无疑会给一线英语教师带来很多疑虑而无法义无反顾地投入学术英语教学改革之中。学术英语教学改革很可能削弱一线英语教师在课堂上的绝对权威感。首先，英语教师一向十分注重自身的语言功底的提高和语言相关的专业知识的提升，却很少关注其他学科的专业知识与学术规范（Tao & Gao，2018）。学生在某一学科的专业知识的先天优势可能彰显出教师在某些方面的知识短板，将知识的短板暴露在学生面前也许会给很多授课教师带来心理的不适甚至形成巨大的心理挑战。英语教师需要不断学习以充实自己，参加大量的培训提升自我，才有可能十分自信地在学生面前勇敢面对自己的知识短板（蔡基刚，2014）。其次，一线英语教师从通用英语课堂走向学术英语课堂，需要把课堂重心转向助力学生提高学术交流能力和学术写作能力等方面。然而，很多一线英语教师由于繁重的教学任务和自身较为薄弱的科研基础，常常缺乏学术交流和学术发表的经验（Gao & Cui，2021）。帮助学生了解外国文化和提高通用的语言技能无疑是一线英语教师的业务强项，放弃这一强项转而重新摸索自己不太擅长的教学内容可能会对教师的自我认知形成冲击。可见，参与学术英语教学改革的一线教师难免会经历新旧教学信念的相互碰撞，这种碰撞可能会给一线教师带来一段心理上痛苦的挣扎过程。

在学术英语改革中，一线英语教师积极发挥教师主体性并不容易。尽管轰轰烈烈的教学改革使英语教学确实呈现出欣欣向荣的发展趋势，但高校英语教师群体却需要承受越来越多的工作压力，他／她们中的大部分人负担比以前重，职业危机比以前加剧，倦怠心理比以前普遍（龚晓斌，2009），这种状态显然会影响英语教学改革的进一步推进和深化。一线英语教师在迎接教学改革所带来的各种发展机遇的同时，可能面临着诸多有待改善的困境。首先，大学英语教师的教学任务十分繁重。龚晓斌（2009）曾经做过一个形象的比喻：如果说英语教学改革是在"螺旋式"上升，那么一线英语教师则如同不停旋转的"陀螺"在辛勤地工作。与其他院系的教师相比，英语教师的课时最多，作业批改量最大，职称却最低。职称问题难以解决可能给部分高校的外语教师造成很大压力，尤其考虑到一些高校所实施的转岗政策，规定年限内未能晋升高级职称的讲师被要求离开讲台去从事行政工作。其次，外语教师繁重的教学任务与专业发展和学术提升之间存在巨大矛盾（张莲，2013）。尽管一线英语教师为教学工作投入大量的时间与精力，也取得了很多令人振奋的成果，但是大量的教学工作可能压缩学术发展的可能和空间，使得一线教师很难在教学和科研两个方面同时取得重要成就。最后，一线英语教师所处的工作场景很多时候往往无法为教师发展提供有利的生态环境（顾佩娅等，2014）。在很多高校，特别是理工科大学中，英语往往被界定为单纯服务于其他学科的工具，导致外语学科往往在学校布局中处于边缘化的地位，这种边缘化的身份使得外语教师难以获得必要的理解，更加缺乏能有效促进教师专业发展的外部支持。可见，我国外语教师的发展面临着种种问题（王守仁，2017），在如此困难的客观现实中寻求发展并不容易。不难想象，一线英语教师往往需要付出更大的勇气和努力才有可能在艰难的教学改革中进行积极的主体投入，而要求英语教师在艰难的教学改革语境下持续发挥积极的教师主体性则更加困难。如果一线教师的主体性投入无法持续，他们对于外语教学改革的热情和动力就很容易消磨殆尽（黄广芳，2017），这显然非常不利于外语教学改革的良性发展。

2.4　小结

教学改革是教师生涯中无法回避的职业现实（Priestley et al., 2012; Storey, 2007; Vähäsantanen, 2015）。我们的讨论表明，外语教学改革在很多时候是为了响应新时代所提出的人才培养的更高要求，无疑给一线教师带来了很多挑战（Hodges et al., 2020），但是同时也开辟了教育实践探索的新的路径（Gudmundsdottir & Hathaway, 2020），酝酿着教师发展的新的契机（Gao & Cui, 2021）。显然，无论教学改革因何而起，都很可能成为教师职业道路上经历的艰难时刻（Biesta & Tedder, 2007），冲击着一线教师的情感现实（emotional reality）。然而，教师充满张力的情感现实可能蕴含了专业发展的宝贵职业机遇，促使一线教师构建身份、塑造信念、发挥主体性，从而为实现教师全面发展创造了巨大的可能空间。

第3章
教师情感

情感是教育的核心问题（Hargreaves，1998），教学是情感的实践（Cubukcu，2013），教师是一份操心的（heart-consuming）职业（Yin & Lee，2012）。在教师的教学工作中情感至关重要（Nias，1996），因为教学离不开与人互动，教师并不只是单纯地走进课堂，而是需要参与到教学活动所形成的人际关系网络中（Cowie，2011; Jo，2014），并因此不可避免地付出情感（irretrievably emotional）（Hargreaves，2000: 812）。情感关乎教学工作的方方面面（Ghanizadeh & Royaei，2015），学校和课堂时时见证教师的尊严与成就，但也可能随时经历教师的脆弱（vulnerability）与柔软（Kelchtermans，2005）。一线教师往往在全情投入中充分彰显个人的价值（Uitto et al.，2015）。

情感是影响职业成功的重要因素（Mikolajczak et al.，2009），也是成功的教师生涯的重要方面（Schutz et al.，2006）。情感影响教师的教学（Chen，2019），教学行为中所涉及的注意、记忆、思考和解决问题等认知过程都会受到教师情感的影响（Golombek & Doran，2014）。情感过滤了我们对世界的感知（Lee et al.，2013），从而最终塑造我们是谁（Yoo & Carter，2017）。教师情感影响学生情感（van Uden et al.，2014），改变师生关系（Yan et al.，2011），决定授课方式（Trigwell，2012），营造学习氛围（Yan et al.，2011），从而影响学生的学习效果和教师的教学表现（Donker et al.，2021; Zembylas et al.，2014）。因此，情感对于一线教师教学生涯中的职业发展起到重要作用（Day & Leitch，2001）。

目前学界已经开展了多方面的情感研究（Jiang et al.，2021），探究不同语境中的教师情感（如课堂教学中、教育改革中以及教师和家长互动中的教师情感）（如 Goetz et al., 2013; Hagenauer et al., 2015）、不同国家的教师的情感（如德国、美国、加拿大、日本等）（如 Hall, 2019; Werang et al., 2021）、不同教育阶段的教学情感（如小学、中学和大学）（如 Cekaite & Ekström, 2019; Hosotani & Imai-Matsumura, 2011）、不同性别的教师的情感（如 Arar, 2017; Olson et al., 2019）、不同职业生涯阶段的教师情感（如 Chen et al., 2020; Chen & Walker, 2021）和不同学科的教师情感（如 Hadley & Dorward, 2011）等。然而，有关中国一线英语教师的情感现实还有待于进一步研究。

全世界的外语教师普遍因为授课任务重工作时间长的教学科研压力而需要每天面对自身的情感焦虑（MacIntyre et al., 2019; MacIntyre et al., 2020）。这种情况在中国也同样存在。而且，由于中国日益推进的外语教学改革（Yin, 2016），中国的很多一线英语教师可能会经历巨大的情感困惑（高原，2018；高原、崔雅琼，2021）。教学改革可能力图改变现有的教学实践（Lasky, 2005），重构教师身份（Lee & Huang et al., 2013），挑战教师的信念（van Veen et al., 2005），要求教师发挥较高的主体性（Tao & Gao, 2017），从而容易在教师中引发剧烈的情感波动（Flores, 2005; Kelchtermans, 2005）。因此，理解教学改革语境下教师的情感变化至关重要（Hargreaves, 2000）。了解中国教育改革语境下一线英语教师的情感变化特点有助于改革措施的成功推进和改革工作的顺利开展。

3.1　情感转向

西方哲学传统对于情感与理智的对立（Zembylas, 2016）可以追溯至古希腊时期，哲学家柏拉图认为理念的世界是真实的存在，而人类感官所接触到的这个现实的世界只不过是理念世界的微弱的影子。情感作为人类的感官体验是稍纵即逝又变化不定的，我们对于变换的流动的事物是不可能形成真正的认识的。西方现代哲学的奠基人之一、法国哲学家笛卡尔是二元论（dualism）和理性主义（rationalism）的典型代表，他严格区分思维和肉体，坚持二者的鲜明对立，怀疑感官知觉获得知识的可能性，认为主观的感官体验不仅不可信任，而且腐蚀理性（Oatley & Jenkins, 1996; Solomon, 2000）。20 世纪下半叶，情感与理智的二元对立发生转变，体验主义（embodism）哲学秉持综合主义立场，主张身在心中（body in mind）、心在身中（mind in body）（Lakoff & Johnson, 1999），强调情感与理智互为整体，不可分割。

近年来，人文和社会科学领域发生了"情感转向"（the affective turn）（Clough & Halley, 2007）。心理学、人类学、社会学、文化研究等都纷纷开始重视情感研究（Benesch, 2017）。Mackenzie & Alba Juez（2019: 3）指出："在整个社会科学领域，学者们正在意识到情感现象的关键作用。"他们甚至把跨学科领域对于情感的关注统称为"情感学"（emotionology）（见 Dewaele et al., 2019）。可以看到，affect 和 emotion 译成中文均为"情感"，实际上两词之间存在差别，affect 更具概括性（Aragão, 2011），涵盖感觉、情绪、态度、价值、判断、个性等概念（Arnold, 1999）。学界一般将 affect 一词看作外延更广的类属概念（Cvetkovich, 2012）。

与西方传统不同，中国的文化传统比较重视情感。孔子在《论语·学而》中感慨："学而时习之，不亦说乎？有朋自远方来，不亦乐乎？人不知而不愠，不亦君子乎？"这显然是一句有关普通大众的日常情感的名言。孔子在《论语·为政第二》中评价《诗经》："《诗》三百，一言以蔽之。曰：思无邪。"《诗经》的价值不在"思"之精巧，而在"情"之真切。如果把汉语的"情感"一词分成两字，即"情"和"感"，前者更加对应 emotion，后者更加对应 affectivity。中国传统文化看重"感"的能力，认为能够感受外界影响从而在个体之间和个体内部作出情感互动和情感反应是人类的一种重要能力（Wu & Chen, 2018）。个体的"感"能力越强，"情"就会越丰富细腻（Bhatia, 2016）。

目前，教育中的情感研究正在受到广泛关注。20 世纪 80 年代，教育领域出现了有关情感的零星研究（Bhagat & Allie, 1989; Hart & Brassard, 1987）。20 世纪 90 年代后半期，情感研究开始受到注意，如《剑桥教育杂志》（*The Cambridge Journal of Education*）出版了由 Nias（1996）主编的有关教师情感的专刊，然而总体上看，情感研究并未真正得到重视。随着情感研究在人文和社科领域的全面兴起，语言教师的情感问题逐渐成为热点。*The Modern Language Journal* 组织了专门的讨论，Bigelow（2019: 515）称情感研究是一个"令人激动又始终如新"（exciting and ever-present）的领域，Prior（2019: 525）重提了 Swain（2013: 205）的"情感是房间里的大象"的说法，提出"是时候打开这个狭小而拥挤的房间去探索语言与情感的其他空间"。Dewaele（2019: 533）则把大象隐喻和喻指"不可能发生"的 When pigs fly 结合起来，号召应用语言学界努力钻研一向被认为是不可能去研究的情感问题，让"情感的大象"飞起来（When elephants fly）。

3.2 情感的分类

情感一个是多维的复杂构念（Frenzel & Stephens, 2013），准确地分类情感并不容易。目前学界按照复杂程度将情感分为两类：基本情感（basic emotions/primary emotions）和复合情感（compound emotions）。基本情感是与生俱来的、人类与动物共有的、完成人类基本生活功能的情感。而复合情感是由基本情感经过变化或整合而来的，由多个基本情感松散模糊地组合起来的情感（孟昭兰，2005；王福顺，2018）。

中国的传统文化特别关注七种基本情感。《礼记·礼运》有"七情"之说，即喜、怒、哀、惧、爱、恶、欲。佛教所说"七情六欲"的七情意指喜、怒、忧、惧、爱、憎、欲。儒家和佛教对于情感的理解非常相近。中医对于情感的认识稍有变化，包括喜、怒、忧、思、悲、恐、惊七种情志活动，认为如果情感过于强烈、持久或失调，就会引起脏腑气血功能失调而致病，如《三因极一病证方论·七气叙论》中说："喜伤心，其气散；怒伤肝，其气出；忧伤肺，其气聚；思伤脾，其气结；悲伤心离，其气散；恐伤肾，其气怯；惊伤胆，其气乱。虽七诊自殊，无逾于气。"

西方文献中学者的常见做法是将情感二分为正面情感和负面情

感（如 Csikszentmihalyi & Larson，1987；Diener，1999；Sander，2013；
Torquati & Rafaelli，2004；Watson & Clark，1988；Zysberg & Maskit，
2017）。正面情感如喜悦（joy）、满足（satisfaction）、自豪（pride）和
兴奋（excitement）的产生源自某种目标的达成，负面情感如生气
（anger）、困惑（frustration）、焦虑（anxiety）和难过（sadness）的产
生则来自目标的无法达成（Izard，2007；Quintelier et al.，2019）。负
面情感受到更多学者的关注（Evaldsson & Melander，2017；Saunders，
2013），在外语教育领域的教师情感研究尤其如此（Cowie，2011），这
可能是因为外语教师普遍面临的繁重的工作压力（Bress，2006），也可
能是因为外语教师中普遍存在的由于和本族语者的天然差距而形成的职
业内在的不自信（Horwitz，1996；Verity，2000）。负面情感可能会对教
师发展产生阻力，也可能会成为促进和激励教师发展的动力（Yang，S.
et al.，2021）。

　　虽然情感的正负二分法是对情感问题的简单化处理（Fontaine et
al.，2007；Sutton & Wheatley，2003），但是却为细化情感类别奠定了基
础。例如，Plutchik（1980）用情感轮盘（wheel of emotion）来描述人
类情感（图 3-1）。Plutchik 认为人类情感来自原始的动物本能，他区分
了八个原始情感或基本情感：愤怒、厌恶、恐惧、悲伤、期待、喜悦、
惊讶和信任。基本情感都是成对的，并且每对情感是绝对相反的，即喜
悦与悲伤、信任与厌恶、恐惧与愤怒、惊讶与期待。每种情感都会呈现
不同的程度等级，会依据彼此的相似程度而产生变化。复合情感是基本
情感之间的融合或是某一个基本情感的延伸。这些复合情感是基于基本
情感的组合：期待＋喜悦＝乐观（与之相反的组合就是反对）；喜悦＋
信任＝热爱（与之相反的组合就是悔恨）；信任＋恐惧＝屈服（与之相
反的组合就是蔑视）；恐惧＋惊讶＝敬畏（与之相反的组合就是好斗）；
惊讶＋厌恶＝反对（与之相反的组合就是乐观）；悲伤＋厌恶＝悔恨
（与之相反的组合就是热爱）；厌恶＋愤怒＝蔑视（与之相反的组合就是
屈服）；愤怒＋期待＝好斗（与之相反的组合就是敬畏）。情感轮盘的
设计可以帮助人们了解情绪之间的细微差别和对比。

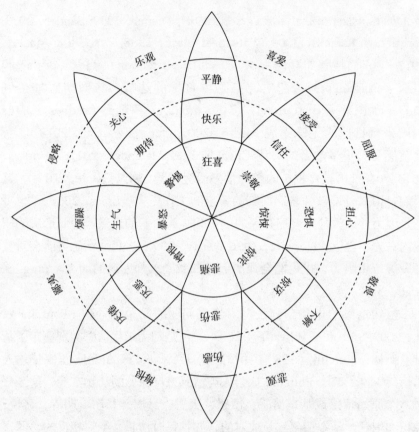

图 3-1　Plutchik（1980）的情感轮盘

　　教育领域的情感研究很多采用 Parrott（2001）的情感六分法（Bahia et al., 2013）。Parrott 划分六种人类基本情感，即爱（love）、喜悦（joy）、惊奇（surprise）、生气（anger）、难过（sadness）和害怕（fear），并且在基本情感的基础上进一步识别二级情感（secondary emotion）和三级情感（tertiary emotion）。Parrott 的情感分类非常丰富（见附录 1），为教师情感研究提供了全面的理论参考（Chen, 2016）。除此之外，也有学者关注情感强度（emotional intensity）（高原、崔雅琼，2021；Goetz et al., 2015; Hascher, 2007; López & Cárdenas, 2014; Morris & Feldman, 1996; Stephanou & Oikonomou, 2018），情感分为强烈情感和普通情

感。例如教师使用"特别难受"来描述情感，其中"特别"表现出强烈的情绪，属于高强度情感。

3.3　作为生理和心理产物的情感

情感起源于心理状态的情感过程的激烈扰乱，同时显示为有机体的身体变化（Young，1973；孟昭兰，2005）。毫无疑问，情感具有生理和心理属性。

从进化的角度看，情感伴随脑进化的低级阶段而发生。情感是脑功能的重要部分，丘脑系统、脑干结构、边缘系统、皮下神经核团都是整合情感的中枢。随着人类的进化，大脑皮质尤其是前额叶的发展对于情感与认知的整合起到重要作用（孟昭兰，2005）。例如，当内侧前额叶跟镜像神经元系统结合在一起，人类就拥有了共情的能力，即体验他人情感的能力。在理解他人感情的过程中，观察者直接体验了这种感受，因为当看到别人表现出某种情感时，观察者自身的镜像神经元也会活跃起来（Cook et al.，2014）。或者说，观察者与被观察者经历了同样的神经生理反应，从而启动了一种直接的、体验式的情感方式。

高度进化的人类和原始有机体拥有对于挑战或威胁作出适应性反应的共同的生理系统（王福顺，2018）。例如，脊椎动物的外周神经系统由躯干神经分化发展形成了功能独立的自主神经系统（autonomic nervous system）。自主神经系统虽然受大脑支配，但有较多的独立性，能够不受思维意志支配（Myers，2002），进行自主活动，调节内脏和血管平滑肌、心肌和腺体的功能，以适应环境的剧烈变化。例如，在危险情况下，个体通常会感到恐惧的情感，此时自主神经系统就会激活多个生理指标，诸如提高心率、加速呼吸、升高血压，将更多血液输送到骨骼肌和大脑，以保证个体快速清晰地作出反应。

各种生理现象常常伴随人类不同的情感体验。比如，"出冷汗""起鸡皮疙瘩"不仅在描述身体的生理变化，很可能实际是在说明某种情感。不同语言在体现人类情感的生理机制方面具有某些共性。例如，英语中常常会把"生气"与体温的升高联系起来，如 Don't get hot under the collar. / Billy's a hot head. / She was shaking with anger. / He was quivering with rage.（赵艳芳，2001）。汉语也有"发火""气炸""怒火中烧""面红耳赤"等表述。

在教师情感研究领域，部分研究者通过记录生理指标探讨教师从事教学活动时的情感特点（Junker et al., 2021），用以说明教师情感的生理指标涉及心率、皮肤电活动（electrodermal activity）、皮质醇水平（cortisol level）和血压等（如 Donker et al., 2018; Susoliakova et al., 2014）。比如，Sperka & Kittler（1995；见 Junker et al., 2021）测量实习教师的心率，以考察他们第一次开设课程的情感表现。Donker et al.（2021）发现当教师主导教学活动时，教师的焦虑情感在他／她们的心率上同样有所表现。

情感是个体心理活动的产物。英文 emotion 一词来自拉丁文 e（外）和 movere（动），意思是从一个地方向外移动到另一个地方，或者说个体的内在的心理活动因为受到扰动而外在地表现出来（孟昭兰，2005）。经典的认知理论认为情感是心理认知的结果，分为四个阶段，即接受和感知环境刺激；激活对先前刺激的记忆；当前刺激与记忆进行比较；对比较的结果进行评价（同上）。

情感并不是由外部刺激形成的直接的机械的生理反应，而需要通过个体认知心理过程的筛选和评价。个体对于外部刺激的加工具有选择性（Croft & Cruse, 2004），由于心理认知的有限资源，个体只能针对部分刺激作出相应反应，情感产生源自个体注意到的刺激，而被认知心理过程忽略的刺激不会引发情感。例如，Mathews（1993）设计实验，在屏幕上闪现两个词语，一个是威胁性词，一个是中性词，其中一个词的后面会出现圆点。被试者需要在标有圆点的词语出现时按下按键。结果显示，焦虑特质被试者比非焦虑特质被试者对于威胁性词的反应更快；而两者对于中性词反应则没有差别。实验说明，焦虑特质被试者的注意更加容易被威胁性词语吸引。教师的心理特质与教师情感密切相关。例如，Ding & de Costa（2018）探讨宗教心理特质的教师的情感特点，发现佛教信仰深刻地影响着研究对象的职业身份和情感体验。个体对于外部刺激的加工需要经历其自身的评价过程（Arnold, 1960）。个体对于外部刺激所赋予的意义来自其自身的心理评价。例如，在森林里遇到一只熊会引发极大的恐惧。然而在动物园看到阿拉斯加巨熊时，非但不会感到惊恐，反而会吸引游客观赏。这两种情感反应的区别在于认知心理过程对于不同情景的不同的知觉评价。在教师情感研究中，评价理论用来解释为什么不同教师面对同一种学生行为会产生截然不同的情感反应（Jiang et al., 2019）。Chang（2009）的研究表明，师生之间关系以及教学目标能否达成是影响教师情感的重要因素。例如，面对同一种学生行为，由于师生关系发生了变化，教师情感也会随之改变。

3.4　情感的社会属性

情感不仅是个体内部的也是个体之间的（Farouk, 2012）。情感产生于社会关系之中（Zembylas, 2002），离不开特定的语境场景（López & Cárdenas, 2014），是社会构建的产物（Schutz et al., 2006）。情感在人际互动之中形成（Goetz et al., 2021），并在社会关系之间相互传递（cross-over）（Becker et al., 2014）。情感是"互动实践"（discursive practice）（Abu-Lughod & Lutz, 1990: 3），并非只是个体的内在状态（Zembylas, 2004），情感是个体社会化过程的产物（Cekaite, 2013; Cekaite & Ekström, 2019）。

另外，情感塑造社会现实。善于管理情感的社会个体往往拥有更多的情感资本（emotional capital）（Bourdieu, 1986; Song, 2018），情感资本可能在个体的社会化过程中不断积累，并且可以转化为社会资本（social capital）（Zembylas, 2007a），对于营造某种社会关系产生影响。例如，教师可以通过情感投资（emotional investment）（Loh & Liew, 2016）来强化自身的社会关系网络，与学生、同事或管理者形成良好的互动关系，从而建立正面的自我形象。

3.5　情感规则、情感调节和情感劳动

情感规则（feeling rules）是指出于管理的需要，对工作场所中应呈现的情感表达所制定的明确指导（Hochschild, 1983）。例如，职前培训要求空乘人员在整个飞行过程中保持微笑以展现积极热情的精神风貌（Hochschild, 1979）。情感规则规范了工作场所的合适得体的情感，往

往作为衡量和评估个体工作表现的重要部分（Miller & Gkonou, 2018）。显然，情感规则和个体内在情感可能彼此冲突（Benesch, 2018），由此导致情感失调（emotional dissonance）（Golombek, 2015），需要进行情感调节（emotional regulation）。

情感调节研究自 20 世纪 90 年代以来逐渐引起学者关注（Gross, 2014）。情感调节是指个体影响情感的过程，即产生何种情感，何时产生情感，以及如何体验和表达情感（Gross, 1998a）。或者说，情感调节是指个体情感管理的能力（Gross, 2002）。Gross（1998a, 2002）提出了两类情感调节策略：先行聚焦自动情绪调节（antecedent-focused regulation）和反应聚焦自动情绪调节（response-focused regulation）。先行聚焦自动情绪调节是指情感完全产生之前改变情感的做法；反应聚焦自动情绪调节是指情感产生之后调整面部表情或身体姿态的行为。Gross（1998b）进一步细化了先行聚焦自动情绪调节的四种类型：情景选择（situation selection），即个体选择趋向或逃避某人、某地或某物；情景修正（situation modification），即修正某一情景以改变其情感冲击；注意分配（attentional deployment），即通过改变个体关注的信息而改变个体的情绪感受；认知重评（cognitive reappraisal），即重新评估或重新理解某一情景以改变其情感冲击。反应聚焦自动情绪调节涉及反应调整（response modulation），即调整情感反应的经验的、生理的或行为的表现（Uzuntiryaki-Kondakci et al., 2021）。例如，情绪表达抑制策略（expressive suppression）是指个体压抑某种内感情绪的外在行为表现（Gross, 2015）。又如，伪装（faking）是指个体行为上表现出并未感受到的情感，而掩饰（masking）是指抑制和伪装共存的情况。再如，生理调节（physiological regulation）是指通过深呼吸或运动等身体活动调节情感的做法（Taxer & Gross, 2018）。研究显示，情感调节是教师日常工作的重要部分（Sutton et al., 2009）。教师常常需要掩盖负面情感和伪装正面情感（Sutton, 2004），或者有意上调（up-regulate）正面情感的强度或下调（down-regulate）负面情感的强度（Taylor et al., 2020）。当然，教师也可能故意上调负面情感，以达到维持课堂秩序的目的（Taxer & Frenzel, 2015）。

付出情感以及如何付出情感是工作的重要部分。Hochschild 提出情

感劳动这一概念指称人们在工作中付出的情感努力。Hochschild（1983:
7）将情感劳动定义为"对于情感的管理，即管理呈现于外在可见的面
部表情和身体姿态中的情感表达。雇员付出情感劳动并因此获得工资，
因此情感劳动具有交换价值"。Hochschild 区分了两种情感劳动策略：
表层扮演策略（surface acting strategy），指刻意掩盖真实的情感和隐藏
内心的实际感受，通过言语或身体语言展现并未真实感受的情感，以表
现出符合工作场所要求的合适情感（Yilmaz et al., 2015）；深层扮演策
略（deep acting strategy），指个体努力产生共情的做法，个体能够基于
换位思考，通过预判对方的情感反应，作出自己的情感表达（Rupp et
al., 2008）。在 Hochschild 的基础上，Ashforth & Humphrey（1993）
提出了第三种策略：真实表达策略（genuine expression strategy），即内
在感受与外在表现彼此一致的情况。与表层扮演策略和深层扮演策略不
同，真实表达策略没有特别强调个体需要扮演某种情感的职责，个体表
达的是其内在自然感受的情感。20 世纪 80 年代，情感劳动这一概念一
经提出就开始应用到教师发展的研究领域，然而有关语言教师的情感劳
动特点直到 21 世纪才展开研究（Ho & Tsang, 2008; Miller & Gkonou,
2018）。而外语教师的情感劳动直至最近两年才引起我国学者注意（丁
晓蔚，2021；高原、崔雅琼，2021；古海波、许娅楠，2021）。

　　值得注意的是，情感规则、情感调节和情感劳动通常因文化而
异（culture-specific）（Elfenbein et al., 2002; Kitching, 2009; Yin &
Lee, 2012; Zhang et al., 2020），反映某一特定的文化期许。例如，
Yin（2016）的研究指出，中国尊师重教的文化传统允许教师在师生互
动中表达（outpouring）负面情感，教师可能利用负面情感作为管理课
堂的有效手段。又如，Matsumoto（1989）的研究发现，在强调权力差
距（power distance）和集体主义的社会文化中（Hofstede, 1991），例
如中国和日本文化中教师群体的同事之间并不鼓励表达负面情感，这
被认为会给集体团结（group solidarity）和人际结构（interpersonal
structure）带来危害。

3.6 情感生态和权力关系

Zembylas（2007b）提出了情感生态（emotional ecology）的概念，开始从生态学视角关注教师情感。Cross & Hong（2012）运用Bronfenbrenner（2005）的生态系统框架（图 3-2）探究教师情感和所在环境之间的复杂互动。工作环境被视为嵌套的复杂系统（embedded complex system），包括微观系统（micro-system）、中观系统（meso-system）、外部系统（exo-system）、宏观系统（macro-system）和时间系统（chrono-system）。微观系统反映了教师与密切关系的学生、家人朋友以及自己之间的情感经验；中观系统体现了教师与其他教师和管理者之间的情感互动；外部系统则涉更大团体，包括那些教师未必与其发生直接情感关联的学生父母和机构组织；宏观系统意指社会环境，即教师工作需要遵循的社会规范、价值观念、条例和政策等；时间系统显示时间的变化，教师在不同时间经历不同的事件和面对不同的学生群体，必然会带来不同的情感体验（Chen，2017）。教师个体在各个生态系统感受的情感频度、强度和持久度会有明显不同（Chen et al., 2020; Goetz et al., 2015; Wu & Chen, 2018; Yilmaz et al., 2015）。

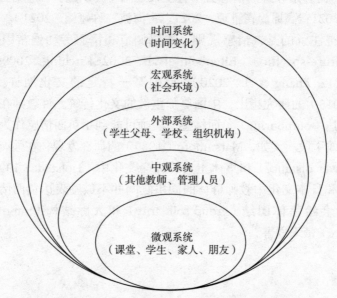

图 3-2　基于 Bronfenbrenner（2005）的生态系统框架

Benesch（2017，2018）强调情感的社会政治意义，基于后结构主义视角（post-structuralist perspective），关注情感在不同权力关系中的表现特点（Ding & Benesch, 2019; Miller & Gkonou, 2021），从话语互动（discursive）分析的角度观察变化的个体在不同社会政治历史语境中情感劳动的动态特征（Benesch, 2020），指出个体通过与他者和所处社会历史语境的相互对话构建自我。例如，个体与不同生态系统互动时，必然涉及与工作场所相关的不同的权力关系，并因此遵守不同的情感规则，采用不同的情感策略，体验不同的情感。所以，情感深深植根于社会关系和权力关系的复杂互动之中，对情感的研究无法脱离对社会权力地位的考察。

教学改革往往涉及工作场所中的多个生态系统。教师不仅需要面对学生、课堂的微观生态系统，也需要面对改革实践共同体中的其他团队同事所在的中观系统，还可能需要面对学校以及组织机构所代表的外部系统的质疑。同时，教学改革所处的社会环境，比如教育改革的宏观背景，也会对一线教师产生直接或者间接的影响。另外，一线教师进入教学改革进程的时间是影响或决定着教师所需面对的改革生态的重要因素。可以说，身处教学改革语境中的一线教师绝不是完全独立的个体，无可避免地置身于改革生态的多重系统的复杂动态互动之中，并在与复杂动态的改革生态的积极互动之中获得发展的给养和机遇。

当然，复杂动态的改革生态系统同时要求教师应对多重的困难和挑战。艰巨繁重的教学改革任务不仅增大了一线教师工作上的难度，而且可能打破原有工作生态的系统平衡，导致权力关系的调整与重塑，一线教师因此无可回避地需要面对改革生态中多种来源的权力冲击，同时在全力冲击中努力地重新寻找工作场所生态环境的权力平衡，这无疑会导致教师个体的内心挣扎。教学改革的严峻现实往往要求一线教师再次构建教师身份、重塑教师信念、积极发挥教师主体性，从而实现教师的专业发展。然而，教师发展并不是他们的单纯的个体行为，他们无法真正与所处的具体的改革生态相互剥离，需要在复杂动态的改革生态中构建身份、塑造信念、发挥主体性，并且因此而经历教师情感的复杂变化。

3.7 小结

人文和社科领域发生的情感转向吸引越来越多的研究者关注教师情感，教师情感已经成为教师发展研究的核心问题之一。然而目前，有关一线外语教师在教学改革语境下的情感研究严重不足，尤其缺乏改革语境下外语教师情感变化的长期追踪。

教师情感不仅具有生理和心理属性，而且产生于复杂的社会关系的动态互动之中。教学改革语境下的教师情感是一线教师经历改革所要求的社会化过程的产物，并且参与塑造一线教师面临的充满挑战的教学改革的社会现实。一线教师需要遵循改革语境中的情感规则，进行相应的情感调节，付出必要的情感劳动，在复杂动态的改革生态之中平衡错综纷繁的权力关系。一线教师在改革语境下实现的专业发展，在教师身份、信念和主体性方面的变化都无法与教师情感相互剥离。然而目前，学界鲜有关于一线教师在教学改革中所投身的情感生态的深入认识，对于改革生态中教师身份、信念、主体性和情感的复杂动态的互动关系的了解有待加强。因此，本研究将采用质性研究方法，长期深度追踪外语教学改革生态中的一线教师的复杂动态的情感变化，以期为教学改革政策制定者、改革推行者，教师教育者、学校管理者以及一线教师提供参考。

第 4 章
教师情感的相关构念：
身份、信念和主体性

　　教师身份、信念和主体性是教师发展研究领域的重要构念，教师的发展往往通过身份、信念和主体性的变化来体现的。同时，教师身份、信念和主体性是研究者持续关注的复杂构念，它们各自内涵丰富，是一个动态发展的复杂系统，表现为一种贯穿教师职业生涯的持续变化的过程。一线教师的专业发展是在身份、信念和主体性的复杂系统的平衡与失衡之间的动态波动中得以实现的。而教学改革往往打破原本已经形成的身份、信念和主体性的稳定性，要求投身改革的一线教师构建新的教师身份、塑造新的教师信念、发挥积极的教师主体性。艰难的改革现实无疑会引起教师情感的剧烈变化。

　　教师身份、信念、主体性和情感相互影响、密不可分。Kalaja et al.（2015）指出（图 4-1）：教师身份、信念和主体性并非教师发展中的孤立的构念，无法彼此剥离而单独发展，其中某一方面的变化往往同时伴随其他方面的改变。而且，教师身份、信念和主体性基于教师情感而构建，正如 Haviland & Kahlbaugh（1993: 328）所说，情感将身份、信念和主体性"粘合"（glue）成为一个"紧密纠缠的系统"（inextricably entangled system）。教师的身份、信念和主体性的变化必然伴随教师情感现实的改变。同样，教师情感无法独立于教师身份、信念和主体性而独立存在。了解教学改革语境下一线教师的情感现实需要充分认识教师情感与教师身份、信念和主体性之间复杂动态的相互关系。

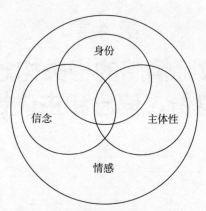

图 4-1　身份、信念、主体性和情感（见 Kalaja et al., 2015: 212）

de Costa & Norton（2017）指出教师发展研究领域新近出现的研究方向，即教师发展的关键构念之间存在错综复杂的动态关系。目前，探讨教师身份、信念、主体性与教师情感之间的双方的和多方的关系问题是教师发展研究有待深入的重要方向。

4.1　教师身份

希腊古城特尔斐的阿波罗神殿上刻有："人啊，认识你自己。"这句富有深意的名言点燃了希腊文明的火种，短短的几个字中所包含的智慧至今仍在影响世人。14 世纪开始的文艺复兴运动宣扬人文主义的个体精神，人成为世界的中心，自我的价值和尊严受到肯定。18 世纪的启蒙运动承继文艺复兴精神，力图摆脱专制统治与思想束缚，追求理性之光明和思想的解放，使得具有独立思考能力的个体再次走到历史前台。

身份研究一直是人类学、社会心理学和社会学研究的重要课题（Edwards，2009）。近几十年来，语言教师身份研究引发众多关注（Cheung et al., 2015; de Costa & Norton, 2017），产生了大量实证性的研究成果，身份研究成为教师发展研究领域复杂而又重要的构念（Teng，2019）。教师身份是洞悉教学工作的解析透镜（Gee，2000），时时指导着教师的教学实践。教师身份能够阐释个体与团队、集体和世界的互动方式（MacLure，1993），是促使教师坚守工作角色和专业规范的职业底色（Hong，2010）。

　　教学改革常常动摇教师长期形成的角色认识，要求改革参与者去发展新的教师身份，这一变革过程可能打破教师身份的稳定性以及教师多种身份之间的平衡关系。因此，对教学改革中的教师身份进行研究能够充分体现身份构念的复杂性，无疑是我们深入探讨教师身份的重要切入口。

4.1.1　外语教学改革中的教师身份构建

　　外语教学改革可能扰乱教师的身份认同，形成教师身份的"中断时刻"（identity-disrupting moment）（Kennedy，2020：58）。一些研究者（Feiman-Nemser，2001；Hayak & Avidov-Ungar，2020）将教师职业发展分为连续的三个阶段，即新手教师阶段、熟练教师阶段和资深教师阶段。然而，外语教学改革可能冲击熟练教师和资深教师通过多年经验业已成型的职业身份，迫使他们不得不再次经历教师生涯初期的艰难生存阶段（survival stage）（Fuller & Bown，1975）。以学术英语教学改革为例，因为学术英语教师往往由通用英语教师转型而来（Campion，2016），他 / 她们可能需要重新确立教师职业的价值感（sense of worth）（Ryan，1986），甚至可能需要重新塑造自我认识（self-understanding）（Nevgi & Löfström，2015）。

　　自我认识被视为教师身份的"奠基石"（cornerstone）（Nevgi & Löfström，2015：54）。Kelchtermans（2009）的自我认识理论指出，自我认识是所有经验和反思的产物，包括五个方面：自我形象（self-image）、自尊（self-esteem）、任务认知（task perception）、工作动机（job motivation）和职业发展的未来展望（future perspective of professional development）。自我形象的形成基于个体对自身的认知和来重要他人（significant others）的反馈。自尊是指教师对于工作表现的自我欣赏和由此而体验到的工作满足感和成就感。任务认知意指教师如何看待自身工作，专业能力和师生关系等属于任务认知的重要部分。工作动机是推动教师继续工作的内在和外在原因。强烈的工作动机可能来自坚定的使命感，而对于专业知识能力、教学实践技巧以及师生或同事关系的持续怀疑都会削弱教师工作动机（Remmik et al.，2013）。未来工作展望是对教师职业发展的期待和预测，未来展望和过去经历共同决定教师的当前行动。

以学术英语教学改革为例，外语教学改革很可能带来挑战甚至在一定程度上颠覆部分教师的自我认识。首先，自 20 世纪以来，越来越多的英语教师接受并实践以学生为中心的教育理念，重视学生在英语学习中的主体作用，致力于挖掘学生构建自身知识结构的潜能（Yang，2019; Zheng，2015）。然而，中国悠久的教育传统重视教师在课堂上的权威地位（Gao & Cui，2021），教师往往注重知识的传授（knowledge transmission）而非知识的共建（knowledge co-construction）（Berger & Van，2018; Kember & Gow，1994），努力追求知识传递的效率的最大化（胡惠闵、王建军，2014），也就因此常常忽视学生在学习中的实际需求。学术英语教学则一直强调应确切了解学习者的实际需求（Tajino et al.，2005），主张进行深入细致的需求分析（Liu et al.，2011; Peters & Fernández，2013），并根据分析结果开展具有针对性的课堂教学活动。而且，学术英语改革对于一线教师的知识构成提出了更高要求。总结归纳国内外学者有关教师知识结构的相关理论（范良火，2003；朱旭东，2011; Gray & Morton，2018; Grossman，1990; Tsui，2003），考虑到中国一线英语教师的实际情况，大学英语教师的知识结构可以大致分为四个部分：本体性知识、通识知识、实践知识和教学知识。本体性知识是指教师所具有的特定的学科知识，如高校英语教师由于教育背景的不同而具备的语言学知识、文学知识、翻译理论知识以及国别区域研究知识等。通识知识是指受过教育的公民所应具备的知识，如书面交流和口头表达能力，以及历史、文学、艺术、科学等一般性知识。实践知识是指教师通过个人经验和个性特征所获得的一般而言隐蔽的、内隐的、非系统知识，如对学生群体动力的把握、对学生体态语的理解、对课堂分组的布置等（陈向明，2003）。教学知识是有关指导教师如何教学的理论知识，如教师如何设计教学、采取何种课堂管理策略、如何有效激发学生学习动机等。不难看出，英语教师普遍缺乏学生所在学科的相关知识，缺少学术英语教学常常涉及的学科专业知识，由此形成课堂学科知识困境（in-class subject knowledge dilemma）（Wu & Badger, 2009）。学术英语教学倾向打破教师绝对的课堂权威形象，学生由于学科知识的优势而很可能成为师生双方共同构建知识的重要合作者，这无疑在一定程度上挑战了部分教师固有的自我形象和自尊，迫使教师重新思考任务认知和工作动机。不仅如此，学术英语教学改革很可能会影响教师有关职业发展的未来展望（van Veen et al., 2005），基于个人教育经历和以往工作经验所形成的未来展望也许会因为学术英语教学改革而变得不再确定，甚至发生变化，或者偏离预先已经设定的发展目标。目前看来，多数教师从未在学术英语教学改革之前接受过学术英语相关的系统培训（Hüttner et al., 2009），而世界上一些学术英语教学项目的实践经验（Afshar & Movassagh, 2016; Holmes & Celani, 2006; Labassi, 2010）似乎并不能够普遍适用（Fox, 2009; Jackson, 1998），无法对所有参与学术英语教学改革的一线教师产生切实可行的具体指导。因此，学术英语教学改革可能会造成过去经历和未来发展之间的身份裂缝，改变教师的自我认识，扰乱原本连续的教师发展轨迹。

不难想象，教师身份的重新构建可能会遭遇抵制（resistance）（Lobatón, 2012），即教师不愿迅速投身于那些"要求极高"（Hess & Ghawi, 1997: 15）的教学改革，对于再次协商职业身份犹豫不决，甚至拒绝接受新增身份所需完成的工作任务。但是同时，抵制往往被视为教师主体性的早期体现（Sannino, 2010），说明教师没有对教学改革漠然以对，也许正在经历心理挣扎，开始努力实现过去与未来之间的身份连贯（Arvaja, 2018），并由此真正引发最终的身份变化。一线教师是否积极构建自身的新的教师身份会直接影响课堂教学实践（Woods et al., 2014），必然会促使教师反思教学内容、活动设计、师生互动方式以及课堂管理策略等，进而产生实际的英语教 / 学效果。在这个意义上，外语教师的身份构建是教学改革成功的重要因素。

4.1.2　教师的自我概念

"身份"一词在人文和社会科学领域出现得相对晚近（Allport, 1955; Block, 2007; Cooley, 1902; Gray & Morton, 2018），但是人类其

实从未停止对自我的关注。笛卡尔说："我思故我在。"这一著名的哲学命题确认了人类知识的合法性，同时赋予了人作为拥有意识的理性主体不容置疑的本质核心（essential center）（Hall，1996），即身份。

早期的教师身份研究将身份视作单个的和静止的存在（Day et al.，2006），教师个体因为"教师"这个笼统的身份而受到关注，因此教师身份是个概括性的单数概念。可是这一认识日益受到众多挑战（Taylor，2017；Yuan，2020），越来越多的学者将教师身份看作一个复数概念，它是动态地构建于多个可能的自我之中。

自我概念（self-concept）是指个体如何看待自身的自我知识的总和（Dörnyei，2009）。个体的自我概念通常是多面的，由多个可能的自我构成。Higgins（1987）提出自我差异理论（self-discrepancy theory），认为个体的自我概念包含三个部分：现实自我（the actual self）、理想自我（the ideal self）和应该自我（the ought self）。现实自我是指个体或重要他人认为个体实际上具备的特征的表征；理想自我是指个体或重要他人希望个体理想上具备的特征的表征；应该自我是指个体或重要他人认为个体由于某些义务或责任应该具备的特征的表征。正是由于多个自我的存在，不同自我之间可能存在差距，才会产生自我差异。Markus & Nurius（1986）提出可能自我理论（possible selves theory），在 Higgins 理论的基础上，特别讨论了恐惧自我（feared selves）的概念。恐惧自我是个体害怕成为的自我形象，能够对个体的决策和行动产生激励或阻碍作用（Markus & Wurf，1987）。为了深入挖掘不同自我可能造成的身份张力（identity tension）与挣扎，Baumeister（1986）提出了身份冲突理论（identity conflicts theory），主要探讨了两种身份困境，即身份缺陷（identity deficit）和身份冲突（identity conflict）。身份缺陷的个体因为外部环境的要求和局限而无法达成某种身份，身份缺陷往往促使个体不断质疑自我，试图实现身份重建。而身份冲突的个体处在不同身份彼此分裂的状态之下，身份冲突迫使个体持续努力协商和平衡各种身份，但常常因此产生负面情感，甚至升级为身份崩溃（identity breakdown）或身份危机（identity crisis）。另外，身份缺陷和身份冲突可能成为教师个人和职业发展的强劲动力，正面激发教师个体主体性的发挥（Lee，2013），从而实现现实自我到理想自我之间的成功过渡（Day et al.，2005）。

　　身份构建是贯穿教师职业发展（Meeus et al., 2018）的持续过程（ongoing process）(Beijaard et al., 2004)，而教学改革往往会凸显教师在身份构建中所付出的努力，因为它可能伴随新的教师自我的涌现（Tran et al., 2017）。比如，教学改革目标会要求或指派（designate）(Sfard & Prusak, 2005）甚至强制（impose）(Beauchamp & Thomas, 2011）教师构建相应的应该自我，教师自身通过对教学改革目标的理解也会勾勒出理想的自我形象。这些未来导向的自我与长久以来所形成的现实自我可能存在差异并因此产生张力和冲突（Lee, Huang et al., 2013; Tao & Gao, 2018）。教师一方面保持着形成现实自我的长期惯性，另一方面则面临着改革所带来的新的教师身份的压力。

　　有趣的是，教师身份具有多面性（multiplicity），但同时构成一个整体（unity）；教师身份可能偶尔间断（discontinuity）但同时力求稳定（stability）。教师身份具有辩证的复杂性。与传统观念不同，近期的后结构主义立场特别强调个体身份的动态、多面、分裂和冲突（Gu, 2010; Pavlenko, 2001）。但是，一些学者（Akkerman & Meijer, 2011; Arvaja, 2016; Ruohotie-Lyhty, 2013）指出，过于纯粹的后结构主义立场未免有失偏颇，因为不可否认身份具有连贯性和整体性。教师构建新的身份的同时原有身份并不会消失，新的身份也不会完全替代旧的身份，不同身份之间能够彼此协商最终形成"多少能够和谐共处的整体"（somewhat harmonious whole）（Sutherland et al., 2010: 456），看似矛盾的自我之间的张力可能长期存在，但是不会对教师的进一步发展产生负面的影响。

4.1.3　社会文化环境中的教师身份共建

　　身份研究的社会文化理论视角强调身份共建（identity co-construction）而非身份构建（Taylor, 2017），指出了身份的社会文化属性，认为身份在社会互动之中得以协商共建（Bloome et al., 2005）。身份是历史、社会和文化的产物（Widodo et al., 2020），身份构建基于社会文化活动（Norton, 2000），在特定的社会文化环境之中形成

（Zembylas，2005）。Danielewicz（2001: 10）将身份定义为："我们对于我们是谁的认识以及我们对于他人是谁的认识。"在身份问题的探讨中，研究者从关注"我是谁"转而关注"我们是谁"（Hökkä et al.，2017）。

身份是个体社会化过程的产物（Chao & Kuntz，2013; Flores & Day，2006）。Vähäsantanen（2015: 3）将教师身份定义为："教师基于工作历史的自我认识的集合。"当前的教师身份是过去社会生活经历的反映（Nguyen，2019; Ruohotie-Lyhty et al.，2021），也是所在工作场所社会关系互动的结果。教师的社会文化历史往往只是教师身份的背景，但是当教学改革发生时，改革参与者就会对过去历史与当下改革语境进行再次协商（Britzman，2003; Williams，2010），从而重新确认已有身份或者建立新的身份，看似缺席的社会文化历史因此得以再次凸显。比如，一线英语教师也许很少反思自身的教育背景，未必能够注意接受的专业培训对于通用英语的偏重，直到学术英语教学改革促使他／她们重新思考在校期间学校所给予的训练。

教师个体是"身份的集合体"（repertoire of identities）（Yuan，2016: 189），集合体中的某一身份可能成为教师个体的核心身份（core identity）（Maulucci，2008），这取决于教师个体与其所在特定环境的互动关系。哲学家德里达（Derrida，1998: 28）说："身份从不是给予的或获得的，身份是发生的。"身份构建并非是对预先设定的（predefined）能力、技能、知识和角色的单向习得（Arvaja，2016）。相反，身份发生在个体与社会环境的交互之中，特定环境为教师某些身份的发生提供了资源（Vähäsantanen et al.，2008），教师因此获得发展某些身份的给养（Kirkby et al.，2019），特定环境常常会反复评估某些身份（Lazarus，1991），教师可能在评估中受到认可（appreciation）(van Lankveld et al.，2017b)，从而不断加强（strengthen）（van Lankveld et al.，2017a）身份集合体中的某些部分。特定的社会环境赋予了教师个体某些身份的显著性（salience）（Friesen & Besley，2013），形成了植根于特定社会环境的核心身份（Kubanyiova，2012; McNaughton & Billot，2016）。这种核心身份常常是"个体关于自己的以及关于他人对待自己的强烈的情感所在"（Turner，2002: 101）。核心身份具有长期的稳定性（Gee，1999），个体对其往往怀有深切的认同感，因此，在特定语境下，当个体的核心身份受到挑战时，很可能会激发剧烈的情感波动。

教师与社会文化环境双向协商身份构建（Assen et al., 2018; Cohen, 2010）。一方面，教育体制、学校政策和工作生态等社会文化因素对于塑造教师身份起到不可忽视的重要作用；另一方面，教师投身社会文化环境，在教师身份构建中时时展现主体性（Hiver & Whitehead, 2018; Ruan & Zheng, 2019; Ruohotie-Lyhty & Moate, 2016）。身份构建离不开教师主体性，后者帮助前者明确发展方向从而实现教师的自我实现（Ketelaar et al., 2012）。Varghese et al.（2005）区分了话语中的身份（identity-in-discourse）和实践中的身份（identity-in-practice），指明个体通过话语和实践对于职业身份的主动构建。有关话语中身份的讨论呼应 20 世纪 80 年代学术界出现的"话语转向"（discursive turn）（Benwell & Stokoe, 2010），话语一词可解释为大写话语（Discourse）和小写话语（discourse）。大写话语指特定历史、社会和体制语境下使用的话语（Yuan, 2019），小写话语指更为具体的言语片段。有关话语中的身份的讨论强调语言在身份构建中的重要地位，认为语言与身份相互组构（mutually constitutive）（Weedon, 1997），语言协助个体赋予社会现实以特定的意义，"语言同时也是身份主体的自我构建之所"（Weedon, 1997：21）。Fairclough（2003）指出语言现象即社会现象，社会现实决定个体的语言使用，同时个体主动运用语言打造社会身份。由于话语具有开放性，所以身份是动态变化的（Clarke, 2008）。有关实践中的身份的研究强调身份的行动取向（action-oriented），行动主体在具体的社会实践和活动（Cross & Gearon, 2007）中形成身份。Wenger（1998）认为身份构建是个体适应（belonging）社会实践的经验方式，适应方式分为三种：投身（engagement）、想象（imagination）和结盟（alignment）。个体通过投身为社会实践付出努力，建立和维持社会关系，并从中协商意义。个体通过超越经验的想象创造自己将要投身其中的世界和所处环境。个体通过结盟将个体活动匹配于更大的社会结构，把集体身份纳入个体身份的一部分（Trent & Lim, 2010），形成个体的集体身份（collective identity）（Hökkä et al., 2017）。实践中的身份由个体参与集体所重视的具有社会意义的实践活动得以建立。显然，实践中的身份肯定个体投入（investment）或拒绝投身

（disengagement）社会实践的主体性（Rugen，2013; Vásquez，2011）。

在教学改革中，教师"并不是改革过程中的小卒（pawn in the reform process），而是主动或被动的积极行动主体"（Lasky，2005: 900-901）。作为行动主体，教师不仅能够完成社会实践任务，而且可以通过终生学习不断完善自身能力，持久保持教师职业发展（Tao & Gao，2017）。在教学改革的社会实践中，教师个体通过主体行动满足改革语境要求（Leander & Osborne，2008），完成职业转型并实现自我价值，从而确立改革社会文化语境所指定的新的身份。当然，教师也可能表现出抵制的主体性，拒绝参与教学改革的相关实践活动，坚决维持曾经经历的社会文化语境对其身份塑造的影响。

4.2 教师信念

教师信念被誉为"教学的核心"（Harendita，2017: 51），是教师发展研究领域的重要构念，长期以来一直受到教师教育研究者的广泛关注（Borg，2003; Johnson，2006）。教师信念是指教师"下意识持有的有关学生、课堂和教学材料的假设"（Kagan，1992: 65）。有时会与其他很多概念相提并论或彼此互换，比如教师知识（knowledge）、态度（attitude）、观念（perception）、意识形态（ideology）、倾向（orientation）、视角（perspective）、刻板印象（stereotype）和思考（thinking）（朱旭东，2011; Zheng，2015）。这些不同的概念之间的关系仍然未在学界达成共识（Zheng，2015），"关于教师信念的研究至今仍然没有统一的概念和理论框架"（朱旭东，2011: 9）。一直以来，学界有关信念的基本共识包括以下三个方面（Johnson，1994）：首先，教师信念影响教育的观念和教学的判断；其次，教师的信念在教育知识如何转化为课堂实践的过程中起到一定作用；最后，理解教师信念对于提升教学实践和教师教育质量至关重要。

教师信念与以往经历和社会环境等多个因素相关。近些年的研究进一步表明（Borg，2006; Johnson，2006），教师信念的形成不仅受到教师以往学习经验和教学经验的塑造，而且实际的教学实践也受到教师信念和教育语境相互影响。教师的教学行为未必与教师所宣称的信念保持一致，教师虽然心怀类似的信念，但是由于所处的教育语境不同可能会采取不同的实践行动。比如，当教师走进实际的语言课堂时，很可能发现自身信念与学生秉持的信念之间有所差别，这可能会给学生的学习造成困扰，并严重影响老师的教学活动的开展和与学生之间的有效互动（Ahonen et al., 2014; Chen & Goh, 2011）。这时，教师很可能会根据具体的教学语境迅速调整教学实践活动而出现教师信念与教师实践不相符合的情况。

　　近期的研究发现显示（Zheng，2015），教师信念并非单一静态的构念，相反它是一个复杂的可能会不断变化的动态体系。当外部的社会教育环境发生变化时，教师信念的动态体系的内部关系可能会失去已经形成的平衡，需要在变化中重新寻求新的稳定的关系。在教学改革的语境下，改革目标可能会要求教师构建新的教师信念，以适应新的改革要求，从而对教师原有的教师信念的动态系统形成冲击并带来张力。例如，学术英语的教学改革可能要求英语教师重新思考自身的教学信念。通用英语的英语教师可能持有教师为中心的教学信念，也可能持有学生为中心的教学信念。学术英语教学改革不仅要求一线教师完成从通用英语教师向学术英语教师的身份转型，而且学术英语课程的教学特点往往要求教师以学生为中心，充分考虑学生的专业需求（高原，2020），在英语课堂充分实践以学生为中心的教师信念。

4.2.1 教师信念的理论基础

　　有关信念的理论视角大致可以概括为三个方面：特质理论视角（normative approach）、元认知视角（metacognitive approach）和文化语境视角（contextual approach）（朱旭东，2011; de Costa, 2011）。特质理论认为教师信念是一个预先秉持的（preconceived）稳定的构念，属于恒定不变的个性化因素，是预测教师实践教学行为的重要条件（Five & Buehl, 2008）。元认知视角则认为教师信念属于心理特征（mental trait）（Wenden, 1999）。元认知视角的研究很多基于心理学家（Rocheach，1968）关于信念的文献，将教师信念与认知（cognition）、情感（affect）

和意动（conation）联系起来。元认知视角认为教师能够运用元认知知识表述对于自身信念的认识。文化语境视角则主张教师信念不仅仅是心理特征，应置于教师所在的社会文化环境，产生于教师所处的工作场所和生存环境，受制于社会文化环境中的价值观和社会文化（Lee & Dallman，2008）。教师信念与教师的教学实践彼此互动，相互影响。因此文化语境理论认为教师信念不是一个固定不变的先验体系，而是在教师的学习过程中和教学实践中逐渐形成，或因为教学工作语境的改变而发生变化（Gao & Cui，2022c）。例如，Stritikus（2003）研究了一位拉丁裔教师的信念变化，这位教师最初秉持教育政策所要求的沉浸式教学信念，并严格按照沉浸式的教学要求开展教学，可是一年的教学实践后，她发现教学效果非常不理想，并因此感到十分沮丧，经过对自身教学经历的反思，她调整了自己的教师信念，开始在实际的英语课堂上适当地采用母语教学。Gao & Cui（2022c）探讨了学术英语教学改革语境下教师 Lee 的信念发展历程。在教学改革之初 Lee 认为他的学生不具备学习学术英语知识的能力，学生应该专注打好通用英语的基础而不是不切实际地花费宝贵的课堂时间学习过难的学术英语知识。但是随着改革进程的推进，Lee 通过学术英语的课堂教学逐渐改变了之前的教师信念，转而强调学术英语教学对于研究生阶段的英语学习者的重要性和必要性。目前来看，特质理论视角已经渐渐"淡出"（fading into oblivion）（de Costa，2011: 348）人们的视野。而元认知视角和文化语境视角成为学者研究教师信念的重要理论框架。

4.2.2 传递主义和构建主义教师信念

教师对于知识的本质以及知识习得的本质所持有的的信念称为知识信念（epistemological beliefs）（Hofer & Pintrich，1997），而教师有关如何帮助学生获得知识的信念称为教学信念（Lee et al.，2013）。教学信念关注"什么是学习以及如何最好地进行教学"（Berger & Van，2018: 6），这一领域一直以来受到学界的广泛关注。教学信念还可以进一步划分为传递主义信念（transmission view）和构建主义信念（constructivist belief)（Berger & Van，2018；Kember & Gow，1994），前者又被视作传统的信念（traditional beliefs）（Kerlinger & Kaya，1959），认为教师是知识的呈现者、传播者和解释者，或者说教师是知识的权威，是课堂教学的中心（Bramald et al.，1995），学生只是教师所传授的知识的被动的接收者；后者则被看作进步的信念（progressive beliefs）（Kerlinger & Kaya，1959），认为知识不是教师向学生的单向给予，教师并非课堂的绝对中心，而是学生学习的支持者（Samuelowicz & Bain，1992），学生是课堂活动的积极参与者，知识产生于教师和学生的双向互动之中，而且学生的思维过程的发展远比习得某些具体的知识更加重要。

中国传统的教育思想鼓励教师和学生都秉持传递主义信念（Gao & Cui，2021，2022d），非常重视教师的传道、授业和解惑以及学生对于老师所传授的知识的充分理解和彻底吸收。这在以下的一则故事中有所体现（见胡惠闵、王建军，2014：5）：我国汉代著名的经学大师郑玄年轻时曾四处求学，听说陕西扶风的马融对于儒家经典很有研究，就不远千里来到马融门下求学。马融并没有直接教他，而是让学生教授了三年。后来郑玄帮助马融解决了一个问题，从此马融对郑玄另眼相看，开始直接传授他学问。这样又过了六年，郑玄觉得已经学成，于是辞别回乡。可是郑玄走后，马融忽然后悔起来："如果郑玄回到山东，我的学问也就跟他去了。"马融竟然派人追杀郑玄，郑玄巧妙地躲过追杀。之后郑玄开门授徒，成为一代经学大师。这个故事中的马融认为郑玄带走了他的知识，而完全忽视了郑玄对于知识构建的重要作用，更没有试图在与郑玄的师生互动之中寻求自身的知识和思维方式的成长。这个故事同时说明教师信念可能带有强烈的文化色彩，身处某种文化中的教师很可能受到自身文化传统的影响而秉持某一特定的教师信念。

传递主义的教育传统虽然在中国的教育语境下影响深远，但是随着时代的发展，教师信念也在逐渐发生变化。Zheng（2015）的研究指出，21 世纪以来，中国推行了全国范围内的教育改革，力图实现从知识传递向知识共建（knowledge co-construction）的范式转变。这为中国一线教师的教学信念带来了更大的多样性和包容性（Yang，2019）。不仅如此，以往的传统教学信念也被注入新的活力。比如，Gao & Cui（2022d）

的个案研究发现，中国教师 Chris 虽然遵从孔子的教育传统，将伟大的教育家孔子视作职业楷模，但是她并没有局限于传统课堂上对于知识的单向传递，而是更加凸显儒家哲学中的人文关怀（humanistic care），呼吁加强师生的互动，强调在师生之间建立起智力和情感的纽带。Chris认为教师不应将学生简单视为知识的接收者，而应重视学生的自主学习能力，将每位学生看作一个整体，真诚地关心和充分地尊重学生，并在情感上支持他 / 她们，从而激发学生的最大个人潜能。

对于教师而言，传递主义信念和构建主义信念不一定完全彼此排斥。教师可能同时持有相互矛盾彼此冲突的教学信念（van Driel et al.，2007），可能同时受到传统的（traditionalistic）和进步的（progressive）教育信念的影响。比如，Tondeur（2008）通过研究中国小学教师的教学信念发现，教师可能同时采纳传统的和构建主义的信念，这两种信念在教师的信念体系中可能发挥着不同程度的作用。又如，Lu et al.（2020）探讨中国高校西班牙语教师的教学信念，发现中国高校的西班牙语教师不再局限于以教师为中心和传递主义为主要教学信念的传统维度上，而是向学生为中心 / 构建主义过度的连续体上移动发展，逐渐向以学生为中心的教学信念倾斜。可见，教师信念体系可能会发生转变，在信念转变的过程中显然会同时容纳截然不同的观点。

4.2.3　教师信念的复杂系统

教师信念是一个内涵丰富、层次纷繁的复杂系统（Pajares，1992）。Calderhead（1996）指出，教师持有五个方面的重要信念：关于学习者和学习的信念，关于教学的信念，关于学科的信念，关于学习教学的信念（beliefs about learning to teach）以及关于自我和教学角色的信念。Zheng（2015）将 Calderhead 的分类运用到英语作为外语的教师（EFL teachers）的信念研究中，进一步提出英语作为外语的教师信念的五个方面：关于英语作为外语的信念（beliefs about EFL），关于外语教学的信念，关于外语教师的信念，关于外语学习的信念以及关于外语学习者的信念。

关于英语作为外语的信念可大致分为两个方面，即英语作为学科的信念和英语作为语言的信念。英语作为学科强调英语是一门学科，即和历史、数学等学科一样是一门独立的学科。一般来说，外语专业出身的教师会倾向于认为英语既是学科也是语言，而很多其他专业的教师则更加容易将英语认定为主要的交流工具。英语教师所持有的有关语言的信念常常影响他／她们如何教授语言（Richards & Rodgers，1986）。持有语言结构观的老师将语言看作传递意义的、由结构相关成分组成的系统，强调语言学习即掌握音韵、词法、形态、句法、语义等不同层面的语言结构；而持有语言功能观的教师则将语言看作表达功能意义的载体，强调语言学习即为了实现社会人际关系的有效沟通和维护。

关于外语教学的信念和关于外语教师的信念可能会塑造教师的教学活动（Freeman & Richards，1993）。有些老师可能认为外语教师在外语教学中应注重文本内容的精准传达，有些老师认为外语教师应帮助学生学习发展建立社会关系的能力以适应可能面对的外语环境，有些老师则可能认为外语教师应该助力学生通过外语学习而提升专业学术能力。很显然，这些老师所设计的课堂活动很可能会有所差异，正如 Zahorik（1986：21）所说："有关教学法优劣的判断常常隐含着对于教学本质的认识。"同时，教学可能涉及外语教师的个性化参与，如何看待自身的教师角色可能是外语教师激发学生学习兴趣和有效管理外语课堂的关键。不同教师对于自身的角色定位有所不同，他／她们可能将自身看作是拥有知识的专家（expert）、课程计划的执行者（deliverer）、学生学习的促进者（facilitator）、学生进步的激励者（motivator）或者道德标准的维护者（upholder）（Calderhead & Shorrock，1997）。对于教师角色的不同理解影响着教师如何管理和组织外语课堂。

关于外语学习的信念与关于外语学习者的信念涉及学习内容和学习过程两个方面。有关学习内容信念的形成可能来自国家政策性的规定，也可能源自教师本身的教育经历，涵盖语法、词法等语言知识、语言技能、学习策略、社会文化和思政教育等多个方面。有关学习过程信念的形成可能源自教师所接触和接纳的语言学习理论。比如，持有行为主义（behaviorist）信念的教师可能特别注重通过操练、重复和记忆等培养学生良好的语言习惯。而持有认知主义（cognitivist）信念的教师可能特别注重学习者的心理过程，聚焦学习的同化（assimilation）和适应过程（accommodation）（Ellis，1986），即新知识进入学习者的知识体系需要经历调整和同化，而学习者的知识体系也需要改变以吸纳新的知识。此外，持有人本主义（humanistic）信念的教师可能非常重视师生之间的良性互动，强调把学生培育成完整的个体，认为知识和技能得到发展的同时内心世界和情感的健康发展也很重要。持有社会构建主义（social constructivist）信念的教师看重社会语境对于语言知识习得的影响，强调学习过程的两个重要因素，即内化（internalization）和中介（mediation）（Vygotsky，1986），前者指通过社会文化互动内化知识的过程，后者将语言和其他文化符号视为内化知识的重要中介。

在教师信念的复杂网络（complex web）中（Sakui & Gaies，1999），部分信念可能是彼此冲突的。有些时候，教师可以明显感受到教师信念的冲突感（Gao & Cui，2022c），比如在教学改革期间，教师需要响应改革要求而建立新的教师信念或者努力调节新旧教师信念的相互冲突。而有些时候，教师也许无法感受到不同教师信念的冲突感（Green，1971），即便这些信念在教师的信念体系中同时存在。Green（1971）认为教师信念体系中的众多信念不会同时起到作用，它们处于不同的聚集关系（cluster）之中，面对特定的社会教育语境教师信念体系中的某些信念能够发挥影响指导教师行动。研究者（Ajzen & Fishbein，1980；Fishbein & Ajzen，1975）进一步提出了显著信念（salient belief）的概念，即在某一特定语境下，某些信念对于教师而言更加可及（highly accessible），更加易于指导教师的相关行为（van Twillert et al.，2020），从而凸显为教师信念体系中的显著信念。研究者（Aragão，2011）还提出了核心信念（core belief）的概念，在信念体系中某些教师信念处于中心地位，即便整个信念体系可能进行动态的调整，但是教师的核心信念很难发生改变，这是因为教师的核心信念往往与教师的自我概念（self-concept）相关（Nuñez，1997），教师如何认识自己可能决定着其根本的教师信念，而教师的自我认识并非轻易发生改变的。因此，如果某一教育语境或教学改革强势要求教师改变核心信念，一定会在教师身上引发巨大的张力。与核心信念相对的称为边缘信念（peripheral belief），二者相比，前者能够更加有力地塑造教师的教学行为（Phipps & Borg，

2009）。有趣的是，一线教师如果经历冲击较大的教学改革，确实有可能交换核心信念和边缘信念之间的关系，即改革语境下某一边缘信念的反复加强可能使得原本处于核心地位的教师信念逐步进入信念体系的外围（Gao & Cui, 2022c），从而改变教师的信念体系。毫无疑问，这一信念体系的改变过程一定是充满张力的。

4.3　教师主体性

　　教师主体性是教学改革研究中的重要构念。学者十分关注教师对于改革语境的主体回应（Robinson, 2012; Tao & Gao, 2017; Vitanova, 2018）。教师可能对于教学改革带来的政策变化感到无能为力，选择无所作为（Larsen-Freeman, 2019）；甚至可能抗拒教学改革，消极应对改革现实所产生的实际变化（Benesch, 2018; Sannino, 2010）；也可能积极参与教学改革，策略性地影响改革实践（Dover et al., 2016），在改革语境下充分发挥教师主体性（Donnell & Gettinger, 2015; Ruan et al., 2020）。一方面，教师可能只是教学改革现实的被动的接纳者（Lasky, 2005），明显受限于所处的改革语境；另一方面，教师可能积极参与到教学改革的方方面面，成为改革所要求的课程开发者（Graves, 1996）、教材编写者（Kuzborska, 2011），即改革实践的探索者和行动者（Dikilitaş & Griffiths, 2017）。教师个体的主体参与能够推动改革的进展，同时教学改革也是教师主体性发挥的重要场所，是教师发展的重要契机（Imants & van der Wal, 2020）。

4.3.1　教师主体性的定义

　　主体性作为人文和社会科学中的重要概念（Archer, 2000），在人类学（Ahearn, 2001）、心理学和社会学（Clegg, 2005）研究中均有涉及。教育领域的主体性问题可追溯至文艺复兴时期对于个体自主行为能力的宣扬（Ecclestone, 2007; Eteläpelto et al., 2013）。近二十年来，学生在知识建构中的主体作用（Packer & Goicoechea, 2000）以及教师在职业生涯和终身发展过程中积极的创造性的主体实践（Lipponen & Kumpulainen, 2011）备受学界关注。

教师主体性是一个复杂的构念（Feryok, 2012）。一些学者认为（Priestley et al., 2015; Toom et al., 2017），教师主体性是教师的核心职业能力，教师可能将自身视作积极的学习者和有力的行为者，能够有意愿去采取某一行动，作出某种选择或决定，并对自己的行动进行深入的反思。因此，教师不只是教学实践的被动执行者。相反，教师完全有能力改变教学效果、影响改革进程（Adebayo, 2019）。还有一些学者（Campbell, 2012; Datnow, 2012; Pantić, 2015）指出，教师主体性是特定工作语境的动态产物，基于教师个体与所处环境的互动与对话，无法脱离教师所在的工作场景以及工作场景所在的政治经济和社会文化价值体系。可见，教师主体性这一构念不仅强调教师个体自身的能力（capacity）、意愿（intention）和行动（action），同时表现出动态性（dynamic）和对话性（dialogic）。

能力是教师主体性的重要组成部分，为教师采取自主行动提供保障（Pyhältö et al., 2012）。教师能力尤其体现在资源有限的工作环境中，能有效地开展与教学相关的工作（Erss, 2018; da Silva & Mølstad, 2020）。例如，教师利用线上资源开展远程网络教学的能力是新冠疫情期间教师主体性的重要部分。教师网络教学的主体实践（Brevik et al., 2019; Lund et al., 2019）基于教师根据网络技术进行教学设计和开展教学活动的能力（pedagogical dimension）；基于教师对于网络伦理与责任的认识能力（ethical dimension）；基于教师及时调整心态适应教学环境发生改变的能力（attitudinal dimension）；基于教师运用软件硬件和相关设备的技术能力（technical dimension）（Gudmundsdottir & Hathaway, 2020）。一方面，能力是教师主体性的必要条件；另一方面，能力也会在教师主体性的发挥过程中得以提升。

意愿是能力发挥的真正动因（Bandura, 2001）。教师并不会"任意地"（arbitrarily）（Wang et al., 2017: 116）付出能力，他／她们的主观意愿能够为主体的行动能力"赋予力量"（empowerment）（Nakata, 2011: 901）。表现出主体性的教师往往拥有明确的目标感（Spratt et al., 2002），并愿意为目标的实现付出努力，他／她们勇于打破旧有的教学习惯，善于采取创新型和探索型的思维模式，并乐于接受和推动现实的变革（Insulander et al., 2019）。Liu 等人（Liu et al., 2016）提出了教师主体性的四个要素：学习效力（learning effectiveness）、教学效力（teaching effectiveness）、乐观感（optimism）和积极参与感（constructive engagement）。学习效力是指教师持续进行终身学习（lifelong learning）的意愿；教学效力是指运用有效教学手段与学生和家长共同合作以发展学生的意愿；乐观感是指与同事建立和维持良好关系的意愿；而积极参与感则是指设立目标并努力实现的意愿（Bellibas et al., 2020; Emirbayer & Mische, 1998; Frost, 2006）。

　　行动是主体性的外部显现，是教师主体性存在的重要的判断依据。教师主体性并不是内在拥有的既定特质，而是在具体行动的过程中得以达成（Leal & Crookes, 2018; van Lier, 2008; Wernicke, 2018）。教师主体性体现在教师对于外在环境尤其是环境变化的积极回应中（Lai et al., 2016）、体现在教师根据客观实际而作出的自主决定之中（Paechter, 1995）、体现在教师所投身的具体实践之中（Fu & Clarke, 2017）、体现在教师日常教学所做出的创新尝试之中（van der Heijden et al., 2015）、体现在教师对于教学和重要外部资源的利用之中（Maclellan, 2017）、体现在教师在实践共同体中的共同合作之中（Väisänen et al., 2017）、体现在教师通过行动对于工作环境的塑造之中（Biesta et al., 2017）。

　　教师主体性具有动态性（Oolbekkink-Marchand et al., 2017），并非教师个体某种一成不变的固有特征。很多学者（Archer, 2003; Pavlenko & Lantolf, 2000; Priestley et al., 2015）关注主体性的"时间属性"（temporal nature of agency）（Vähäsantanen, 2015: 2）。Biesta 和 Tedder（2006）提出了主体性的三维模型，包括重复维度（iterational dimension）、投射维度（projective dimension）和实践—评价维度（practical-evaluative dimension）。重复维度根植于教师的以往经历，但教师之前所形成的能力、信念和价值观在当前情况下只会根据现实的工作语境部分重启，不同的工作场景可能会调动起不同程度和不同方面的教师主体性（Kayi-Aydar, 2015）。投射维度基于教师个体对于未来的想象，反映出教师抱有构建不同于过去与现实的未来的意愿和目标。教师对于未来可能作出长期或者短期投射，而作出长期投射的教师个体往往也可能期待实现更高程度的教师主体性（Andrée & Hansson, 2020）。实践—评价维度有关教师主体性正在发挥作用的当下，而过去和未来对于当下教师主体性的实践均会产生影响。

教师主体性不可能在真空中实现（Edwards, 2017），离不开特定的社会文化语境，表现出显著的个体与环境的对话性特征（Rostami & Yousefi, 2020; Wallen & Tormey, 2019）。一方面，有关主体性的比较极端的看法（见 Ahearn, 2001）主张主体性是完全基于个体意愿的主体自由，认为"人类是能够自我激励、自我引导的理性主体，可以充分行使个体的主体性"（Usher & Edwards, 1994: 2）；另一方面，强调主体性具有对话属性的观点则指出，教师主体性与其所在的社会文化语境相互塑造（Anderson, 2010; Paris & Lung, 2008），个体与环境在彼此协商和共同构建中（Lantolf & Thorne, 2006; Moate & Ruohotie-Lyhty, 2020）"达成基于某一语境的主体性"（situated achievement）（Priestley et al., 2015: 29），个体主体性在与所在语境的互动中获得给养或受到限制（constraint）（van Lier, 2002），个体"通过环境"（by means of their environment）而非"在环境中"（in their environment）发挥其主体性（Biesta & Tedder, 2007: 137）。

4.3.2　教师主体性的分类

由于教师主体性是一个复杂多面的构念（Insulander et al., 2019），对于教师主体性的不同侧面的关注必然会产生不同的分类方法。

教师主体性可以分为个人主体性（personal agency）和关系主体性（relational agency）。个人主体性是指教师的自我赋能感，即教师个体能够通过自我导向充分认识目标，并通过自身努力明确如何达成目标（Nakata, 2011）。个人主体性侧重于主体性的内在形成（internalization）（Little et al., 2002），而关系主体性注重外部关系如何促进教师的主体性（Wright, 2015），强调"个体通过所在社团的认可以及支持而获得权威和主体性"（Engeström, 2009: 317），认为社团内部不同个体的彼此互动和"相互合作"（collaboration）（Wright, 2015: 631）能够成就个体的主体性。

教师主体性还可进一步分为个体主体性（individual agency）和集体主体性（collective agency）。个体主体性是指完全基于教师的个人意愿和行动所实现的主体性；而集体主体性则是受到工作集体的影响所形成的主体性（Hökkä et al.，2017）。集体主体性通常表现为教师群体进行新的工作实践的集体努力以及教师群体面对外部挑战时不断协商并形成集体身份的共同认识。集体主体性往往基于教师的集体身份，教师对于集体身份的接受和认同程度决定着集体主体性是否能够真正实现。Davey（2013）特别指出教师的集体归属感（belonging）的重要性，当教师具有比较强烈的集体归属感时，容易接受集体的行动倡议、协调集体自身与其他集体成员之间的不同诉求、为"作为集体的我们"（who we are as a group）（Hökkä et al.，2017: 38）赋予价值，从而更加容易实现集体主体性。当然，不同文化对于教师集体主体性实现的影响有所不同，比如集体主义的文化传统可能会更加容易促成教师的集体主体性。

教师主体性还可以分为静态主体性（static agency）和转型主体性（transformative agency）（Brevik et al.，2019）。静态主体性是指教师在平稳的日常教学和工作中所体现的主体性；而转型主体性则是指教师在经历教学改革或工作变化所带来的冲突和矛盾时所表现出（emergence）的主体性（Haapasari et al.，2016; Sannino，2010）。因此，转型主体性是指主体"脱离既定行动框架（break away from the given frame of action）并主动进行变革的能力"（Virkkunen，2006: 49）。同时，转型主体性往往在多阶段的（multistep）长期过程中实现（Sannino & Engeström，2017）。Haapasari et al.（2016）根据主体性在教育变化中的实现过程，基于 Engeström（2011）的研究，提出了转型主体性的六个类型：抵制（resisting），即对于变化、新的倡议或方案的抵制，往往针对管理者、同事或改革发起者；批评（criticising），即对于当前活动或组织的批评，往往针对变革并力求发现当前工作方式中的问题；详细分析（explicating），即对于活动之中的新的可能性和潜力的分析，往往基于过去的成功经验或屡试不爽的实践活动；展望（envisioning），即对于实践活动新的方案或模型的构想，往往面向未来提出建议或新的工作方式；承诺采取行动（committing to actions），即承诺采取具体的以及创新性的行动去改变现有的实践活动，往往就行动的具体时间地点作出承诺性言语行为；采取行动（taking actions），即宣布已经采取了相应的措施并真正改变了实践活动。

由于个体与社会资源的互动关系不尽相同，教师主体性实现的可能程度也会有所不同，主体性还可分为增强的主体性（expanded agency）和缩减的主体性（truncated agency）（Elmesky et al., 2006），因为有些互动则可能有助于主体性的形成，而有些互动则可能对主体性的发挥形成阻力。Vähäsantanen et al.（2008）进一步提出了五种教师主体性：有限的主体性（restricted agency），由于教师与单位同事的不对等关系或者教师在职业领域的专业能力不足，教师只发挥出卑微和被动的主体性；扩展的主体性（extensive agency），由于教师良好的专业能力，教师可以不顾及社会资源的限制，而完全基于自身的兴趣和职业目标去积极地采取相关行动；多面平衡的主体性（multifaceted balancing agency），教师采取积极合作的态度，试图在个人的职业意愿和工作要求之间建立平衡，一方面进行创造性的工作实践，一方面支持工作场景中的共享关系；场景多样的主体性（situationally diverse agency），教师根据具体的工作场景扮演积极或者消极的主体，教师出于对不同的工作任务和同事关系的考虑，要么积极主动地发挥专业能力，要么对于工作场所的实践活动采取有所保留的态度。关系中成长的主体性（relationally emergent agency），教师面对工作职责时一直发挥着积极的主体性，不仅如此，随着与周围社会资源和同事关系的逐渐熟悉，教师将会扮演更加主动的角色，而他／她们积极的主体性又会促进职业能力的提升。

4.3.3　教师主体性与教师身份

主体性和身份是教师发展研究中的重要概念，二者密不可分、相互共建（Hiver & Whitehead, 2018; Teng, 2019），甚至被认为彼此纠缠（entangled）（Vitanova et al., 2015）。

一方面，教师主体性可能维持（Ruohotie-Lyhty & Moate, 2016）、改变（modify）（Hökkä et al., 2017）、参与协商（negotiate）（Akkerman & Meijer, 2011）、加强（strengthen）（Lankveld et al., 2017a）或发展

（develop）（Beijaard et al., 2004）教师身份。比如，Ruohotie-Lyhty & Moate（2016）长期追踪芬兰的职前教师，深入研究了职前教师身份发展中所实施的主体性基本类型，并提出了身份—主体性（identity-agency）这一理论概念。Ruan & Zheng（2019）探讨了教师主体性对于中国女性教师的身份构建以及可持续职业发展的影响，揭示了中国的女性教师在面临职业身份和性别身份的冲突时如何采用自我调节和自我反思策略并寻求外部帮助以应对身份困境。Bellibaş et al.（2020）的研究以土耳其的中小学为背景，发现教师主体性在以学习为中心（learning-centered）的领导实践和领导身份的构建之间发挥着重要作用，研究证实校长对于教与学的重视能够有利促进学校文化的提升，并对教师参与决策和从事领导实践的热情形成有力支撑。

尤其在教育变革和教学改革中，教师主体性对于教师身份的构建发挥着特别重要的作用。大量研究聚焦于教学改革期间教师主体性和身份的互动关系（Huy et al., 2016; Liyanage et al., 2015; Tao & Gao, 2017）。教学改革所带来的外部工作环境的变化常常要求教师重新协商多种身份（Vähäsantanen, 2015），努力建构新的教师身份。这可能会不可避免地造成不同教师身份之间的分歧（discrepancy）（Ruan et al., 2020）。而教师往往可以通过发挥主体性减少自身的身份分歧（Yuan et al., 2016），以达成各种身份的平衡与融合，积极应对充满挑战的外部环境（Andrée & Hansson, 2020），从而顺利度过艰难的教学改革并实现自己的职业追求。教学改革期间教师主体性的发挥还可以帮助教师找到工作群体中的身份定位（Gurney & Liyanage, 2016）。Wenger（1998）通过"参与"（participation）这一构念说明教师的主体选择和行为如何影响其在教师实践共同体中的定位，认为教师"参与"涉及几个方面：（1）教师如何在社会环境中定位自身；（2）什么是教师所重视和忽略的；（3）什么是教师所期待认识理解和选择忽视的；（4）教师期待与谁建立联系又避免与谁发生关联；（5）教师如何投入并引导自己的积极性；（6）教师如何努力控制职业发展轨迹。Wenger（1998）指出，教师参与并非单纯的个体行为，实则是在社会关系之中的具体呈现。教师在社会关系中的积极主体参与并寻求可能的合作机会（Toom et al., 2017）有助于减轻教师在教学改革过程中身份冲突所造成的压力（Pyhältö et al., 2015），顺利实现教师在实践共同体中的身份定位。

另一方面，教师身份可能影响教师主体性的发挥。Kayi-Aydar（2015）的研究发现，教师在工作场所的位置身份（positional identity）会塑造教师主体性以及教师的课堂实践，当教师处于主体性位置（agentic position）时，更加愿意制定目标、作出选择和采取行动。Bateson（1972）宣称，"主体性存在于皮肤之外"（Human agency exists beyond the skin.）（见 Lasky, 2005: 902），个体实践的主体性常常受到环境的调节（mediated agency），而教师身份往往赋予不同个体以不同的从外部环境之中获取资源的能力（Vähäsantanen et al., 2008），也就是程度不同的主体性调节能力。例如，Bellibaş et al.（2022）发现土耳其的中小学学校校长积极利用其身份的调节作用优势，可以有效促进教师的学习和合作实践，并对学校的课堂教学的多个方面产生显著的影响。当然，教师身份和教师主体性之间并不是仅仅呈现出简单的单向关系。比如，Hiver & Dörnyei（2017）指出，当教师感到理想身份和实际身份之间存在较大差异时，很可能会因此而丧失主体性而对现实采取消极抵抗的态度，并因此不愿付出主体性努力甚至完全拒绝构建新的教师身份。

4.3.4　教师主体性与教师信念

教师信念对教师主体性的实践行为具有重要影响，对于开展有效的教学实践活动至关重要（Li, 2012），教师所采取的主体行动很多时候就是为了彰显自身的教育信念（da Silva & Mølstad, 2020）。一些有关信念的研究显示，信念是影响主体性的稳定要素，二者之间存在因果关系（Navarro & Thornton, 2011）。比如，Hadar & Benish-Weisman（2019）发现，教师对于个人价值的信念与教师的主体能力（agentic capacity）正向相关。又比如，Lu et al.（2020）指出，秉持以教师为中心信念的老师通常会非常注重语言学习的结果，而坚持以学生为中心信念的老师通常注重与学生的主体互动并相信可以通过主体互动改进学生的学习。再比如，Lee et al.（2013）的研究表明，教师的知识信念，即他们如何看待知识的本质和知识习得的本质，会影响他们的教学信念，进一步影响教师在课堂上的教学实践。其中，教师的构建主义和传递主义的教学信念对于课堂教学的主体实践产生了不同的影响。

但是，很多研究也展示出教师信念与教师主体性之间更为复杂的关系。以教育技术领域的研究为例，一方面，教师信念被认为是教师对于技术主体使用的关键变量（Farrell & Yang，2019），对于教学中教育技术的使用起到显著的影响（Liu et al.，2017）。研究者发现持有构建主义信念的教师会在课堂更加频繁地使用技术（Inan & Lowther，2010）来促进师生互动（Berger & Van，2018; Kember & Gow，1994），而持有传递主义信念的教师则主要将自身作为知识的主要来源而更少地使用技术（Ertmer et al.，2012）。然而，越来越多的相关研究指出，教师对于技术主体的使用未必与教师信念相符（Chen，2008; Liu，2011），即便怀有强烈的构建主义信念的教师也不一定在课堂上大力推进技术的使用。

首先，考虑到教师所在的动态社会工作语境，教师信念与教师主体性之间的关系远比简单的因果联系复杂（Zheng，2015）。虽然教师信念对于教师的主体实践确有影响，但是教师的主体实践行为往往受到所在环境的限制，教师在工作场景所采取的具体的主体行为未必真正能够反映其内在的信念，而很可能是内在的教师信念与外部的实际环境所妥协的结果。其次，教师信念本身是一个十分复杂的构念，由教师对于教、学、学习者、教师群体等多个不同的信念所共同构成，这些不同的信念也许不会对教师在课堂上的主体实践产生彼此独立的影响，不同信念之间可能会相互作用从而共同影响教师的主体性。此外，教师的不同信念之间甚至会相互冲突（Farrell & Kun，2007），对教师最终在课堂上采取的主体实践产生复杂的影响。另外，目前学界对于教师信念的认识稍显概括，忽视了教师信念的细微层面可能对教师主体性产生的影响。比如 Gao & Cui（2022d）的研究指出，以往研究中讨论教师信念对于主体性影响时常常涉及的构建主义信念和传递主义信念可能太过笼统，还需进一步细致分类教师信念。这项研究运用了隐喻研究方法（Craig，2018; Nguyen，2016），研究发现虽然两位中国老师都秉持传递主义信念，但是他/她们所体现出的深层信念却有所不同：一位老师认为"教师是教练员"，强调知识传递的最终效果，即学生是否真正接受和吸纳了教师传递的知识；而另一位老师则认为"教师是向导"，强调传递的知识的内容，即当需要传递的知识多于课堂实际的承载量时，教师需要化身向导，确保教学重点突出。两位老师的深层信念分别凸显了传递主义信念的不同方面。因此，虽然他/她持有同样的信念，但各自对这一信念的不同侧面的重视却为他/她们的课堂教学的主体实践带来了不同的影响。

4.3.5 教师主体性与教师情感

教师专业发展的历程中常常会涌现出不同的情感（Yang et al.，2021）。教师职业发展的不同阶段所表现出来的正面情感和负面情感存在显著差别（Zysberg & Maskit，2017），教师在教育变革和教学改革等需要发挥教师主体性的关键时期也会展现出特殊的情感。

教师所经历的情感往往是促进教师发展的重要方面（Golombek & Johnson，2004）。对此，研究者有不同的发现：Gains et al.（2019）的研究显示，正面情感可以提升教师的投入度、执行力并促进教师反思，相反，负面情感则会降低教师的投入度和阻碍教师的执行力。Sedová et al.（2017）的研究则表明，经历负面情感较少的老师也较少改进他/她们的教学实践，负面情感的缺失在一定程度上限制了教师的有效发展。

教师主体性和教师情感相互关联（White，2018）。一方面，教师情感被看作教师主体性的重要部分（Benesch，2018）。"情感往往来自个体对于自身和外部世界的解读，来自对于如何面对伤害、威胁和挑战的判断"（Lazarus，1991: 7）。而教师主体性往往基于教师对于客观现实的情感反应（Thomson & Turner，2019），情感是教师采取主体行动以应对客观挑战和现实变化的有效信号（Benesch，2018）。比如情感上的抗拒往往是教师主体性的初期表现（Sannino，2010），教师在真正采取主体行动之前可能会经历一段时间的抵触情绪。同时，根据对话理论（dialogical approach），情感可能根植于他们所在的社会环境，因此教师需要与多种社会关系进行主体协商，教师情感可能激发他们去主动寻求环境资源、积极打破外部限制（Miller & Gkonou，2018）。另一方面，教师可以通过运用自身的主体性而改变情感状态。比如，Gao & Cui（2022b）的研究追踪了一名教学改革语境下的教师领导者 Gee。她由于高强度的改革任务而倍感压力，因改革要求的不同身份构建与转化而深感焦虑，由于领导经验不够丰富和改革相关的业务能力欠缺而备受质疑和挑战，所以在改革之初 Gee 表现出十分明显的负面情感。可是 Gee 并未就此消沉，相反，她利用上级领导指派的教师领导者身份，积极作出主体反应，主动聚集各方资源，通过积极完成各项改革任务来重新构建改革要求的教师身份和教师领导者身份，从而很大程度地消解改革之初所经历的负面情感。有趣的是，伴随着 Gee 负面情感的大幅降低，其教师主体性与改革初期相比也有所减弱。由此可以看出，教师主体性和教师情感相互影响。教师主体性带来教师情感的变化，而教师情感反过来改变教师的主体性。

4.4　小结

　　教师身份、信念和主体性作为教师发展领域的重要构念，引起了众多学者的广泛关注。而且，学界已经充分认同教师情感与教师身份、信念和主体性的密切关系（Gao & Cui, 2022b），认为教师情感必然伴随教师身份、信念和主体性的变化过程。然而目前，研究者主要关注教师发展的关键构念的两两关系（intimate ties），包括身份和主体性（Eteläpelto et al., 2013; Hiver & Whitehead, 2018; Hökkä et al., 2017; Ruohotie-Lyhty & Moate, 2016; Tao & Gao, 2017; Vähäsantanen, 2015; van Lankveld et al., 2017）、信念与主体性（Donnell & Gettinger, 2015; Spillane, 1999）、身份与信念（Wang & Du, 2016; Yang, 2019）、情感与身份（Cekaite, 2013; Evaldsson & Melander, 2017; Jo, 2014; Nasrollahi Shahri, 2018; Shapiro, 2010; Taylor, 2017; Torres-Rocha, 2017; Tran et al., 2017; Uitto et al., 2015; Veen et al., 2005; Yin & Lee, 2012; Zembylas, 2005）、情感与主体性（Acheson et al., 2016; Benesch, 2018; López & Cárdenas, 2014; Stanley, 1999; White, 2018; Zhang & Zhu, 2008）、情感与信念（Aragão, 2011），很少从复杂动态的整体主义视角（Barcelos, 2009; Cross & Hong, 2012; Gao & Cui, 2022c）将

教师身份、信念、主体性和情感视为动态的整体（dynamic ensemble）（Hiver & Al-Hoorie，2016），更少在教学改革的充满挑战的现实语境下考察教师身份、信念、主体性与教师情感之间的错综复杂的关系。本研究旨在呼应人文和社会科学领域正在发生的"复杂转向"（complex turn）（Han，2017），力求呈现一线教师所经历的真实的改革现实，将困难与机遇并存的教学改革语境整体视为一个复杂动态的系统，探究身处其中的一线教师所经历的情感张力、情感变化历程，以及教师情感与教师身份、信念和主体性的复杂动态的互动影响，以期为教学改革的政策制定者、改革推行者、教师教育者、学校管理者以及一线教师提供参考。

第 5 章
教师的情感张力

　　根据 Freeman（1993: 488）的定义，张力是指"教师对于学校语境、专业知识和教学对象的理解中不同力量（forces）和因素之间存在的分歧"。一直以来，这种分歧被看作是不受欢迎的或消极负面的现象（Phipps & Borg, 2009），学界一般使用带有否定意义的词语描述教师张力（teacher tension），如不相容（incongruence）、不匹配（mismatch）、不一致（inconsistency）以及不协调（discrepancy）等。张力似乎无法对教师发展形成助力，甚至可能成为教师发展的阻碍力量。然而，随着教师张力研究的逐渐深入（Arvaja, 2018; Billot, 2010; Phipps & Borg, 2007; Phipps & Borg, 2009），越来越多的研究者注意到张力对于教师发展的积极作用。Beauchamp & Thomas（2009）指出，张力研究对于教师发展具有理论和实践意义，张力可能"开启新的希望"（Olsen, 2010: 80）。张力可以促使一线教师塑造新的教师身份，接纳新的教师信念，并尝试在新的教学语境下有效发挥教师主体性（Gao & Cui, 2022c），从而促进教师的专业发展。目前的研究主要采用分析主义立场，仅关注单一教师发展构念的张力问题，如教师的不同身份之间的张力（Pillen et al., 2013）或者教师的不同信念之间的张力（Phipps & Borg, 2009），很少采取整体主义的视角（holistic/integrated approach）（Gao & Cui, 2022d）审视不同教师发展构念的张力的关系问题，也鲜有研究探讨一线教师的情感张力。教师情感与教师身份、教师信念、教师主体性密不可分（Kalaja et al., 2015），教师的情感张力与教师身份、信念以及主体性的关系问题是一个非常值得探索的研究领域。

　　教师张力是教学改革的"关键词"（Flores, 2005: 401）。一线教师在教学改革过程中常常感受到不同程度的张力，研究（Pillen et al.，2013）显示，当身份发生变化时，部分教师可能只感受到轻微的张力（moderately tense teachers），而部分教师则可能体会巨大的张力（troubled teachers）。当然，教学改革过程中教师所经历的张力并非一成不变而是动态变化的，一些教师在改革初期所经历的巨大情感张力不太可能一直存在。然而目前，有关情感张力变化过程的追踪研究十分欠缺，我们对于改革语境下教师情感张力的动态变化所知甚少，需要长期的纵向研究才能准确把握一线教师情感张力的变化全貌。而且，关于教师张力的应对策略，以往研究更多探讨教师身份转化（identity transformation）时教师对于身份张力的应对策略。例如，Pillen et al.（2013）观察刚刚由学生身份转化为教师身份的新手教师的张力应对策略，发现新手教师的五种应对策略，即：（1）自我寻找解决方案；（2）通过与重要他人（significant others）讨论张力而寻求帮助；（3）没有采取主动行动但是获得了帮助；（4）忍受张力的情况；（5）不通过索取帮助而获得帮助。而 Yayli（2017）的研究验证了 Pillen 等人（2013）的前四种应对策略，认为不通过索取而获得帮助在工作场景中很少发生。研究（Smagorinsky et al.，2004）表明，应对张力很可能成为教师成长的重要契机，张力对促进教师的专业发展往往"富有成效"（productive）（Yayli，2017: 189），所以应对张力是教师专业发展的关键性的部分（crucial component）（同上）。然而目前，有关改革语境下一线英语教师的张力应对策略鲜有探讨，对于一线英语教师如何克服情感张力认识不足的问题，亟需加大研究力度以期为今后的外语教学改革实践提供借鉴。

5.1　张力的社会文化视角

社会文化理论以心理学家 Vygotsky 的学术论点为基础，强调社会文化因素在人类认知功能发展中的核心作用。Vygotsky 重点关注儿童的学习与发展，与之类似，社会文化理论也常常应用于学习者学习和教师发展的研究领域。该理论反对教师发展的个体主义模式（individualistic model），注重个体与社会文化的辩证互动（Prawat, 2002; van Huizen et al., 2005），认为教师发展并非单纯的个体发展（individual development），也不是社会语境对于个体的单向促进，而是个体与社会文化环境间相互作用的结果。Bakhtin（1982）随后提出了个体与社会之间的对话式取向（the dialogic approach），个体是对话的个体（dialogic selves）（Skinner et al.，2001），强调个体存在于多方对话的叙事之中和各种声音的关系之中（Arvaja，2016）。Vygotsky 和 Bakhtin 的思想在20 世纪 80 年代学术界进一步形成了人文和社会科学领域的"话语转向"（Benwell & Stokoe，2010），即主张个体与社会之间并不彼此对立，而是表现出密不可分的相互影响和对话式的互动关系。

教师个体与工作环境之间同样呈现出对话式的互动关系。Beckett & Hager（2002）指出了工作场所教师发展的两种截然不同的认识，一种观点认为教师发展是教师个体不断为自身装备新思想的过程，另一种观点则认为教师发展不是个体特质的变化，而是既基于工作场景和工作语境，同时又影响和塑造这些场景及语境。前一种认识称为标准范式（standard paradigm），而后一种认识则称作涌现范式（emerging paradigm）。标准范式将工作场所的教师发展看作是随意的和附带发生的（Eraut et al.，1998），这种看法之所以影响甚广是因为教师工作场所存在的主要目的被认为是为学生提供教学服务而不是为教师提供专业成长的教育资源。近些年来，该范式受到越来越多的重视，涌现范式非常重视工作场所对教师发展的重要性，将工作场所视为教师发展的关键语境（Boreham & Morgan，2004），教师发展是一个终身的学习过程，通过教师在工作场所中的实践和参与得以实现。涌现范式强调教师发展不是个体的"获得"（acquisition）过程，而是个体"参与"（participation）工作场所的实现过程（Sfard，1998）。

"中介"是社会文化理论提出的核心概念之一（Lantolf，2000；Wertsch，2007）。中介意味着个体可以依赖文化工具来调节自身与其他个体或世界的关系，而不必直接应对外部世界，个体可以通过利用文化场景中的中介工具而实现自身的发展（Wertsch，1991）。"中介"与社会文化理论中的另一概念"最近发展区"（zone of proximal development，ZPD）紧密相关。最近发展区是个体现有水平和可能发展水平之间的差距，即个体在现阶段所能达到的解决问题的水平和通过学习所能获得的潜力之间的差异。中介工具可以帮助个体触及最近发展区的极限并突破自身的能力范围（Chaiklin，2003），即跨越当前已经达到的水平，迈向可能达到的新高度，从而实现自身的更高层次发展。中介工具既可以是具体的也可以是抽象心理的，例如语言作为人类最为重要的中介工具，属于抽象的思维工具（Lee，2000），人类通过语言认识世界（Edwards，2005），同时也在认识世界的过程中不断调整和发展语言以满足人类日益变化的交流和心理需求（Lantolf，2000）。也就是说，人类利用中介工具发展自身，同时也在这个过程中发展与完善中介工具。

在社会文化理论视角下，实践共同体被视为教师发展的重要中介工具（Lave & Wenger，1991）。实践共同体的概念强调个体发展和组织发展（organizational development）的相互依赖关系以及个体发展和组织发展的相互组成（mutually constitutive）（Boreham & Morgan，2004）。个体的认知发展无法独立于社会实践活动，教师通过参与实践共同体的活动而实现自我提升。对于个体而言，发展是了解实践共同体的动态变化，参与并推动实践共同体的实践活动；对于实践共同体而言，个体发展能够完善共同体的实践活动并且能够惠及新进的成员（Wenger，1998; 2000），从而提升组织机构的效率和价值。实践共同体作为个体发展的重要中介工具和有力的支撑平台，也在个体发展过程中实现了组织发展（Eteläpelto，2008; Wenger，1998）。改革实践共同体为一线教师发展提供了一个构建身份、塑造信念以及发挥主体性共享意义的空间（a shared meaning-construction space）（Day & Gu，2007），而同时一线教师的个体发展将会推动改革实践共同体的组织发展，从而实现外语教学改革的目标。从这个角度我们可以说，作为个体发展的中介工具，外语教学改革实践共同体既是手段也是目的。

教学改革实践者的发展和教学改革实践共同体的发展之间存在着复杂的相互影响的关系。然而，改革实践者如何在与改革实践共同体的互动之中实现发展以及具体在哪些方面得到发展目前却鲜有研究。Hökkä（2012）从社会文化理论视角（图5-1）深入探讨了教师个体如何主体性地（Wells，2007）参与到实践共同体的活动之中，并在此动态的过程中努力协商（negotiate）新的教师身份（Cohen，2010），重新塑造新的教师信念。Hökkä的研究表明，一线教师在改革语境下的职业发展并非仅限于个体认知层面的进步，而是更多地强调了教师的身份、信念和主体性的社会属性，正是这些个体的社会互动成就了教师发展。

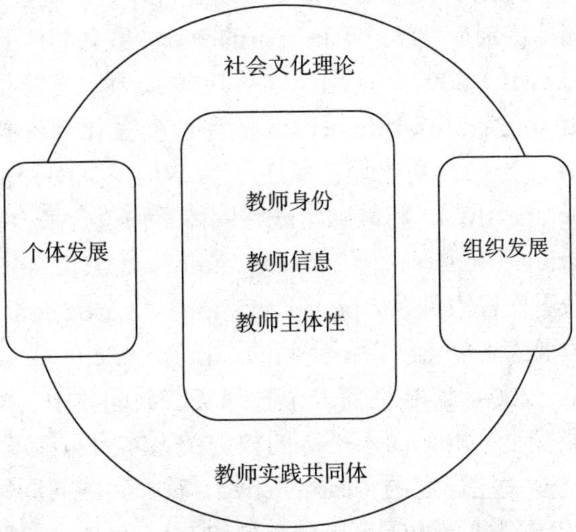

图 5-1　教师在实践共同体中的专业发展（见 Hökkä, 2012: 42）

社会文化理论无疑极大促进了学界对于教师发展的理论思考，但是近年来越来越多的研究者（Fuller et al., 2005; Gao & Cui, 2022d）开始质疑其中的不足。质疑的关键在于，社会文化理论虽然重视实践者与实践共同体的互动，可是在一定程度上忽视了二者互动关系的复杂性（Linehan & McCarthy, 2001）。社会文化理论特别强调社会成员之间的合作关系的重要性（Lunenberg et al., 2007），假定实践共同体成员应该相互支持以实现共同体的共同目标（Caudle et al., 2014; Flores, 2005; Fracchiolla et al., 2020; Guskey, 1986）。显然，社会文化理论关注的是共享的而非冲突的成员关系（communal rather than conflictual）（Clarke, 2008; Creese, 2005），这一认识虽然影响甚广，但是难免太过理想化（Gao & Cui, 2022d）。研究（Margolin, 2007; Niemi, 2002; Smith, 2003）显示，长期地维持教师实践共同体内部的良好合作并不容易。尤其在教学改革期间，教师实践共同体的成员关系很可能面临改变，原有的成员关系可能已经在以往的互动过程中形成定势，甚至完全僵化"石化"（fossilization）（Smith, 2003）。因此，改革语境所要求的实践共同体成员之间的新的互动关系很可能和原有的合作模式发生冲突。然而目前，学界对教学改革实践共同体内部出现的冲突甚少关注。显然，我们很有必要赋予社会文化理论有关冲突和张力的研究视角，才能更加准确地理解教师实践共同体特别是教学改革语境下的教师实践共同体的真实面貌。

Moje & Lewis（2007）指出，学界应该致力于发展批评社会文化理论（critical sociocultural theory）。批评社会文化理论拓展了社会文化理论的边界，为社会文化理论赋予了后结构主义的分析视角（post-structualist perspective），将教师实践共同体看作蕴含张力和冲突的话语空间（conflicting discourse space）（O'Connor，2001），将实践共同体成员之间的关系看作权力关系（power relation）（Lewis et al.，2007）。批评视角将权力视为工作场所话语空间的"核心"（Benesch，2018: 60）概念（Zembylas，2004）。在任何一个教师实践共同体中，成员之间的权力关系不可能完全平等，而不平等的权力关系本身可能就会引发冲突。以往研究中更多关注稳定的（established）教师实践共同体中的权力关系可能带来的内部冲突（Gao & Cui，2022a），而基本忽视了教学改革时期权力关系的变化可能带来的影响。实践共同体经历变动的教学改革时期尤其可能导致权力关系的动态重建，进而打破实践共同体内部原有的权力平衡，从而加剧权力关系可能引发的张力与冲突。按照Foucault（1972）的权力研究传统，权力是动态协商的产物，在流动的社会关系中得以共建。一定程度上而言，外语教学改革语境是"权力斗争的场所"（a site of struggle）（Norton & Toohey，2011: 414），权力关系需要重新协商以达成再次的平衡，一线教师如何在权力关系动态变化的改革实践共同体中应对矛盾与冲突并有效地克服和缓解情感张力是一个非常值得深入探究的研究领域。

5.2　改革实践共同体中的情感张力

实践共同体是实践者基于共同愿望或共同目标而自发聚集起来，一起分享知识和经验，共同参与学习和实践活动的群体。实践共同体的定义涵盖三个维度（Wenger，1998）：首先，共同行动（joint enterprise），即实践共同体成员彼此接受并持续协商的合作行为；其次，相互支撑（mutual engagement），即联合实践共同体成员形成社会实体（social

entity) 的相互约定关系；最后，共享资源（shared repertoire），即实践
共同体成员共同发展的公共资源，包括成员之间的沟通方式和交流风格
等。Lave & Wenger（1991）特别强调了共同目标（common goal）对于
实践共同体的重要性，实践共同体成员一起参与活动、建立协作关系、
互动交流信息、分享学习知识，都是为了实现共同的目标。因此，虽然
实践共同体的成员之间只是通过活动而非正式地彼此相互关联，但是并
非所有的团体都可以称为实践共同体。例如，兴趣小组或者街坊邻里都
无法形成实践共同体，因为它们都未必为共同目标而采取共同的行动。
实践共同体与"单位"（unit）的概念并不相同，实践共同体的形成不需
要正式的官方认定，也不一定从属官方组织，实践共同体成员对于实践
共同体的参与程度可以有所不同，共同体成员的身份远比单位成员的身
份灵活。此外，实践共同体与"团队"（team）的概念也不相同，实践共
同体强调共同体成员共同学习的重要性，实践共同体的生命周期往往取
决于其为共同体成员提供的价值，而非体制的规定和要求，实践共同体
的形成并非一朝一夕，结束也不会因为行政指令而即刻解散。另外，实
践共同体与"关系网"（network）的概念大不相同，实践共同体的重点
不在关系，而在共同体成员的共同的实践（shared practice）过程和集体
的学习过程（collective process of learning），并在共同实践和学习之中
构建实践共同体成员的身份。

　　Wenger（1998）认为实践共同体本质上是一个学习理论（learning
theory）。共同体中的实践者共同关注知识的动态产生和集体分享，并
一起负责建构学习和实践活动的直接联系。Wenger（1998）进一步指
出，从创造、积累和传播知识的角度，实践共同体具备以下几种功能：
（1）实践共同体中分布着交换和诠释信息的节点（nodes），由于共同体
的实践者拥有共同的目标，他／她们知晓对于彼此最为相关和有用的信
息，并成为彼此获取信息的最佳渠道。（2）实践共同体拥有知识的方式
十分灵活，实践者面对具体的活动而采取相应的行动，并在实践的过
程中激发共同体成员之间相互学习和共同进步。（3）实践共同体拥有的
知识很可能具有领先优势，共同体成员之间一起出谋划策、共同解决问
题、相互协同发展，能够紧跟领域前沿，形成不断进取的集体。（4）实
践共同体是身份的归属之地（home for identities），实践者的身份可以帮

助实践者们迅速判断彼此所需的信息与知识，实践者不会盲目学习不相关的知识或者参与不必要的实践活动，明确的身份感是教师学习的关键性决定因素，而参与实践共同体更加容易帮助教师确定身份感。由此可见，从教师学习的角度来看，实践共同体的确是教师发展的重要中介。

然而，很多有关实践共同体的讨论似乎太过理想化（Gao & Cui，2022c），过分强调共同体成员之间的和谐协作（Ho & Yan，2021），而忽略了实践共同体内部的权力不均（Shi & Yang，2014）以及由此带来的张力。

教师实践共同体中的有些成员是前辈（old-timer）有些成员是新手（new comer），前辈是共同体中的守门人（gatekeeper），准许并协助新手由局外人（outsider）获得内部知识（insider knowledge）。新手则通过与前辈的交流互动而深入参与实践共同体活动，从而成为实践共同体的合法成员。Lave & Wenger（1991）将这一社会化的学习过程称为合法的边缘性参与（legitimate peripheral participation）。所谓"边缘性"并不是一个贬义的用法，它表明共同体成员在共同体中的位置是动态变化的，不会固定在边缘的位置（Morita，2004），而是有可能随着能力的提升形成向心的发展轨迹（centripetal movement）（Liu & Xu，2013），并达到共同体的核心的位置。不过，Lave & Wenger 似乎假定（Fuller, A.，2007），新手一定会遵循前辈的实践方式，会尽力复制前辈的行为模式，仿佛新手只是空的容器（empty vessel）可以任由前辈填满，而无须考虑新手过去的经历和现在的主观意愿。可是，新手对于前辈的全盘接受未必能够真实发生，新手成员（new comer）可能更加愿意遵循自己设计的发展路径（Shi & Yang，2014），向心的发展过程因此可能会非常困难（Lankveld et al.，2017a），甚至不时遭遇张力。尤其考虑到英语教学改革之初，实践者在实践共同体中的成员身份还未完全确定（Gao & Cui，2022c），面对艰难的改革目标，共同体成员可能都是新手，都需要经历向心的发展过程。由于缺乏现成的成功经验，实践共同体成员需要摸索改革的实践模式，这种摸索的过程可能难以避免地会充满张力。

教师实践共同体可以分为松散耦合组织（loosely coupled organization）和紧密耦合组织（tightly coupled organization）两种类型

（Vähäsantanen et al.，2008）。在松散耦合组织的实践共同体中，个体和小组尽管彼此互动但是联系松散，共同体对于个体的控制较弱，个体有机会反对教学改革的实践活动，所以松散耦合组织的教学改革实践共同体对于改革进程的推进可能比较缓慢（Meyer & Rowan，1977; Weick，1976）。在松散耦合组织的教学改革实践共同体中，由于个体未必全然服从统一的改革实践模式，个体所追求相对自由的实践方式与所有成员共同的改革目标之间可能形成张力。而在紧密耦合组织的实践共同体中，共同体为了达成最大获益而对个体的控制更强（Meyer，H.，2002; Moos，2005），共同体所在意的外部评价对于个体造成了程度更高的监督与监控，共同体期待成员之间的联系更为紧密、合作程度更高。紧密耦合组织的改革实践共同体对于快速实现改革目标的诉求更为强烈，所以要求所有共同体成员积极配合并共同努力实现改革目标。紧密耦合组织的实践共同体中，强大的组织控制力和个体的职业自主性之间很可能对立起来，而形成天然的张力。即便教师个体的自主性与实践共同体整体的改革目标方向一致，也难免会出现个体与整体在局部目标层面或者具体操作层面出现分歧的情况，这时紧密耦合的强大的控制方式可能在共同体成员中引发反弹，并因此产生巨大的张力。

　　改革实践共同体可能与教师所在的其他实践共同体之间产生张力。个体往往拥有多重身份（multiple identities），属于多个实践共同体（Wenger，1998），而每一个实践共同体都有其边界（boundary）。对于实践共同体而言，边界十分重要（Hökkä，2012），因为边界的存在恰恰展现了不同实践共同体的不同的实践活动的方式、不同的社会文化资源、不同的合作进步的机会等。各个实践共同体为教师个体提供了不同的学习机会，而教师个体可以通过参与不同的实践共同体而创新性地探索职业发展的多种可能性。Wenger（1998：109）将跨越边界而活跃在不同实践共同体中的个体称为"身份掮客"（identity broker），他们摆脱了单一的实践共同体的发展局限，从不同的实践共同体中获得不同的给养，从而大大地拓展了个体职业发展的空间。但是同时，跨越边界可能也会带来冲突（Chen，2010），因为边界不可避免地意味着分裂，容易成为疏离和误解的根源（Wenger et al.，2002）。教学改革的语境更有可能造成不同实践共同体之间的碰撞与冲击，由于教师个体的精力有限，无法在每个实践共同体中都投放大量的精力，而改革实践共同体面对必须达成的改革目标往往要求教师个体对其进行优先排序，在其间投入最多精力，这很可能给教师个体在其他实践共同体中的实践活动造成困扰。比如，教学改革之前，一线教师可能已经在教学和科研之间也就是教学实践共同体和学术实践共同体之间的互动达成平衡，而且对于部分教师而言研究人员的身份非常重要（Murray & Male, 2005; Robinson & McMillan, 2006; Swennen et al., 2008），甚至更有意愿为学术实践共同体分配更多的资源。可是，教学改革很可能要求教师个体在改革实践共同体中投入相当大的精力，势必影响教师在学术实践共同体中的参与，以致给教师个体跨越多个实践共同体的捐客身份增加难度，在教师参与的不同的实践共同体之间造成张力。

教学改革语境下，一线教师原有的身份感、信念感和主体性都可能遭遇挑战，教学改革很可能要求教师塑造新的教师身份，接受新的教师信念，并积极推动而非消极抵制充满未知的改革进程。改革实践共同体中的一线教师在构建新的身份发展新的信念的同时需要努力平衡多重的教师身份并尽力协调复杂的信念系统，这显然不是一件容易的事情。以学术英语教学改革为例，学术英语教学改革实践共同体中的成员常常感受到来自教师身份、信念和主体性的冲突。学术英语教学虽然与通用英语教学紧密相关，但是同时也有很多独特之处（张为民等，2011）。一些学者指出，学术英语教学对我国高等教育中传统的英语教学提出很大挑战（胡作友、郭海燕，2020），引发了整个大学英语教学的重新定位（李韬、赵雯，2019），学术英语教学改革属于我国高等教育改革的重要转型（胡作友、郭海燕，2020）。学术英语与通用英语在教学大纲、课堂设计、语言测评等方面均存在较大差异（Alexander, 2012），在教学理念、教学内容和教学方法等方面具有一定的颠覆性（韩佶颖等，2021）。当面对通用英语到学术英语的课程转型时，一线英语教师必须在很多方面作出改变，在教—学—测的各个环节树立全新的教师信念（刘云龙、高原，2021），并实现学术英语教师身份的构建（高原，2018）。一方面，学术英语教师需要努力改进一线教学各个环节的实践活动，升级相关的教学信念（淳柳等，2021），但另一方面，学术英语教学可以借鉴的经验又相对很少（宋缨、朱锡明，2019）。比如，学术英语教学改革需要相应的新的评估方式（蔡基刚，2015），一些高校采取了形成性评估（formative assessment）与终结性评估（summative assessment）相结合的测评形式（廖雷朝，2015；刘云龙、高原，2021），这就对一线外语教师的语言测评素养（language assessment literacy）提出了更高要求，然而语言测评一向是一线外语教师专业能力的薄弱环节，而发展学术英语的语言测评素养更加困难（Cui et al.，2022，2023），可是学术英语教学如果缺乏与之匹配的学术英语测评环节显然无法保证学术英语的教学效果，可以想见，学术英语教学改革无疑给改革共同体中的一线英语教师带来了非常大的工作压力，学术英语教师身份的构建充满了挑战。对于一线外语教师而言，学术英语教师身份构建过程富有挑战性，与通用英语教学注重学生语言技能的训练不同，学术英语教学追求知识建构、思维训练和语言技能有机结合的教学目标（孙有中、李莉文，2011），教师需要对学术和学科知识内容有所认识，而相关的学科知识内容是一线英语教师的短板，这就要求改革实践共同体中的英语教师极大程度地发挥主体性，积极探索全新的教学方式（辛积庆，2019），可是对于教学任务繁重的一线英语教师来说，这无疑会造成很大的工作负担。根据整体主义理论视角，由于教师身份、信念和主体性与教师情感不可分割，教师身份、信念和主体性的变化必然影响教师的情感变化，而教师身份、信念和主体性上受到的挑战也必将造成教师情感的张力。

我们看到，Hökkä（2012）从社会文化理论视角（图 5-1）指出了教师的身份、信念和主体性的社会属性，强调教师个体在实践共同体中的社会互动成就了教师的专业发展。一方面，Hökkä（2012）的研究没有孤立地看待教师个体的发展，特别重视实践共同体对于教师发展的重要作用（Chen，X.，2010; Liu & Xu，2011），在更为复杂的社会语境中考察教师发展的真实图景，对 Kalaja et al.（2015）有关身份、信念和主体性的教师个体的发展理论（图 4-1）形成有力补充。然而另一方面，Hökkä（2012）的研究忽视了教师情感对于教师身份、信念和主体性发展中的不可剥离的关键性影响，未能意识到身份、信念、主体性和情感并非教师发展中的孤立构念，而是彼此纠缠共同变化的（Haviland & Kahlbaugh，1993）。本研究结合 Hökkä（2012）和 Kalaja et al.（2015）的理论思想（图 5-2），采取整体主义视角（Holistic/ integrated approach），探究外语教学改革实践共同体中一线教师情感张力变化的特点以及教师身份、信念和主体性与教师情感张力之间的复杂的相互关系。

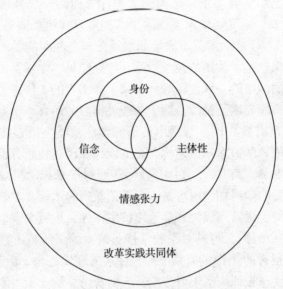

图 5-2 改革实践共同体中的教师发展

5.3 小结

　　教师的情感变化离不开所在的特定工作场所。教师的个体发展和个体所在的实践共同体的组织发展往往相辅相成，但是个体发展和组织发展的相互影响也可能成为教师情感张力的重要来源。情感张力是教师个体与复杂社会语境频繁互动的产物，从整体主义视角考察改革实践共同体中一线教师的情感变化是教师发展研究的重要方面。

　　整体主义视角揭示了教师情感张力的复杂动态的特点。教师的情感张力不是教师个体的单纯的认知表现，而是教师个体与复杂动态的工作生态相互作用的体现。一线教师个体无法脱离复杂动态的外语教学改革生态，而研究投身其中的一线教师的情感张力的变化历程需要全面呈现复杂动态的改革生态。

第 6 章
复杂动态系统理论

　　复杂动态系统理论是兴起于 20 世纪 80 年代复杂性科学（complexity science）的产物（罗红玲，2018）。复杂性科学这一范式属于当代科学发展的前沿领域之一。物理学家霍金曾经说："21 世纪是复杂性科学的世纪。"复杂性科学为科学界带来了一场方法论和思维方式的变革，力图解决许多当今人类棘手的系统关联性和变化性等难题，揭示牛顿力学的因果决定论以及笛卡尔的简化论所无法解释的复杂动态现象（胡兴莉，2015），改变经典自然科学包括数学、物理等学科线性、可还原的思维方式，打破爱因斯坦的逻辑简单性标准（梁爱民、张秀芳，2017），认为简单性只是复杂性的一个特例，复杂性才是这个世界的客观本质属性（张公瑾、丁石庆，2009）。

　　复杂性科学是系统科学发展的新阶段，以复杂性系统为研究对象，致力于揭示和解释复杂系统运行规律为主要任务，是一种跨越不同学科的新兴科学研究形态。复杂性理论（complexity theory）关注系统的复杂性机制及其关联特征。现代系统科学将系统分成简单系统和复杂系统（梁爱民、张秀芳，2017）。简单系统中各个主体和要素之间彼此独立、互不相干，部分之和等于整体。简单系统是一个封闭的、线性的、相对稳定的可预测系统。复杂系统由多个异质要素构成，要素之间协通渗透，不均匀、不平衡、不独立，整体不是各个要素的简单叠加。复杂系统可能由众多子系统组成（王涛，2011），不同子系统之间相互联结、交互变化、动态纷呈（郑咏滟，2019），各个子系统或此消彼长或共同发展（冯蕾等，2022），塑造了系统整体的复杂性和动态性。复杂动态系统理论涉及多个相关理论，包括复杂系统理论（complex systems theory)、动态系统理论（dynamic systems theory）以及混沌理论（chaos theory）（王涛，2011；许希阳、吴勇毅，2015）。本研究根据 Larsen-Freeman（2012）的复杂动态系统概念，以复杂动态系统理论为总体框架，将一线教师所在的外语教学改革语境视作复杂动态的系统。

复杂动态系统理论不仅在自然科学界影响广泛，也日益渗透到人文和社会科学的各个领域。在自然科学的研究中，复杂动态系统理论应用于数学、物理学、化学、生物学、信息科学、传染病学、空间科学、气象学、神经学等领域，取得了很多重要的研究成果。而在人文和社会科学的研究中，复杂动态系统的思想最早见于经济学家亚当·斯密有关看不见的手的论述中，也见于马克思和恩格斯有关社会批判理论的阐述中。20 世纪末，人文和社会科学迎来复杂视角转向（许川根，2019；Han，2017）。哲学家、社会学家、人类学家、政治经济学家等纷纷投身于复杂动态系统理论与应用研究，相关的论文、著作、学术交流活动日渐增多，很多大学成立了关于人类社会复杂性研究的研究中心与研究机构（Hiver et al.，2021）。复杂动态系统的思想在人文和社会科学领域"炙手可热"（郑咏滟，2011：303）。

近年来，复杂动态系统理论在应用语言学界逐渐升温（郑咏滟，2016）。Larsen-Freeman 教授于 1997 年在 *Applied Linguistics* 上发表 Chaos/Complexity Science and Second Language Acquisition，开创性地将复杂动态系统理论引入应用语言学研究。十年之后，复杂动态系统理论开始在应用语言学界掀起浪潮（郑咏滟，2020）。国际应用语言学领域的三大期刊相继推出专刊，包括 2006 年 *Applied linguistics* 的 Emergentism 专刊、2008 年 *The Modern Langugae Journal* 的 Dynamic System Theory 专刊和 2009 年 *Language Learning* 的 Complex Self-adaptive System 专刊。de Bot et al.（2007）、Larsen-Freeman & Cameron（2008）、Verspoor et al.（2011）、Dörnyei et al.（2015）、Ortega & Han（2017）、Hiver & Al-Hoorie（2020）等学者出版了里程碑式的应用语言学论著。目前，复杂动态系统理论已然对应用语言学思想产生了重大影响（Hiver & Al-Hoorie，2021）。

近几年，研究者开始从复杂动态系统视角审视教师的发展规律（杜小双、张莲，2021；陶坚、高雪松，2019；Henry，2016；Hiver，

2015）。然而目前，应用语言学界对复杂动态系统理论的应用基本遵循 Larsen-Freeman（1997）的研究传统，主要将语言视作一个复杂动态系统，包括词汇、语法等诸多子系统，各个子系统之间相互关联彼此影响，可能涌现出新的语言结构与功能，而语言的动态变化则根植于人类的语言使用实践。语言习得也是一个复杂动态的过程。学习者的语言系统与环境系统交互关联。语言习得不是单纯地认知心理过程，也不是完全的社会文化过程，而是认知资源和社会资源多层次多维度不断影响的动态过程。语言学习之所以非常复杂，是因为众多相互联系的要素和子系统共同参与了学习过程，它们互相作用彼此影响，共同形成了复杂动态的语言发展系统。可见，目前应用语言学界的研究重点在于学习者语言习得的复杂动态发展，对于教师专业发展的复杂动态变化关注不足。而且现有文献重点聚焦教师专业发展中教师的身份构建（杜小双、张莲，2021；陶坚、高雪松，2019；Henry，2016），鲜有研究从复杂动态视角关注教师情感的变化过程。本研究旨在将外语教学改革语境视为一个复杂动态系统，探究一线教师情感张力的复杂动态的变化过程。

6.1　复杂动态系统的主要特征

复杂动态系统具有非线性的特征。复杂动态系统往往由不同性质的要素和子系统构成，彼此异质（heterogeneity）（Larsen-Freeman & Cameron，2008）。以外语课堂为例，教师、学生、教材、教学大纲、教学活动等等相互作用和制约，均可影响学习者的外语学习过程。而且，课堂教学的复杂整体并非各个要素和子系统的简单叠加，因为生生互动、师生互动、师生与环境的互动都可能带来未知的变化。复杂动态系统中的各个要素和子系统不仅随时间不断变化，其相互作用的方式也在发生变化。不同要素和子系统的相互作用的组合方式存在多种可能，由此可以产生多种新的结构，涌现不同的新的特征（emergence）。简单线性的方法难以精确描述复杂动态系统的全貌（胡兴莉，2015），必须采取整体主义视角。

复杂动态系统中的所有变量完全相关联（de Bot et al.，2007）。复杂动态系统的不同层次的众多变量普遍联系（王初明，2008），各种资源彼此依赖（冯蕾等，2022）。某一个变量的变化可能影响系统中其他所有变量（段瑞芳，2015）以及不同要素的互动方式，由此带来复杂动态系统本身的变化。显然，复杂动态视角与传统科学的还原主义（reductionism）立场截然不同。在复杂动态理论看来，仅仅了解局部的个体远远不够（戴运财，2015），对事物的了解无法通过将其拆解成不同的组成部分而得以达成，即便足够仔细地观察局部也不意味着能够实现对整体的认识。复杂动态系统理论关注各个部分之间如何互动并因此产生新的意义。如果不能确定局部的个体的互动情况，如果不能了解局部的个体如何基于整体发挥作用，那么局部的特性就无法得到真正的认识。

复杂动态系统理论力图揭示传统科学常常忽视的有序世界中的非线性现象，打破经典范式中原因 x 产生结果 y 的因果律。该理论摒弃了线性因果的必然性的思考方式，不再追求传统的"静态的"（刘文宇、程永红，2013：34）的预测方法，注重回测（retrodiction）而非预测（prediction），回顾（retrocasting）而非预言（forecasting）（王涛，2011）。由于复杂动态系统中变量之间的相互"扰动"（perturbation）（杜小双、张莲，2021：63），系统呈现随机无序的状态，使得未来的发展不可预测。单一的输入并不能够决定输出（郑咏滪，2019），单一变量的独立性难以真正立足，复杂动态系统中任何转变的背后可能都存在多种相关的原因（Gaddis，2002），而且变量之间常常互为因果、共同适应（co-adaptation），单向的因果决定可能只是理想化的简单化的处理结果。除此之外，复杂动态系统对于初始状态非常敏感，初始条件的细微变化都可能带来系统的巨大变化，产生蝴蝶效应（butterfly effect）（Larsen-Freeman，2017），即对于复杂动态系统产生不可预测的影响。因此，复杂系统理论的中心任务不是预测，而是观察系统要素的变化过程以及不同要素之间的互动模式，从而反思性地解释系统发展的轨迹。本研究将从复杂动态系统视角出发，考察外语教学改革语境的复杂动态系统，探究系统之中众多改革要素之间的互动模式，追踪一线教师的专业发展轨迹，并且基于教学改革复杂动态的系统整体聚焦一线教师的情感张力的变化历程。

复杂动态系统具有变异性特征。van Dijk（2003：129）指出，"变异性是发展事物本身的固有属性，负载着有关发展过程本质的重要信息"。变异性是系统发展的核心特征，系统发展的变异性使得整个系统处于持续的动态之中（冯蕾等，2022），捕捉复杂动态系统中的微小变化有助于揭示个体和集体的发展轨迹。变化是复杂动态系统的灵魂（Hiver et al.，2021）。根据辩证唯物主义的发展观，稳定是相对的、暂时的，变化则是绝对的、永恒的。稳定只是变化的一个特殊形式，是一种暂时的平衡状态（王涛，2011）。变化体现系统的发展，没有变化也就没有了系统的发展。变化的潜力往往来自冲突与张力，而张力源自于替换性选择（alternative options）的共存之中，张力为变化和发展提供了机遇。不稳定张力状态往往预示着新事物和新思想的涌现和诞生，因此深入了解一线教师的情感张力有助于更好地认识外语教学改革的复杂动态系统中教师的专业发展。

　　变异性体现了系统发展的不连续性。复杂动态系统发挥自组织（self-organization）原则（Kelso，1995），促使系统自发性地恢复连续性，逐渐形成较为稳定的系统行为。复杂动态系统的动态变化过程中既有"吸态"（attractor state）也有"斥态"（repellor state）（Larsen-Freeman & Cameron，2008）。当系统处于吸态时，表现为相对静止的状态；当系统处于斥态时，则表现为剧烈动荡的状态。即使处于相对稳定的吸态，系统仍然处于持续性的变化之中，并保持随时发生变化的状态。稳定态并不代表全然静止的僵化状态，只是系统的变异性和不同阶段（刘文宇、程永红，2013），表明这一阶段系统内部的各个要素达到动态平衡。复杂动态系统的发展变化没有绝对的终点（de Bot，2015）。另一方面，系统剧烈波动中的斥态不是系统发展过程中的"噪声"或"特例"（梁爱民、张秀芳，2017：33），不是妨碍系统顺利发展的阻塞力量，而是标志着复杂动态系统正在向更高水平的相位转移（phase shift）（Baba & Nitta，2014），真正实现系统的发展。教学改革可能对一线教学的教育现实产生巨大的扰动作用（perturbation）（Thelen & Smith，1994），以致破坏系统的稳定性，而稳定性较小的系统容易改变原有的行为模式（刘文宇、程永红，2013），扰动因素可能取得较大的改变效果（徐柳明，2014）。因此，外语教学改革语境下，一线教师的身份、信念、主体性和情感容易面临较大程度的变化和波动。

　　时间是考察复杂动态系统的极其重要的参数（Elman，2003）。Larsen-Freeman（1997）指出，复杂系统展现的形态取决于时间的变化，人们应该关注系统的发展随时间而产生的各种变化。在复杂动态系统中，某一事件因其发生在特定的时间点上而显示出特殊的意义，即不同的时间点将赋予类似的事件以完全不同的意义。前期发生的事件可能对系统未来的行为产生巨大的影响，而前期发生的不同事件的细微差别也许为可能的效果带来明显的差异（Kubanyiova，2012）。复杂动态系统的变化没有预先设定的目标（non-telic）（Johnson，2009），不应只考虑关注系统发展的终点，而有必要立足发展过程中的特定时间考察系统的变化（Sampson，2016）。Hiver（2017）强调应该采取发展变化的视角观察教师的发展，而具体时间所在语境是教师发展的复杂动态系统的重要部分。任何的复杂动态系统都有着自身的历史，教学改革的复杂动态系统也需历经发展推进的过程，而时间决定了教学改革系统的不断变化，一线教师在不同的时间进入教学改革的复杂动态系统就会面临不同的发展可能，从而获得不同的发展机遇。因此，有必要观察外语教学改革的不同阶段的教师发展的特点，尤其是改革发展的不同阶段中一线教师在身份、信念、主体性和情感方面所发生的不同变化。

　　复杂动态系统具有开放性的特征。开放性是指复杂动态系统的内外能量与资源可以不受限制地自由输入与输出，系统可以从外部吸收能量，也可以释放能量，由此形成系统的动态变化。Larsen-Freeman（1997）以二语发展为例，指出二语习得者根据自身的特点和环境的变化，不断从外界即老师、同学、社会等方面获得学习资源，调整学习活动、更新学习观念、改进学习方式，以适应外部学习环境，取得相应的学习效果。外部要素包括母语、目标语、学习环境等；内部要素包括年龄、动机、学习策略等。二语发展是内部要素和外部要素的众多异质要素相互影响相互适应的"软整合"（soft assemble）（Mercer，2011：335）的复杂过程。因此，复杂动态系统理论否认普遍适用的有效发展模式，因为个体差异决定着内部要素的不同，而学习环境的差异决定着外部要素的不同，内部要素与外部要素的协动方式一定存在差异，从而呈现出大相径庭的语言发展模式（郑咏滟，2019）。外部要素与内部要素的互动过程决定了二语发展的复杂轨迹。以此类推，教师的专业发展也应是外部要素与内部要素的复杂交互作用结果，教学改革的困难环境无疑为一线教师带来复杂的外部要素与内部要素，而复杂动态系统理论可以帮助研究者揭示教学改革语境下一线教师发展的复杂轨迹。

复杂动态系统没有封闭的边界。应用语言学领域一直存在两个对立的阵营：认知派和社会文化派。前者认为语言能力是超越情境的普遍认知机制；后者强调社会情境影响语言行为。Larsen-Freeman（2007）反对二者的分歧，试图打破笛卡尔以来的二分法，支持哲学家 Morin（2007）的两重性逻辑，即既一又二的、统一而不丧失各自的原则，强调貌似对立的事物其实是在相互激励彼此调节。因此，认知与社会之间也就是所谓的内部与外部之间并不存在实质的界限。复杂动态系统理论具有"跨越的倾向"（"trans-"disposition）（Hiver et al., 2021: 7），认为语境不是对系统施加影响的外在结构或独立变量，语境不只是研究主要对象的客观的现实基础和孤立存在的背景，语境应该看成复杂动态系统的不可分割的组成部分。Larsen-Freeman（2012）引用诺贝尔奖生理学奖得主 McClintock 的名言（见许希阳、吴勇毅，2015：5）："总体而言，任何事物是一个整体，你要在事物之间划定界限不那么可行。"认知与环境融为一体，意义是在与环境频繁互动的过程之中逐渐浮现。从本质上来说，万物一体，事物之间形成密切相连的网状的组织系统，认识事物无法将其剥离与其关联的环境。正如 Byrne（2005: 97）所说，"复杂理论从根本上挑战了研究普遍性规律学科知识的计划，确定了知识确实是依赖于环境的"。

复杂动态系统理论强调发展是个体的同时也是社会的，是基于个体的（individual-based）也是基于集体的（group-based）（Hiver et al., 2021）。当个体参与到集体活动中时，集体作为一个系统既受到个体的影响也影响每个参与的个体，个体与集体是共同适应的关系。根据复杂动态系统理论的立场，研究个体发展的真实过程，不仅需要收集个体的相关数据，还应获取集体的数据；不但需要了解独立的个体，也要关注个体所在的集体。个体与集体的即时性互动所产生的新的语境供给（context affordances）可以助力个体的能力得到提高，从而帮助个体更加主动地驾驭语境；同时集体也可以在个体的提升中实现对于语境的整体把握，得到整体的发展（王涛，2011），创造新的语境。因此，研究一线教师在外语教学改革语境下的专业发展不仅应该关注教师个体的发展，还应重视教师个体所在的改革集体，考察教学改革语境下教师个体与改革实践共同体的互动关系，了解教学改革实践共同体对于教学个体的影响，探讨教师个体和改革实践共同体如何在彼此的发展中得以共同发展。

6.2　复杂动态系统与生态系统

复杂动态系统理论致力于打破认知派与社会派的二元对立，融合了生态学和混沌理论的跨学科视角。Larsen-Freeman（1997）指出环境是复杂动态系统的重要部分，这与生态视角不谋而合。哲学家 Cilliers（2001: 135）曾说："从生态的角度来讲，环境是系统的内在因素和外在因素，因为万物始终相互联系、相互作用。"复杂动态系统理论认为复杂动态系统是真实自然的结构。系统之中个体与环境的多种因素的互动处于不断的变化当中，正如自然生态环境中的不断变化（Dörnyei & Ushioda, 2011）；需要考虑所有可能对系统产生影响的因素，正如生态学研究需要全面认识生态环境中的多方影响。该理论强调应该尊重系统的复杂性并且避免刻意简化和理想化，不能采用还原论的观点试图将复杂动态系统还原成为一个个孤立的个体原子，而应采取观察生态系统的整体论的观点，从宏观整体的多维视角去探究个体的行为以及行为的原因（王涛，2011）。同样，生态系统的变化趋势引人关注，而复杂动态系统也重视纵向的历时变化，力求记录动态过程的不同变化阶段，描绘系统发展的变化轨迹。从这个角度看，复杂动态系统视角和生态视角十分适合一线教师专业发展的追踪研究。

复杂动态系统理论阐释立场时常常借用自然科学中的生态视角。Mitchell（2003）以群鱼为例阐述复杂系统中的各个成分自组织的相互作用和动态变化。遨游水中的千万条群鱼自由穿梭，犹如巨兽俨然一体，这种命运共济的整体性源自个体之间的相互作用。群鱼能够适应不断变化的环境，反复调整、彼此适应，发挥自组织原则而自发性地创作秩序。与自然生态系统类似，复杂动态系统的秩序也是系统自组织的结果（Cilliers, 2001）。梁爱民和张秀芳（2017）则以森林生态系统为例，阐述复杂动态系统的异质性和动态性。在森林生态系统中，存在着哺乳动物、爬行动物、鸟类、昆虫等不同性质的主体，同时还存在树木、风、雨、阳光、空气、土壤和河流等不同性质的要素。正如在城市交通的复杂系统中，也存在行人、司机和政策制定者等不同性质的主体，以及道路、车辆和交通法规等不同性质的要素。众多异质的主体和要素之间相互作用、制约和影响，引起了整个系统的发展变化。在森林生态系统中，植物的生长持续进行，经历了发芽、开花、结果、枯萎等不同层级的变化历程。类推至人类社会，人的年龄、身体、情感、认知水平、人生态度和社会地位也会经历多元的变化历程。可见，复杂动态系统理论与生态系统理论秉持相通的哲学立场（Heylighen et al., 2007），彼此兼容。

　　生态视角能够更为准确地展示教学改革的复杂动态系统。Larsen-Freeman（1997）指出复杂动态系统是嵌入式的。复杂动态系统由异质性的不同层次的子系统组成，小系统嵌套在中系统中，中系统嵌套在大系统中（许川根，2019），不同的子系统既相对独立又相互依存。本研究结合 Larsen-Freeman（1997）的动态系统理论、Bronfenbrenner（2005）的生态系统框架、Hökkä（2012）的个体发展和组织发展框架以及 Kalaja et al.（2015）的教师个体的身份、信念、主体性和情感的整体专业发展理论，构建了复杂动态的工作生态中的教师发展模型（图 6-1）。结合生态系统理论的复杂动态理论能够更好地描述教学改革的复杂动态系统的嵌套性特征，可以很好地体现教学改革的复杂动态系统的微观层面、中观层面和宏观层面等，从而能够真实反映一线教师在教学改革语境下的专业发展轨迹。教师发展的个体层面由个体的自组织系统组成，包括身份、信念、主体性和情感；教师发展的微观层面涉及学生、课堂等；教师发展的中观层面主要包括教师所在的改革实践共同体等；教师发展的外部层面和宏观层面则关联教学机构，乃至整个社会历史政治环境，教师发展的时间层面关乎教师发展在整个生态系统中发生的时间（Edwards & Burns, 2016）。任何层面的子系统的变化都可能影响教学改革复杂动态系统中的其他子系统，这些动态子系统随着时间的变化而变化，在相互影响和内外循环的不断互动中可能产生或消解冲突与张力，而一线教师如何在外语教学改革的复杂动态系统中如何处理各个生态层级的权力关系、适应和组织系统资源并在外语教学改革推进的不同阶段调整和适应冲突与张力是本研究的重点所在。

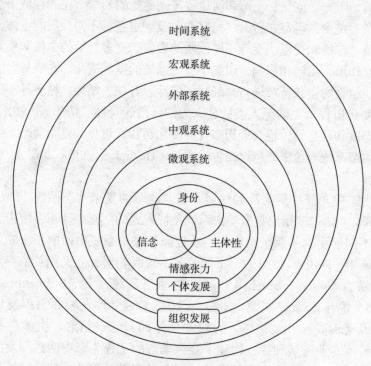

图 6-1　复杂动态的改革生态中的教师发展模型

6.3　小结

充满挑战的教学改革往往打破工作场所的生态平衡，为原本可能平稳安定的工作生态带来剧烈的变化，改革生态中的众多因素相互关联彼此作用，既为一线教师的专业发展带来巨大的困难，也提供了宝贵的机遇，一线教师如何在复杂动态的外语改革生态中实现专业发展是一个重要的现实课题。

本研究响应人文和社会科学领域正在发生的复杂转向（Han, 2017）以及教师发展领域新近出现的生态转向（ecological turn）（de Costa &

Norton，2017），从复杂动态系统的理论视角和生态系统的理论视角出发，探究一线教师在复杂动态的外语教学改革生态环境中的专业发展（Goodnough，2010; Kubanyiova & Feryok，2015），关注一线教师在复杂动态的改革生态中的情感张力的长期的变化历程。

第 7 章
质性研究方法

外语教学改革进程中一线教师的专业发展无法摆脱其所处的真实的教学改革语境，教学改革语境是有关教师发展的研究资料的直接来源（杨延宁，2014），教师发展中的情感张力需要通过观察和洞悉一线教师与改革语境的复杂互动得以真正的诠释。质性方法善于深度揭示作为整体的个体与社会的复杂动态的双向互动（discursive construction）（Rubin & Rubin，2005）。"质性研究方法是以研究者本人作为研究工具、在自然情境下采用多种资料收集方法对社会现象进行整体性探究、使用归纳法分析资料和形成理论、通过与研究对象互动对其行为和意义建构获得解释性理解的一种活动。"（陈向明，2001：3）质性研究非常适合运用于教师发展的研究领域（陈向明，2001），能够深入地了解一线教师群体的情感、态度、经验以及他／她们工作的环境和生活的世界（Brinkmann & Kvale，2014）。

本研究有关一线教师情感张力特点与变化的研究将采用质性方法，原因如下：首先，质性研究的人文性更加适合把握复杂的工作环境中的一线教师的生存状态和情感感受（陈向明，2001）。教师情感与教师身份、信念、主体性彼此密切地交织影响，无法通过量化的方法简单处理，需要通过细致的描写逐层抽丝剥茧（杨延宁，2014）。质性研究擅长深度描写，不会将问题研究刻意简化，能够深入到教育活动非常微观的部分，十分注重将复杂的现实本身呈现出来，并深入挖掘复杂现象背后的原因以及现象与现象之间复杂的关系。其次，质性研究的过程性和情境性更加适合探讨教师发展的研究问题（陈向明，2001）。教师情感无法与不断发展变化的教学改革语境剥离开来。而质性研究反对从孤立和静态的角度观察研究对象，反对将研究对象的发展变化脱离语境进行考察，反对将研究对象的发展变化切割成为某个片段。质性研究擅长追踪教师在自然工作状态下的真实的情感变化和发展趋势，研究者与研究对象面对面交流，有助于研究者通过亲身体验获得对研究对象情感的直观了解。最后，质性研究的平等性更加适合揭示一线教师工作场所中的情感经历。在质性研究中，一线教师不是被动的被研究者，因此不应该只是简单地被询问、被评价。质性研究中，研究者需要尊重每一位教师个体（Brinkmann & Kvale，2014），认真倾听教师个体的声音，听取他 / 她们的见解和观点，重视他 / 她们丰富的内心世界，努力重现他 / 她们生动的情感故事。研究者并不比研究对象更加高明，有关一线教师在教学改革中情感张力的研究发现需要研究者和研究对象的共同构建，才能得以全面深入地展现。

7.1　研究场所

质性研究进行的外部场所是中国科学院大学。中国科学院大学是一所以科教融合为办学模式、研究生教育为办学主体、精英化本科教育为办学特色的创新型大学。学校的研究生教育发端于中国科学院的人才培养体系。学校始终秉承中国科学院的育人传统，坚持在高水平科研实践中培养创新创业人才，致力于为国家培养未来的科技创新的生力军。学校以"科教融合、育人为本、协同创新、服务国家"为办学理念。学校的核心使命是利用科教融合平台，遴选中国科学院最优质教育教学资源，提供给研究生和本科生，旨在培养造就德才兼备的科技创新创业人才。"两弹一星"精神是中国科学院大学文化的历史根基和精神脉络。学校不仅注重培养学生勤学善思、严谨求真、勇于创新的科学素养，还致力于塑造他们谦逊务实、坚韧执着、追求卓越的科研品格，更将科学家精神和家国情怀融入大学文化的传承中，培育学生胸怀天下、服务国家的使命意识和责任担当。作为质性研究的中观层面，中国科学院大学十分支持外语教学改革尤其是学术英语的教学改革，因为学术英语教学改革与学校的办学理念十分吻合，学术英语教学的开展无疑会提升未来科学家国际学术交流的能力，从而更加有利于中国的科学思想以及科技成果的广泛传播。

　　质性研究进行的中观场所是中国科学院大学外语系。中国科学院大学外语系自 2016 年以来力图通过外语教学改革建设本—硕—博体系化的学术英语教学体系，本科、硕士、博士三个阶段互有关联但又不同侧重地推动学生学术英语能力的全面发展，整体上呈由宽到窄的发展趋势，即从注重夯实基础到实用性、专业性越来越强的培养过程。本科阶段注重培养学生的学术素养和学术意识，帮助学生在今后的国际交流与学习中更快地适应国外的课程环境；硕士阶段旨在提高学生在学术互动中的理解能力和交流能力，重点是培养规范的英文论文写作能力；博士阶段则以学术交流的实践性和专业性为主，开设参加学术会议、完成学术信函、提交研究申请报告等实用性课程，也包括以语料库为驱动开设针对学科群的学术英语课程。中国科学院大学的学术英语教学体系分为三个方面：学术英语课程体系、学术英语支撑体系和学术英语测评体系，三个方面以学术英语课程体系为核心，彼此联系相互促进（图 7-1）。

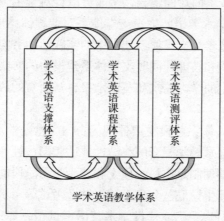

图 7-1　学术英语教学体系建设

　　学术英语课程体系的建设主要体现为：在本科、硕士和博士三个学习阶段分别开设了学术英语课程，并出版了课程的配套教材，包括《通用学术英语综合教程（读写）》（本科阶段）、《研究生学术英语读写教程》（硕士阶段）以及学科英语写作系列教程（博士阶段），包括《学科英语写作教程（材料科学）》《学科英语写作教程（地学）》《学科英语写作教程

（电子工程)》《学科英语写作教程（化学)》和《学科英语写作教程（计算机)》。

学术英语支撑体系的建设主要体现为：(1)建设硕士和博士学术英语课程配套的多个学术英语系列微课，以及分别面向硕士和博士学术英语的慕课资源，用以丰富学术英语的课堂教学。(2)建设爱果壳学术英语学习APP，为学生提供学术词汇以及几百个英文的科普短视频，学生可以根据喜好自主选择学习材料。(3)建设学术英语自主学习中心，开放语音实验室，提供大量学术英语音像资料，明确规定必听内容，在英语课程课时有限的情况下，帮助学生在学术英语的视听说方面强化进阶。(4)建设学术写作中心，旨在为中国科学院科研工作者的论文撰写提供专业的语言支持及修改意见，根据目标期刊的规定范式，增强论文学术文体风格，完善论文论证结构，将语言运用的准确性及适切性落实到篇章段落及造句遣词，最终推动其在国际学术期刊上成功发表。(5)建设学术英语课后辅导预约平台，为学生提供一对一或一对多的小型讲座或线上／线下面对面辅导，从而可以针对学生个体的具体问题帮助学生切实提高学术英语能力。支撑体系对课程体系形成了有力支撑，一线教师可以通过参与支撑体系建设中的实践活动夯实学生在学术英语课堂所获得的知识和技能，同时支撑体系建设中的实践活动又帮助一线教师充分了解学生的学习需求和英语水平，从而有的放矢地开展学术英语的课堂教学。

学术英语测评体系建设主要体现为：(1)建设学术英语测评中心，采用与学术英语课堂教学配套的终结性评估和形成性评估相结合的学术英语测评方案，整理制定本科、硕士和博士学习阶段的考试大纲，负责设计入学考试、新生摸底、分班考试、结业考试等考试任务，撰写出题指南并开发考试样题。(2)建设学术英语考试试题库，聚力来自30余所高校的权威测评专家和命题专家共同完成命题过程，包括 ①咨询权威测评专家顾问团，②确定最终版样题指南与样题，③命题专家团队出题和磨题，④外籍专家一审，⑤一轮试题修改，⑥权威测评专家二审，⑦二轮试题修改，⑧绝密范围学生测试，⑨三轮试题修改，⑩记录试题各重要参数指标，⑪入库并等待试卷。目前已基本完成国内首个博士学术英语试题库建设。(3)建立学术英语能力七级等级量表，每一级量表包含听、说、读、写四个分量表，量表目前还在建设过程中。测评体系建设对于学术英语教学体系建设至关重要，测评体系的设计关乎教学改革的成败（何莲珍，2019），能够对各个阶段的教学工作起到正面积极的反拨作用（张文霞等，2017）。测评体系建设有助于学术英语的教、学、测相互作用，形成良性的循环。

目前，中国科学院大学学术英语教学体系的建设仍在推进的过程之中，一线教师通过参与教学改革实践共同体的实践活动发挥着个人和集体的主体性，同时构建着学术英语教师身份，塑造着与学术英语教学相关的教育信念，从而推动学术英语的教师发展。

7.2　研究对象

为了推进学术英语教学改革，中国科学院大学外语系先后创建了多个教学改革实践共同体（表 7-1），这些改革实践共同体在教学改革的不同阶段承担了不同的改革任务，它们合力实现整体的学术英语教学改革目标，即建设一个完善的学术英语教学体系。

表 7-1　外语教学改革实践共同体

成立年份	改革实践共同体	改革任务	改革任务完成情况
2016	本科学术英语课程实践共同体	开发本科课程	已经完成
2017	学术写作中心实践共同体	润色论文	仍然活跃
2017	硕士学术英语教材实践共同体	编写硕士教材	已经完成
2018	硕士学术英语课程实践共同体	开发硕士课程	已经完成
2018	本科学术英语教材实践共同体	编写本科教材	已经完成
2018	学术英语测评中心实践共同体	开发测试量表	仍然活跃
2019	博士入学题库建设实践共同体	建设题库	已经完成
2020	博士学科英语课程实践共同体	开发博士课程	已经完成
2020	硕士学术英语慕课实践共同体	建设硕士慕课	已经完成
2020	博士学科英语教材实践共同体	编写博士教材	已经完成
2020	本科学术英语题库建设实践共同体	建设题库	仍然活跃
2020	硕士学术英语题库建设实践共同体	建设题库	仍然活跃

质性研究的研究对象 X、Y、Z 分别来自本科学术英语课程 / 教材实践共同体、硕士学术英语课程 / 教材和博士学科英语课程 / 教材实践

共同体。在若干实践共同体中选择这些实践共同体的原因在于：首先，这三个实践共同体的实践活动都指向学术英语教学体系建设的核心部分，即学术英语课程体系建设。学术英语课程体系建设属于学术英语教学体系建设的核心，对学术英语教学改革起到了决定性的推动作用。一方面，课程建设一般会涉及每位教师，所以改革实践共同体的参与成员较多，能够体现一线英语教师群体在教学改革进程中的专业发展；另一方面，课程建设要求一线教师直面课堂教学和学生需求，容易对一线教师造成直接的挑战与冲击，从而引发较高程度的情感张力。其次，三个实践共同体的实践活动目前已经基本结束。虽然和其他不再活跃的实践共同体一样，三个实践共同体中的成员仍然可以随时为彼此提供支撑、保持合作与联系，但是预先设定的改革任务基本已经达成，即开设了相应的学术英语课程、出版了编写的学术英语教材（三个改革实践共同体编写的学术英语教材的基本情况请见附录2~4）。因此，三个实践共同体中的成员均经历了教学改革所引发的比较完整的情感张力变化过程，能够成为教学改革中一线英语教师情感张力研究的代表性样本。最后，三个实践共同体的改革实践活动大致分布在学术英语教学改革进程中的不同时期，既有共性也有个性。一方面能够展现不同的改革实践共同体中一线英语教师情感张力变化的相通之处；另一方面有助于充分观察不同教师情感张力所经历的变化轨迹的差异，从而为教师情感张力研究提供系统全面的考察视角。

　　质性研究对象 X、Y、Z 分别从本科学术英语课程 / 教材实践共同体、硕士学术英语课程 / 教材和博士学科英语课程 / 教材实践共同体中经过认真筛选确定下来。X、Y、Z（表 7-2）确定为研究对象的原因在于：首先，X、Y、Z 从学术英语教学改革之初即作为研究对象参与作者所主持开展的针对学术英语教学改革的学术研究，全程参与了各自所在改革实践共同体的改革实践活动，能够完整展现情感张力的变化过程。其次，X、Y、Z 都是各自改革实践共同体中的活跃成员，这一点在他 / 她们所属的实践共同体其他成员的访谈中曾反复多次提及，这从侧面说明了 X、Y、Z 在改革实践共同体中是受到较高关注度的实践共同体成员，具有一定的代表性，能够反映教学改革过程中具有典型性的一线教师情感张力的特点和变化过程。X、Y、Z 分别所属的教学改革实践共同体的相关其他成员与 X、Y、Z 一样接受追踪访谈，下文讨论 X、Y、Z 时所涉及的实践共同体中的相关成员将以同事 / 负责人 J、K、L、M、N 等以此类推加以表示。最后，X、Y、Z 在性别、学历、职称、教龄和专业方向上避免趋同，希望可以尽量呈现一线英语教师群体中不同个体的情感张力特点和变化。比如，通用英语教学经验丰富的资深教师与教学经验尚浅的年轻教师的情感张力体验可能会有所不同。又比如，文学、翻译和语言学的不同专业背景出身的一线教师在面对学术英语教学改革所经历的情感张力体验也可能会有所不同。

表 7–2　研究对象信息

研究对象	性别	学历	职称	教龄（年）	专业背景
X	女	硕士	副教授	26	文学
Y	男	硕士	讲师	10	翻译
Z	女	博士	讲师	5	语言学

研究对象 X、Y、Z 与研究者的关系结构（positionality）属于同事关系。作为 X、Y、Z 所在外语系的系主任，研究者启动并推动了中国科学院大学外语系的外语教学改革。一方面，研究者作为内部成员参与了每一个改革实践共同体的实践活动；另一方面，研究者注意维持外部身份，得以客观观察改革实践共同体以及共同体成员的发展路径。从管理者的角度，研究者与每一个教学改革实践共同体保持长期的密切互动，和教学改革实践共同体的负责人进行多次反复的细致沟通，引导每一个教学改革实践共同体完成预定的改革任务，确保对学术英语教学改革整体的发展方向形成助力。从一线教师的角度出发，研究者积极参与改革实践共同体的集体实践活动，如集体备课会、教材讨论会等，促进改革实践共同体成长的同时与改革实践共同体共同成长。因此，充分了解共同体成员的教师情感状态和个体发展状况至关重要。作为教师发展研究者，研究者长期追踪多个改革实践共同体中部分成员的身份、信念、主体性和情感的变化过程，能够从多位教师有关个人改革故事的不同角度叙事中客观描绘出一线英语教师专业发展的变化路径。对于教师情感张力的研究而言，研究者的内部参与者和外部观察者的双重身份有利于研究工作的顺利开展。一方面，研究者内部参与者的身份可以帮助实践共同体成员放下心防，真心交流自身的改革困惑和进步；另一方面，

研究者外部观察者的身份可以帮助其并不局限于高校英语教师的情感共鸣，从而能够勾勒出一线英语教师教学改革中情感张力变化的客观图景。

7.3　研究数据

质性研究的主要数据来源是访谈。采访者即研究者每学期期末采访一次研究对象，用了两年时间分别追踪了受访人 X、Y、Z（表 7-3）。

表 7-3　访谈信息

受访人	访谈时间	平均时长（分钟）	文本长度（字数）
X	2017 年 1 月—2019 年 1 月	72	103 360
Y	2017 年 6 月—2019 年 6 月	46	64 971
Z	2020 年 12 月—2022 年 12 月	57	84 563

研究采取一对一半结构式访谈，访谈过程进行录音。采访者根据研究目的和研究问题，准备好一个粗线条的访谈提纲，包括导入问题、宏观类问题、侦测性问题和收尾问题（杨延宁，2014）（表 7-4）。

表 7-4　访谈问题

导入问题	你的教龄有几年？（第一轮访谈）
宏观问题	你如何看待学术英语教学改革？ 学术英语教学改革对学生的意义是什么？
侦测问题	学术英语教学改革对一线英语教师的意义是什么？ 目前阶段你在学术英语教学改革中遇到哪些困难？ 目前阶段你感到的最大困难是什么？ 你认为自己有何进步？
收尾问题	你对学术英语教学改革有何建议？ 你对学术英语教学改革有何展望？

为防止导向性干预，采访者每次提问需等待受访者表达完整后再进入下一轮提问，尽量避免在受访者陈述的过程中打断受访者。考虑到受访者不同的表达特点，访谈持续时间各不相同。访谈录音使用 IFLYTEK 智能录音笔进行转写，转写而成的文本由研究者一边听录音一边进行订正，订正完成之后研究者反复阅读转写文本，不合情理之处再次根据录音进行判定。转写完毕的文本随后发给受访者，以确认转写文本是否真

实记录了访谈过程。

　　质性研究的辅助数据来自课堂观察、集体备课会、教材讨论会、教师日志以及 X、Y、Z 的同事的访谈（表 7-5）。对于研究对象的课堂观察每学期进行 1-2 次；集体备课会每学期收集 1 次；教材讨论会每学期收集 1 次；研究对象的教师日志每学期收集 2-3 次；对于研究对象的同事的访谈每学期进行 1 次。学术英语教学改革之初，共有包括研究对象在内的 13 名教师参加研究者的访谈活动，后有两名教师退出。研究重点关注同事访谈中提及研究对象的内容。辅助数据全部采取录音采集的形式。研究者反复细听课堂观察、集体备课会和教材讨论会的录音材料，摘取与研究对象相关的内容加以转写。教师的口头日志和同事访谈采取智能录音笔转写和人工订正的方式形成文本。辅助数据（用以整理辅助数据的表格请见附录 5-8）为验证研究对象 X、Y、Z 的访谈数据提供了重要支持。

表 7-5　辅助数据

研究对象	辅助数据	实例
X	课堂观察	［2018 年 6 月 8 日］ X：In your writings, there are too many figures and tables. We should distinguish the important figures and tables from the less important ones. We should choose the important figures and tables to report, instead of presenting all of them.
	集体备课会	［2017 年 5 月 19 日］ X：有关学术英语课堂使用什么样的教学材料的问题，我有一些困惑。我想大家为了保证可读性，都倾向于集中在某个领域，如心理学，纯理科的大家不敢用。合适的似乎特别难找，很多材料我们驾驭不了，大家就不敢选了，所以越找越窄。
	同事访谈	［2018 年 4 月 8 日］ X 的同事：我跟 X 聊过，这学期我们最难的就是这一瓶水怎么舀出来那一碗水，不知道什么是最精华的东西，有的时候我们有很多东西都想呈现，感觉比较慌乱。这学期我们的一个困难就是备课备了很多东西，但是如果把精华的东西摘出来，又感觉很难。

（续表）

研究对象	辅助数据	实例
Y	课堂观察	［2018 年 5 月 30 日］ Y: Today, I will introduce to you another important technique: omission or ellipses. This week, we will have a general understanding of what omission is. What is ellipsis? It refers to the case that although we omit some language expression, we do not change the meaning of the original sentence. What is the function of ellipsis? We can avoid repetition. We can write more concisely. We can write more cohesively. I will show you some examples.
	教材讨论会	［2017 年 4 月 14 日］ Y: 我选的这篇文章里面讲了一个 famous medical case。一个女病人被诊断为得了重病，医生没有和病人商量就决定给病人直接做手术，这位女性后来就不能生孩子了，所以她起诉了医生。纽伦堡审判发现，医生可能折磨或者杀死病人。这篇文章涉及现代医学伦理道德的讨论，对现代医学伦理道德的关注也顺应人权观地位的总体提升，包括如何对待有色人种、女性，以及有疾病的人群。这是一篇很好的文章。
	同事访谈	［2018 年 1 月 8 日］ Y 的同事：我注意到 Y 和几位年轻同事对编写教材有一些反对意见，可能比较敏感。我不知道怎么帮助他们，其实编写教材对他们是件好事。在他们这个年龄，这其实是一个学习机会。年轻人不仅在学习怎么编教材，也在学习怎么上课。年轻人有很多值得我们学习的地方，他们做事都挺认真的。
Z	教师日志	［2020 秋季学期第五周］ Z: 为了让学生更好地理解文献回顾和引言，我在文献数据库里找了一篇科学论文，把论文的文献回顾和引言部分摘出来，并且进行了细致的分析，作为范例供学生参考。通过观察学生的课堂反馈，我打算把这篇文章用在计划编写的学科英语写作博士教材中。因为这篇文章不管是在语言使用还是逻辑结构方面都非常典型，学生在课堂上的接受效果也相当不错。

（续表）

研究对象	辅助数据	实例
	教材讨论会	［2021 年 12 月 10 日］ Z 的同事：2000 年 Coxhead 的 AWL（Academic Word List）有 570 个基本词族，但是有些词太简单了。我们现在列出的应该超过这个词表，是不在 AWL 当中的。学科英语系列教材的词表应该具有科学性，应该根据某一学科学术论文的语料库整理出来，对这一学科的学生能有切实的帮助，也会成为我们系列教材独有的特色。
	同事访谈	［2021 年 6 月 21 日］ Z 的同事：我觉得凭我对学生的了解，光给他们一些现成的固定表达他们也不一定会用。所以我就问 Z 还有其他几位老师有关语料库方面的事情，然后我们一起去咨询了解语料库知识的同事，另外一位同事还给我们推荐了几本语料库方面的书籍。

7.4　数据分析

数据整理基于扎根理论（Strauss & Corbin，1998），即直接观察语料成为质性研究的重要起点（杨延宁，2014），教师发展理论完全扎根于外语教学改革语境下一线教师专业发展的实际情况。研究者基一线教师真实的发展变化，研究结论完全基于对原始资料的整理、分类、比较和整合（Rubin & Rubin，2005）。具体而言，本项质性研究的数据分析主要包括以下四个步骤（表 7–6）。

表 7–6　数据分析步骤

分析步骤	分析目的	分析实例
第一步： 阅读文本	通过反复阅读文本，研究者和研究助理整体把握教师发展状态，尤其注重在具体语境中理解研究对象有关教师身份、信念、主体性和情感的表述。例如，在上下文的语境中判断分析实例中 Y 所说的"崩溃"一语的真实意思，即区分"崩溃"只是研究对象的口头表述习惯还是确定的负面情感表达。	［2017 年 7 月 21 日］ Y：老师上课本来非常辛苦，编写教材找材料更累。有一段时间，我们小组 Text A 选材没过，Text B 选材也没有过，同时找 A 和 B，那段时间很多老师都很崩溃。

（续表）

分析步骤	分析目的	分析实例
第二步：标注文本	研究者和研究助理分别标示文本中研究对象所有有关教师身份、信念、主体性和情感的表述。具体操作步骤为：（1）标识教师身份的表述；（2）标识教师信念的表述；（3）标识教师主体性的表述；（4）标识教师情感的表述。例如，分析实例中 X 的陈述中标注出"角色"和"教学术英语我自己觉得有点边缘化"等有关英语教师身份的表达。在次步骤中，只做标注不做进一步抽象。研究者和研究助理就彼此不一致的标注之处认真讨论，最终达成共识。	［2017 年 7 月 20 日］ X：学术英语探不到底在哪里，只能自己保持不断了解、不断学习，去了解科学发展。不管哪个学科发展都是没有尽头的，尽头在远方。说实话，我自问，本来我的角色就是错的。我是学文学的，之前教通用英语没有任何问题，可是教学术英语我自己觉得有点弱势。周围的同事多是语言学背景，基本上很多学术英语术语是从语言学角度来诠释的，必须强迫自己去了解。
第三步：标注分类	针对质性研究的研究问题，即探究教师张力的特点以及变化，研究者和研究助理分别将有关身份、信念和主体性的表述分为改革正向和改革负向两个大类，将教师情感分为正面情感和负面情感两个大类，旨在考察身份、信念和主体性内部的相互对立与教师情感张力的关系。例如，分析实例中的"可以自己做主"表明 Z 愿意为教学改革发挥个体主体性，属于改革正向主体性；而"很多时候就僵在那里"表明 Z 认为为教学改革发挥个体主体性很有难度，属于改革负向主体性。Z 的正向主体性和负向主体性之间存在张力，也带来了正面情感和负面情感之间的情感张力，即 Z 一方面感到"有点小雀跃"，而另一方面"感到很着急"。研究者和研究者助理就彼此不一致的分类之处认真讨论，最终达成共识。	［2021 年 3 月 4 日］ Z：我刚刚接到学科英语教材的编写任务时，其实有点小雀跃，觉得好像这次终于可以自己做主了。但是另一方面，我觉得完全自己写书的话，需要一个长期的投入。我也是最近才感觉不太顶得住了。可能大家都在催我，我很着急，很多时候就僵在那里了。

（续表）

分析步骤	分析目的	分析实例
第四步： 比较整合	研究者反复观察教师身份、信念和主体性的分类，发掘三者之间的关系，追踪它们的内部张力的变化，比较它们内部张力的强弱，判断它们的内部张力对于教师情感张力的影响。例如，分析实例中 Y 的一段话既体现了身份的张力，也体现了信念的张力。"有的老师就还是往通用去教"与"有的老师就特别学术"反映了改革负向的通用英语教师身份与改革正向的学术英语教师身份之间的张力。"这个教材编得很好，它的理念和系统性都很好，对学生确实有用"与"他们就会觉得难以接受"反映了改革正向的教师信念与改革负向的教师信念之间的张力。相比而言，教师不同信念之间的张力是造成教师负面情感"学生这个方面是最大的困难"的主要原因，教师不同身份的张力嵌含在教师不同信念的张力的相关表述之中。	［2017 年 7 月 21 日］ Y：这个教材编得很好，它的理念和系统性都很好，对学生确实有用，但是怎么操作？这是我们编教材中遇到的最大的问题。首先，这对老师的要求很高，我们要从一个很低的水平一下拔上去，那么老师应该准备哪些东西？另外，我们应该怎样统一理念？虽然我们改了教材，但真正上起课来，每位老师可能还是有不一样的教学体系。例如有的老师就还是往通用去教，有的老师就特别学术。所以真正在实际操作的过程中，我觉得统一理念是比较困难的。除此之外，还有一点就是学生。因为文章毕竟是有难度的，虽然我们尽量找了适合学生的东西，但如果难度在他们的水平之下，他们就会觉得难以接受，尤其是入学分级考试没过的学生，他学新的教材可能会受打击。我想学生这个方面是最大的困难。

7.5　研究伦理

　　研究伦理是质性研究始终需要考虑的重要问题。访谈活动开展初期，研究者会与每一位研究对象进行深入交流，充分说明访谈的目的、访谈涉及的大致问题、访谈数据的使用计划、未来研究成果的可能呈现形式。研究者必须诚实地回答研究对象提出的任何问题，帮助研究对象充分了解质性研究对于研究对象和研究对象所在改革实践共同体是否存在潜在损失或受益，存在何种潜在损失或受益。研究对象还需充分了解自我身份是否隐藏、如何进行保密以及哪些预防措施可以切实避免个人信息的泄露。每次访谈开展之前，研究者均需确认研究对象是否自愿参加访谈活动，签署知情同意书，并且明确告知研究对象可以随时退出此项追踪研究。访谈过程中，访谈者全程投入地认真倾听，不断通过语言与肢体动作给予反馈，充分尊重受访者，不可嘲笑或讽刺访谈对象。访谈者能够在行为层面、认知层面和情感层面真正做到认真倾听，能够接纳受访者所有的情绪反应和自我表达。访谈者在访谈的各个阶段都会认真地引导访谈关系的发展，不会因为受访者的暂时跑题而突兀地打断对方，也不会因为受访者的片刻沉默而匆忙地切换问题。当需要提出追问问题时，访谈者注意采取温和且不具威胁的提问方式，避免挑战对话双方的信任关系，为访谈营造足够安全的互动空间。每次访谈之后，研究者认真保管访谈资料，杜绝一切外泄可能。访谈文本交给研究助理用于共同标注等工作之前，研究者注意将访谈文本可能泄露研究对象身份的所有信息全部删除。研究助理接收访谈文本之前需要签署保密协议研究助理不在改革实践共同体中，与研究对象没有利益冲突。

7.6　研究信度

质性研究的可信度（credibility）与研究质量紧密相关（Patton，2002）。为保证质性研究信度，研究者严格遵循 Lincoln & Guba（1985）提出的信度原则，即长期沟通（prolonged engagement）、持续观测（persistent observation）、三角验证（triangulation），以及对象核查（member checking）。首先，研究者长期保持与研究对象所在改革实践共同体的密切联系，全面了解研究对象工作场所和改革语境的整体变化，从个体与社会的动态互动中理解教师发展，为质性研究提供较为宏观的研究视角，从而更加准确地把握研究对象的发展轨迹。其次，研究者持续观察研究对象的发展过程，深入追踪每一位受访者，各轮访谈日期注意保持前后的一致性，避免访谈间隔长短的大幅变化。同时，研究者应考虑避开研究对象情感波动较大的时期，如研究对象参加职称晋级等情感焦虑比较强烈的时期，确定研究对象的情感张力来自教学改革而非其他个人因素。再次，研究者注重收集多种来源的研究数据，以便与访谈数据形成彼此验证。其中，一部分数据作为正式的验证数据加以整理，包括同事访谈、课堂观察、教师日志、教材讨论会和集体备课会；一部分数据作为非正式的验证数据只做收集但未进行细致整理，包括研究对象在院系教学研讨会上的教学分享、改革实践共同体在微信群中的彼此分享等。最后，研究者重视研究对象对于访谈数据的核查。研究对象在访谈文本转写完毕之后受研究者邀请对转写文本进行核查。另外，研究对象在相关研究成果形成论文完成发表之后会再次受研究者邀请对其中涉及的相关数据以及数据解释进行核查。研究者需要根据研究对象对于访谈数据的反馈作出认真的思考和相应的修改。

7.7　小结

本研究采用了质性研究方法，通过对教师 X、Y、Z 的长期的个案访谈和观察，深入到三位老师所在的充满挑战的外语教学改革现实，以呈现复杂动态的自然的改革生态整体，探索教师情感与教师身份、信念和主体性的复杂关系，挖掘教师发展与具体工作生态的交织互动，以深度追踪教师 X、Y、Z 在复杂动态的外语教学改革生态中的情感张力变化历程。

第 8 章
研究发现

　　一线教师所在的教学改革的生态系统具有复杂性和动态性。教师可能需要与多个层面的生态系统进行互动，包括微观系统中的授课对象、中观系统中的改革实践共同体、外部系统中的学校管理层面和出版社等社会机构，以及宏观系统中的国家教育改革的全局性的政策环境等。仅仅了解一线教师与改革生态系统的局部的联系无法真正认识教师发展，也无法整体把握教学改革语境下教师情感张力的变化特点。教师发展不是一线教师与各个层面的生态系统互动的线性相加，教师情感张力的变化是教师个体在生态系统内部与复杂关联的多层生态系统共同适应的结果。同时，教学改革的生态系统处于持续的动态变化之中。一线教师的身份、信念、主体性以及情感上的张力可能促使改革生态中互动关系的变化，而改革生态中众多互动关系的复杂变化和冲突可能致使教师身份、信念、主体性以及情感产生张力。一线教师进入教学改革生态的具体时间有所不同，必然面临不同的改革生态，需要应对生态系统所呈现的不同的改革现实，并因此获得截然不同的发展的可能与机遇。

　　实际上，即使经历着同一场教学改革，不同的一线教师仍然可能投身于不同的改革现实中。教学改革的生态系统对于具有不同教师身份、教师信念和教师主体性的教师个体往往呈现出不同的系统边界，一线教师很可能与某些系统而非全部系统发生频繁互动，偏重于从部分的生态系统中获得教师发展的关键性资源，并同时体验由此产生的教师情感张力。本研究采用质性研究方法，通过长期追踪改革一线的教师 X、教师 Y 和教师 Z，观察他 / 她们在复杂动态的外语教学改革生态环境中的十分艰难的成长历程，展现他 / 她们在改革生态中的教师身份、信念和主体性的转变过程，力图勾勒外语教学改革中一线教师的情感张力的变化轨迹，深度揭示艰难的教学改革生态中一线外语教师的情感张力全貌，从而为教学改革的顺利开展提供参考为一线教师的专业发展提供启发。教学改革的政策制定者、改革推行者、教师教育者、学校管理者和一线教师均应响应我国教育界关注教师心理健康、提升教师幸福感的政策要求，充分重视教师情感的社会价值以及教师情感张力对于教学改革的重要作用。

8.1　教师 X 的情感张力

教师 X 是中国科学院大学本科学术英语改革实践共同体的成员，参与了本科学术英语改革实践共同体负责的本科学术英语课程改革和教材改革。课程改革和教材改革的实践共同体有所重合，改革成员基本一致。教师 X 既参与课程改革任务也参与了教材编写任务，是属于两个改革实践共同体的一线教师。由于本科的学术英语教学改革实践共同体开展改革工作相对较早，尤其是课程改革实践共同体于 2016 年最先在中国科学院大学推进学术英语的教学改革，教师 X 相较一些同事更早地进入学术英语的教学改革生态，面对的是改革初期的复杂动态的外语教学改革现实。教师 X 的教龄为 26 年，职称为副教授，在改革实践共同体中属于通用英语教学的资深的前辈教师。教师 X 的专业背景为英美文学，在学术英语教学改革之前讲授面向本科学生的通用英语必修课程以及面向英美文学专业硕士研究生的文学专业课程。

8.1.1　教师 X 的身份、信念和主体性存在张力

教师 X 在身份、信念、主体性和情感上都展现出张力。就教师身份而言，学术英语教学改革的确冲击了教师 X 的身份认同。在教学改革之前，教师 X 的核心身份是通用英语教师。然而教学改革造成了教师身份的中断，在长期持有的、充满自信的通用英语教师身份与教学改革要求的、带有疑虑的学术英语教师身份之间不可避免出现了身份冲突，即在

现实自我和应该自我之间存在冲突。教师 X 既认为学术英语教学改革对于教师是一个获得发展的"机会"(第一轮),也深深地感到"没有底气"(第一轮)。教师 X 并未完全认同也未完全抵制学术英语教师身份的构建,而是既表现出对改革正向的积极态度,又表现出对学术英语教师身份构建的反向思考。一方面,教师 X 十分支持学术英语教学改革,愿意为学术英语教师身份的构建投入时间,希望自身在学术英语教学改革的过程中得到成长;另一方面,教师 X 认为学术英语教师的身份构建要求教师掌握相关的专业知识,这显然对教学工作繁忙而且相关培训不足的一线英语教师形成较大挑战,教师 X 对于学术英语教师身份的构建信心不足。

> X: 学术英语教学改革对我自己来说是获得长进的机会。不管从哪个角度,教也好,学习也好,毕竟还是希望将教学提高一个新的层次,虽然过程会很艰难。一开始在面对新的教学内容和尝试时,有些方法还在探索中,不熟悉的话,学生应该也会很聪明地发现你好像不是那么熟练,但是我们需要机会和时间,需要成长为学术英语教师的时间。教师的教学经验几年就应该更新一次,通过几年教学我们会达到一个成熟的阶段,这时就要进行再次探索和体验。学术英语是一个陌生的领域,除了全力以赴,中间经历的自己内心的纠结挣扎,是可以预想到的。(第一轮)

> X: 开展大学学术英语教育,我们自己也需要接受教育。对我来讲,我在某些领域的专业知识完全空白。因此我们要在大量的工作和教学之余,努力地去了解一些专业知识,哪怕是掌握一些专业术语,以便在课堂上讲课时有些底气,不会说外行话。例如,我去听高一的物理课,老师在讲一些物理概念时,我发现我没法用物理术语去跟学生表达我想表达的内容,我根本不知道我讲得对不对,完全没有底气。如果很外行,老师在课堂上会缺少信服力。老师在课堂上最怕不自信,一次两次学生可以原谅你,第三次学生就会觉得你备课不充分,或者能力有限。他/她们质疑你时,就没有办法再挽回他/她们对你的信任。(第一轮)

就教师信念而言，教师 X 同时持有改革正向和改革负向的截然相反的教师信念。一方面，她认为学术英语教学可以帮助学生形成系统的学术英语的知识体系，有效助力科研人员成果的国际发表，对于国际化科技人才的培养非常重要；另一方面，她认为对所有学生开展学术英语教学可能造成资源的浪费，因为并非所有学生未来都会从事科研工作，一味地强调学术英语教学虽然在理工类院校具有一定的现实意义，但是可能没有充分考虑到每一个学习者个体的学习需求。从教师 X 身上可以看出，教师的信念系统的确是一个复杂的网络，部分信念可能彼此冲突，而教学改革外化了信念的张力，使其表现得更加明显。

X：学术英语是致力于终身钻研学术的人必须具备的基本能力，因为目前的世界形势以及科学界的形势决定了我们还不可能用自己的母语进行国际发表。用别人的语言发表自己的成果，就要用别人的规则。对于学习能力很强的学生，如果有通用英语基础，自学学术英语可能可以，但如果缺少指导，一定缺乏系统性。……学生在自己做学术研究或者发表论文的时候，就有可能会碰壁，碰壁之后再去学习，就会花很多无用功。所以我们提供的系统教学会让学生完整地学习一套学术规则。因此，我认为我们的学术英语教学有必要、有意义，也有存在的价值。（第一轮）

X：我们学校是个理工科实力很强的学校，我们的培养目标是优秀的科研人才。我们的教学改革方向和目标都很清楚，从本科开始就把学术英语课程定位为必修课。但是我们面临一个不可忽视的因素，那就是并不是所有的学生都会在未来真正走上科研的道路。那么这些学生有没有学习动力，学术英语课程对他们来说是不是有实用性呢？硕士课程面临同样的问题。对于很多学生来说，硕士课程学完了，终身学习可能也就结束了，这些学生（对学术英语）的需求也不是那么迫切。因此我在想，是彻底取消通用英语课程，还是和学术英语课程同时存在。（第一轮）

就教师主体性而言，一方面教师 X 积极地应对教学改革所提出的教学相关任务，如在为学术英语教材准备编写材料的过程中，她为了实现教学趣味性，努力采取行动并认真作出选择，"通过各种渠道寻找材料"（第二轮），充分体现出改革正向的主体性。教师 X 不仅有意愿也有行动，并在过程中获得了能力的提升。但另一方面，教师 X 感到开设学术英语课程压力很大，不愿意接受授课的挑战，希望可以暂停一个学期，体现出教师主体性较为消极的一面。需要注意的是，教师 X 并非消极地抵制学术英语改革实践，而是在面对教学改革多项并行的任务与挑战时，无法同时付出同等程度的主体性，所以在改革这一阶段希望暂停学术英语的课堂教学活动。

> X：我认为趣味性不是不可以实现。我通过各种渠道寻找材料时，正好看到第 29 届"搞笑诺贝尔奖"的颁奖大会，这给我很大启发。虽然这个奖的名字听起来很不正经，但都是些正经的学术研究。所谓搞笑，就是比起板起面孔做学术研究，这种方式至少从话题上让普通人更容易接受，这给了我很大信心。例如该奖的其中一个话题是，老人（指长寿的老年人）年龄越大，耳朵越大。这是一个学术研究，该奖的学术研究都是此类话题。如果我们有时间把这些论文找出来（都第 29 届了，前面肯定还有），选一些合适的，就可以运用到教材编写当中。（第二轮）

> X：我感觉一边上课一边找材料，非常手忙脚乱。下个学期开课前，我和教学项目负责人 J 说，这个学术英语课暂停止一个学期。学术英语课程的要求极高，我觉得应付不了。我平时还要编写教材、制作微课，任务非常多，全都放在一起很痛苦。……（编写教材时）我首先要考虑找一些好文章，然后筛选出合适的，再跟团队分享，看看其他老师是怎么看的。做好教材工作我的精力就差不多了，实在分身乏术……所以，用这种状态走上学术英语的讲台肯定不行。（第二轮）

显然，教师 X 的身份、信念和主体性内部存在张力。教师表现出接受教学改革现实并积极参与改革的一面，但是同时也展现出不能全面接纳教学改革而存在质疑的一面。教学改革语境下，教师发展不是简单的单向变化，而是一个非常复杂的动态过程，其间各种张力同时存在。教师 X 的身份、信念和主体性的内部冲突都会带来教师的情感张力，即带来教师正面情感和负面情感的并存与矛盾。例如，教师 X 的改革正向的主体性"通过各种渠道寻找材料"（第二轮）伴随着正面情感"给了我很大信心"（第二轮），而改革负向的主体性"我觉得应付不了"（第二轮）则带来"很痛苦的"（第二轮）负面情感。但是，改革正向的身份、信念和主体性是否一定会带来正面的教师情感或者相反还需要我们进一步探讨。

8.1.2 教师 X 身份、信念和主体性的内部张力持续存在

教师 X 身份、信念和主体性的内部的相互冲突的不同方面不仅出现在改革之初，相反这些冲突还会在改革的推进过程中持续存在一段时间，并没有随着教学改革的开展而迅速地彻底消除。

教师 X 一直在努力地进行学术英语教师的身份构建，但是同时对于自己学术英语教师的身份构建能力存在疑虑。能够看出，教师 X 对于自己学术英语的教师身份不太自信，学术英语的课堂教学无疑挑战了一线教师在通用英语教学中所形成的权威身份。教师身份的重塑非常困难，尤其涉及学生专业知识的部分；教师 X 遭遇了学术英语教师身份构建中常见的学科知识困境，在教师 X 看来，专业知识的不足会一直对于学术英语教师身份的构建形成阻碍。不过值得注意的是，随着教学改革的推进，教师 X 的身份张力的程度有所变化。在很长一段时间里，教师 X 非常"怀疑"（第二轮）自身构建的学术英语教师身份，但是后来在教师 X 看来，虽然专业知识的缺失的确造成了学术英语课堂的不足，自己"在专业上提供不了任何东西"（第五轮），但是教师 X 不再追求课堂权威的身份，而是乐于成为学生的合作者。

> X：我对这门课的尊重程度和敬业程度，是不用怀疑的。但是，我以什么样的身份和能力去帮助学生呢？我不知道有没有把他 / 她们渡到彼岸，因为我自己还没有渡到彼岸呢。我还在如何教和如何教好的摸索过程中，能不能有效地帮助到学生，我还不是很有自信。（第二轮）

　　X：学术英语教学模式颠覆了我部分的教学理念、知识体系，以及教学方法体系，它和过去的教学模式很不一样。如果我没上学术英语，我看着那些理科的学术论文就头疼，不想看。要不是必须把它们当成教材备课的话，我肯定不会去看的。（第三轮）

　　X：……上本科学术英语课的确有快乐，但是快乐和压力都在一起。我们又不是院士，可能连教授都不是，所以必须要能忍受学生看你的眼神、对你的怀疑和不相信，他/她们会质疑你教得不行、教得不对、不够权威。对老师来说，被质疑和挑战心理上很累，很辛苦，但应该积极地去应对，理解学生。（第四轮）

　　X：我的想法是，学术英语课就像是一个课堂工作坊，每个同学都可以把自己的论文思路和问题带到课堂上，组成专业小组，不管大小，一个人也行。老师在专业内容上可能提供不了帮助，那就提供写作方面的，如英语论文写作，具体的、个性化的帮助。（第五轮）

　　教学改革的确重塑了教师 X 的教师信念。我们看到教师作为合作者这一原本边缘的信念逐渐成为教师 X 的核心信念之一。但是教师 X 的改革负向的教师信念在前三轮访谈中持续存在。在前三轮访谈中，教师 X 对于学术英语课程的合理性的问题一直存在疑问。总体而言，教师 X 对于学术英语课程能否满足学生需求始终抱有疑问。具体来看，教师 X 特别强调教学改革应该以充分的调研作为前提。访谈第一轮的时候，教师 X 提出学术英语的课程目标和学生未来的职业方向也许不相符合；访谈第二轮的时候，教师 X 提出学术英语的课程开设应该提前做好调研，应该了解学生目前的课程体系中是否已经提供了相关课程，是否还需要学术英语课程的设置；访谈第三轮的时候，教师 X 坚持提出需要在学术英语课程开设之前做好相关调研，了解学生"是不是能够适应学术英语的课程"。这些都反映出教师 X 虽然支持学术英语教学改革，但是相关的教师信念仍然有所动摇，没有完全坚定学术英语教学改革的信心。

　　X：从学校的课程设置上来说，人文学院也有类似的课程，学生对此还是有质疑的。人文学院是中文授课。我们应该找一位他／她们的老师了解一下具体情况。重复开课不是问题，不过我的思考是根据学生需要来开课，但我们的判断在多大程度上和学生的需求是吻合的呢？这个我们需要调研一下。（第二轮）

　　X：学术英语课程的教法和学法跟高中英语教学不一样，学生肯定有一个适应过程。咱们学校的学生天赋好，看起来似乎无缝衔接。但是，新生入学以后，他／她们是不是能够适应学术英语课程，还是让学生都上学术英语课程，这个要调研一下。（第三轮）

教师 X 一方面积极发挥着教师主体性，而另一方面持续表现出消极的教师主体性。前四轮访谈中，教师 X 均表示了自身的无能为力。例如，第三轮中，教师 X 在努力完成教材编写任务的过程中，深感采取行动的巨大困难，提出希望不再进一步采取行动或至少暂停的意愿。可以看出，教材编写任务给构成了巨大的挑战，造成了很大程度的心理负担。第四轮中，虽然教师 X 表面上在积极投身课堂教学，但是实际上非常依赖改革实践共同体集体备课的材料，不能通过主体认识融会贯通地运用备课材料，不能通过主体判断灵活地掌控课堂教学。在这一阶段，虽然教师 X 发挥着主体性，但主要还是集体主体性。教师 X 自身也意识到这只是有限的主体性，还需要进一步加强个体主体性，从而可以自如地发挥个体主体性。需要注意的是，改革正向的主体性并不都会伴随正面的教师情感，教师 X 在发挥集体主体性的时候仍会伴随"没有自信"（第四轮）的负面情感。可见，教师身份、信念、主体性和情感之间存在非常复杂的互动关系。

　　X：我一开始跟"打鸡血"差不多，带着任务"哗"地去上课了，那个时候我很亢奋的，但是现实会浇凉水。学术论文既要有趣又要能解决问题，篇幅还要合适，如果太长的话就要拿一些内容出来，所以同时要满足好多条件，找起来很绝望。后来我能明显地感觉大家是硬撑着，都差不多到极限了。大脑

失去了判断力，我提醒自己应该保持一种比较职业的态度，但是我真的必须暂停下来。（第三轮）

　　X：如果老师对课程没有把握和没有自信的时候，上课基本上就是满堂灌，虽然备课材料非常充分，甚至远远大于课堂需要，但其实并没有融会贯通，不能根据课堂需要进行取舍和调节，缺乏根据学生的反映作出调节的掌控力。我的注意力只在自己身上，心里有一个念头：不断地说，把准备的内容全部"灌"完。把集体备课时同事共同准备的材料在课堂上被动地用完，但是没有自己主动地去做一些必要的选择。课上"灌"完了所有材料，就完成了教学任务，但完全忽略了教学效果。老师需要根据课堂的实际情况作出决定，留出一些时间，这才是成熟的课堂。（第四轮）

可以看出，教师 X 在教师身份、教师信念和教师主体性方面存在的张力持续时间并不相同，体现出教师发展的复杂动态的特点。教师 X 在教师身份上体现出的张力更为持久，说明教师 X 的学术英语教师的身份构建更加困难。学术英语教师的身份构建可能是教师 X 学术英语教师发展的关键性障碍。

8.1.3　教师 X 身份、信念和主体性的内部张力与情感张力的复杂动态互动

教师 X 在教师身份、教师信念和教师主体性方面的内部张力都伴随着教师情感张力。值得注意的是，教师 X 的改革正向的身份、信念和主体性未必随正面情感，改革负向的身份、信念和主体性也未必伴随负面情感。教师张力在身份、信念、主体性和情感的互动关系上呈现出复杂性和动态性。

在教师身份的构建方面，第一轮中，教师 X 指出，她的文学专业的教育背景与学术英语的改革要求不相符合，因此产生很大的情感压力，即改革负向的身份构建伴随教师负面情感。教师 X 感到，相比语言学专业背景的同事，出身文学专业的一线教师构建学术英语的教师身份更加

困难，与学术英语的教师身份之间的差距更大，"跨的步子比较大"（第一轮）。在这一阶段，教师 X 认为语言学是一门语言研究的科学，与科学之间存在一定的内在联系，而"文学和科学是完全不相干的两个领域"（第一轮），建立二者之间的彼此关联十分困难。第三轮中，教师 X 进一步表明，她长期以来的通用英语教师身份与学术英语教师身份存在差异，通用英语教师身份属于改革负向身份，但是教师 X 的情感却是正面的，展现出"成长"（第三轮）的心态，并没有因为通用英语的教师身份而表示出负面的情感。可以看出，在这一阶段，教师 X 已经树立了比较明确的目标感，愿意为学术英语的教师身份构建持续付出努力，继续不断"学艺"（第三轮），即使长期持有的通用英语教师身份和改革要求的学术英语教师身份之间仍然存在距离，但是构建学术英语教师身份的"目标还在那里"（第三轮），"每走一步就离它更近"（第三轮）。第五轮中，教师 X 通过不断扩展专业知识领域而逐步建立起学术英语教师身份，学术英语教师身份属于改革正向的身份构建，伴随着正面的教师情感。与之前教师 X 对"文学和科学是完全不相干的两个领域"（第一轮）的认识不同，教师 X 开始接收文学可能的"跨学科"（第五轮）属性，她开始感受到文学与其他学科交叉的"魅力"（第五轮），愿意对此保持"开放的心态"（第五轮），并因此"增加了很多自信"（第五轮）。

> X：学术英语改革对咱们的意义也很大，但对我个人来说，跨的步子比较大。我的专业是文学，纯文学和科学是完全不相干的两个领域。我现在会有意识地读一些科普文章，要不然满足不了学术英语教学。你觉得自己过时了，就会被课堂抛弃。我利用课下时间，不断地通读一些相关文章，哪怕读起来很吃力。这样如果我在课堂上遇到科普类的问题，就有了能够和学生进行交流的可能性。但对老师来说，这个过程需要面临很大的压力。（第一轮）

> X：从我教书开始，我一直是一名通用英语老师，我的通用英语教学法主要是从我的老师那里承袭来的。整体来看，通用英语是很发散的，而学术英语有一个非常体系化的框架。老话说八十不学艺，我现在快五十了，还在学艺。现在这个年代对老师的要求更高，知识更新太快。我是一个成长型思维……

我还在往前走，远方有一个目标，且目标很明确，我知道目标还在那里，我要继续往前走去追它，希望离它越来越近。我知道我永远追不上目标，但我每走一步就离它更近，我是在不断提升自己。这对我是一个很大的挑战，余下不多的教学生涯将有更多的挑战和刺激，但我愿意去做。(第三轮)

X：我在对外经贸大学参加了一个文学和经济学的跨学科会议，我是带着问题去的，如文学怎么跨学科，和经济学怎么结合。几天的会议内容可能对我自己的研究没什么影响，但是学生可能会用到。当学生说东方主义后殖民写不出内容来，我突然就想到，可以从经济学的角度去挖掘。学术英语给了我一个非常开放的心态，真的不知道哪块云会下雨。我一开始感觉这个课程好难，离我的个人兴趣和我的气质太远了。我心想，我要是喜欢理科，就不会学文科了。但是现在想一想，理科真的是魅力无穷，它逼着我必须去了解我不了解的专业领域，它拓展了我的专业领域、眼界和知识面。我们这些英语老师和学生可以课堂内外有更多可交流的话题，或深或浅，这些都是有意义的……我们在学术英语课堂上也增加了很多自信，对教学内容的广泛涉猎会提高学生对老师的信心和认可。我们的能力给了学生信心，学生对我们的信任会让我们在业务上更自信。(第五轮)

在教师信念方面，教师 X 虽然在第一轮和第五轮都持有改革正向的信念，认为学术英语教学能够响应高等教育改革的需求，对于人才培养具有非常重要的意义，但是同样的改革正向信念伴随的教师情感却有所不同。在改革之初，教师 X 的这一信念转化为负面情感，"经历了很多纠结挣扎"(第一轮)。在这一阶段，教师 X 虽然明白"舒服的日子太久了，没有意义"(第一轮)，但是毕竟"刚刚被迫离开舒适区"(第一轮)，即使认同学术英语教学改革，内心仍然面临很多不适，感到"诚惶诚恐"(第一轮)，并不"从容"(第一轮)。而随着学术英语教学改革的推进，教师 X 的这一信念转化为正面情感，体会到了"信心的增长"(第五轮)，虽然教师 X 并不回避外语教师的"短板"(第五轮)，外语教师的学科知识困境的短板没有消失，但是她此时感到"短可以变得不那么短"(第五轮)，而且同时已经充分认识到自身作为外语老师的"长"(第五轮）。教师 X 的认识发生"转变"（第五轮），视野更加"开阔"（第五轮），"沟通"（第五轮）更加顺畅。

　　　　X：学术英语教学改革另一个积极意义就是迫使我离开舒适区。我在这个年龄挺享受舒适区的，但有时又觉得可怕。对学术英语这样的课，我必须全力以赴，要时刻与课程需要、时代需要以及高等教育的需要保持同步，不能用一本课本和一套教学课件就应付一学期，学生不会满意。教学上不出现大的失误和纰漏，教学双方你好我好，这也是一种教法，但对自己来说是没有长进的，毕竟还是希望将教学提高一个新的层次，虽然过程很艰难。一开始面对新的教学内容时，我也在探索方法，自己很不熟悉。学生也很聪明地发现，老师好像不是那么熟练，这让我感到诚惶诚恐，没那么从容，不敢面对学生，一下课就后悔，内心经历了很多纠结和挣扎。但舒服的日子太久了，没有意义。（第一轮）

　　　　X：我觉得对学生而言，学术英语是新的、意义非常大的教学内容，不管他们将来做不做科研，但在学校这几年，他们肯定会了解学术英语的重要性。原来刚开上课的时候，我会质疑，这真的有用吗？用老师的短板去教课，岂不是让学生立刻抓住我们的把柄？但现在我觉得，短可以变得不那么短，巧妙地结合一下我们的长，长就是语言。在这个过程里，老师也可以拓宽自己的认知领域，不能只局限于人文或社会科学，要视野开阔。这样我们可以和理科老师粗浅地沟通，向他/她们学习。我的认识已经完全发生了转变，我是认可学术英语教学改革的，在这个过程中我感到了信心的增长。（第五轮）

　　在教师主体性方面，教师 X 的改革正向的主体性既伴随正面情感也伴随负面情感。一方面，教师 X 愿意为学术英语教学改革付出努力，愿意接受挑战、积极参与集体备课、认真进行课堂互动等。但是，这些正向的主体性既可能伴随正面情感也可能伴随负面情感。以第一轮的摘录为例，教师 X 所表现出的积极的主体性既伴随"恐慌"也伴随"激动"。对教师 X 而言，学术英语课程无疑是个巨大的困难，可是如果克服了这个困难，也会获得"一些力量"（第一轮），整体是件"好事"（第一轮）。第二轮、第四轮和第五轮摘录中的教师改革正向主体性伴随着"乐观""幸福""信心成长"的正面情感。具体来说，教师 X 在努力开展学术英语课堂教学的同时体验到很多正面情感。而且，正面情感有增长的趋势，教师 X 经历了"很乐观"（第二轮）"很幸福"（第四轮）"产生一种权威感"（第五轮）"信心成长起来"（第五轮）的过程。不过，教师 X 的课堂教学和教材编写的情感体验并不同步。第三轮摘录中，教师积极进行学术英语教材选材的努力，但却伴随着非常强烈的负面情感。教师 X 感到"真的会受打击"（第五轮）"真的伤害自尊"（第五轮）。由于课堂教学和教材编写在改革实践共同体中的推动进度有所差异，两项改革任务所引发的教师 X 的负面情感出现时间也有不同。

不仅如此，教材编写对于教师 X 形成了更大的主体性挑战以及因此而产生的情感挑战。值得注意的是，改革前期，教师 X 更多发挥的是集体主体性，与改革实践共同体一起完成改革任务，即学术英语课堂教学的任务。教师 X "把自己放在学生的角度"（第二轮），"把自己想象成坐在台下听这门课的学生"（第二轮）。与课堂教学的改革任务不同，教材编写改革任务的推进虽然也是基于实践共同体的集体主体性，但是更加依赖于个体主体性。"教材编写的老师会给大家选择的每一篇选材打分，打分成绩靠后的老师"（第三轮）会感到很大的"心理压力"（第三轮）。教师 X 是改革实践共同体中教龄较长的资深教师，而资深教师往往被看作实践共同体中的前辈教师，被期待提供值得追随的行为模式。尤其受到中国传统文化中尊重前辈的文化影响，资深教师一般处于实践共同体中的相对中心的权力关系，至少不会被边缘看待，可是学术英语的教学改革不仅扰乱了工作场所中原本的权力关系，而且营造出一种实践共同体内部无论前辈还是新手彼此竞争的工作氛围，这在要求一线教师发挥集体主体性的同时显然也在强行调动他 / 她们的个体主体性。如果选定的材料不能入选编写教材，教师 X 作为前辈和共同体成员的身份和"尊严"（第三轮）无疑都会受到挑战，由此产生了较高强度的主体性，"真的是拼了老命了"（第三轮），以及较大程度的负面情感。当然，随着改革的推进，教师 X 逐渐表现出越来越大程度的个体主体性。例如，她不仅自己去读"理工科的小文献"（第五轮），还鼓励学生广泛地开展学术阅读。能够看出教师 X 不再完全依赖实践共同体的集体主体性，而是

"自己找到感觉"（第五轮），"腰杆子硬了"（第五轮）。

> X：学术英语课程对我来说是新的压力，但也是个可以改变自己的机会，虽然改变很难，但可以让自己再上一个台阶，刺激自己成长一。我很愿意抓住这个机会，接受挑战。上课其实我有一些恐慌，或者说非常恐慌，但也有小小的激动。至少我可以熟悉一下学术英语课程的几个模块，这是以前完全陌生的领域，拿下这些领域就好像又有了一些力量，是好事。（第一轮）

> X：备课的时候，我会积极地观察其他老师备课的角度，他/她们的选材、交流的内容，等等。同时，我把自己放在学生的角度，把自己想象成坐在台下听课的学生、正在写论文亟待发表的学生，急需老师讲解知识点和语言点。学术英语课程是符合学生的现实需求的。（就算学生）未来不做学术，毕业也要交学术论文，他/她们需要掌握这些学术技能。所以我很乐观，或许他/她们会在毕业之前突然想起来我曾经开过这门课。（第二轮）

> X：我在教材选材的过程中有时情绪还是挺低落的，教材编写团队的老师会给每一篇选材打分，成绩靠后的老师会受打击，然后继续闷着头拼了命地找，可以想象当时的心理压力。文章选不好就不能进教材，很伤自尊。在学校开完会回到家，借着那股劲儿还没卸掉的时候，能找到凌晨。（第三轮）

> X：有些同学做自己相关专业的课题，如热水和冷水放进冰箱里哪种冷却得更快，我很感兴趣。这组同学的热情很高，在我布置作业之前，他/她们已经讨论过决定做这个选题了。我非常享受和他/她们之间的互动，交流非常顺畅。在我上课的时候，他/她们会随时讨论这个部分需要做什么，然后马上运用到实践上，这个过程实在是太美好了。如果课堂上能有这种被学生推着走的感觉，很幸福。（第四轮）

> X：这学期我决定狠抓一下，我每天带学生阅读打卡，每天五点更新，难度不小，话题比较新，如科学技术、经济，学

生也可以自己找合适的文章接着读，希望他 / 她们能养成阅读习惯，但这需要一个过程。我刚开始读一些理工科文献时，也很抵触，读得特别不走心，读得特别慢。但随着大量阅读的积累，我慢慢就习惯了，阅读能力在提高，吸收得也更快。我会关注一些科学公众号，关注国际上有关自然科学的课题研究，虽然说内容不完全看得懂，但是从了解科学发展的动态角度，我会知道有这样的科研，如中国科技大学潘建伟的量子纠缠。我在这个过程里找到感觉后，慢慢地也会产生一种权威感，上课就有了信心，腰杆子硬了。（第五轮）

可以看出，教师身份、教师信念、教师主体性与教师情感的互动关系并不是一一对应的。也就是说，教师身份与教师情感、教师信念与教师情感、教师主体性与教师情感并不存在一对一的伴随关系。教师身份、教师信念、教师主体性和教师情感存在着复杂的、动态的、非线性的协动关系。

以下面第一轮的摘录文字为例，教师 X 的身份张力、信念张力、主体性张力和情感张力相互纠缠。一方面，教师 X "被需要的角色"（第一轮）伴随着 "自主学习"（第一轮）的信念和 "不断探索"（第一轮）的主体性以及 "愿意"（第一轮）面对改革现实的正面情感；另一方面，教师 X 的 "教授通用英语的老师"（第一轮）的身份伴随着学术英语教学改革的负向信念，如对不会指导 "偏离人家专业领域的要求"（第一轮）的质疑以及改革负向的主体性，如 "跟进是一件很困难的事情"（第一轮），而这些伴随着教师 X 的负面情感，教师 X 说 "都是没有尽头的"（第一轮），表现出对于教学改革的情感上一定程度的迷茫感。

X：最大的困难是时间，老师得有自主学习的时间，去熟悉相关学科、相关背景知识，至少要了解。我们要颠覆上课的内容，内容颠覆了，方法也要跟着改进，要彻底改变，年轻老师还没有形成惯性，但我们这些多年教授通用英语的老师可能要彻底打破自己已经成熟的教法，相等于新生，逼迫自己重新开始。有些老师是愿意的，因为大多数老师都不愿意老是重复教学内容和方法，愿意不断探索。尽管大家有学习能力和学习意愿，但如果教学占用了太多时间，有些热衷学术研究的教师要再花时间去了解理工科背景知识，会有大量课后要继续的工作，……在学术英语教学中，教师是被需要的，学生需要什么，什么时候需要，教师就要提供相应的帮助。但是，学生在各种学术活动中需要我们的时候，我们真的能够很熟练地给予指导吗？而且我们的指导不能偏离学生专业领域的要求，不同专业领域的学术英语也是在不断发展变化的。因此，我们要不断地跟进，但这很困难，我们要跟进专业文献，了解相关专业期刊的要求，很多专业内容的变化发展会通过学术会议来呈现，难道我们还要参加吗？所以，其实我们知道应该怎么做，可很难做到。对学生的指导到哪一步是尽头？（我感觉学术英语）探不到底在哪里，只能自己不断了解、不断学习，了解学科发展。不管哪个学科的发展都是没有尽头的，尽头在远方。（第一轮）

在以下第三轮摘录文字中，教师 X 提及了一直持有的通用英语教师身份和正在构建的学术英语教师身份、学术英语课程教学过程中产生的一些新的教师信念，以及积极发挥教师主体性的决心，同时教师 X 也表达了构建身份、重塑信念和发挥主体性的过程中可能经历的负面情感，即"挑战、困难和刺激"（第三轮）和正面情感，即充满"希望"（第三轮），而且"愿意不断提升自己"（第三轮）。在这一阶段，教师 X 延续了改革初期对于学术英语教学改革的认知，即认为学术英语教学改革是一段历程。不同的是，在第一轮教师 X 没有确定的目标感，看不到教学改革的"尽头"（第一轮），表示"尽头在远方"（第一轮）；而到了第三轮，教师 X 感到"目标在前方，目标很明确"（第三轮）。可见，教师 X 已经开始接受学术英语的教师身份，重新塑造学术英语的教学信念，并积极地发挥主体性，努力作出"调整"（第三轮）。而这个过程既伴随教师 X 的正面情感也伴随很多负面情感。

X：原来那种通用的教学法也不能彻底否定，教学法有一种传承性，我们从自己的老师那里传承下来，这种传承带有惯性，我们可能基本会直接复制老师的教法，觉得传承下来的方法足以教好通用英语，所以教学的主动性和原创性会受到限制。……现在我得成为一名学术英语老师，我愿意接受新的东西，要试试自己的能力到底能到达一个什么样的高度，在教学方面有了一些新的思考，越来越专业化，把学术贯彻到教学中去。原来我不用思考这个问题，拿起教材备好课，加上平时的储备，就可以临场发挥了，但那种发挥的方向其实是很散的。先要有一个明确的目标在前方，要继续往前走，希望离目标越来越近。虽然我知道可能永远追不上目标，但我每走一步就离目标更近。我要不断提升自己，根据现实需要随时调整教学内容和教学风格，这对个人来说是很大的挑战。在余下不多的教学生涯中，我要接受更多的挑战、困难和刺激，让我的专业素养越来越好。（第三轮）

在以下第五轮摘录文字中，教师 X 描述了学术英语教师身份的建构过程，即从一名纯"文科背景"（第五轮）的老师到一名学术英语教师的身份变化过程。在身份构建中，教师 X 发挥了非常积极的教师主体性，她"一直在收集课程相关的信息，自学，强行上马，必须完成任务"（第五轮）。通过积极地参与教学改革，她实现了教师信念的重塑，认为学术英语教学极具"魅力"（第五轮）。同时，教师 X 因此而表现出对于学术英语由负面情感向正面情感的转化，从"带着勉勉强强的态度"（第五轮）到"增加了很多自信"（第五轮）。在第五轮，教师 X 继续延续了学术英语教学改革是一段历程的认知，在教学改革中一线教师"走进"（第五轮）完全"陌生的领域"（第五轮），并在不断"深入进去"（第五轮）的过程中拓展了"眼界和知识面"（第五轮），获得了发展。

X：我一直在收集课程相关的信息，不知道什么时候会有灵感，启发创意。我想让学生看看，即便我是一个文科背景的老师，但对科学领域，我也是有所涉猎的。原来以为文学是我的专业，现在通过"强行上马"自学，对专业的概念理解得更全面了。专业不是你学习的内容，只要通过钻研有收获的、有心得的、能传授的，都是专业。……我从一开始被动接受任务，到不管主动还是被动地，或勉勉强强地完成任务，到深入整个过程，我发现一个对我过去的教学和专业来说都是陌生的领域，我逐渐发现了它的魅力。那些解决不了的问题也是魅力，它逼着我必须去了解我所不了解的专业领域，它拓展了我的眼界和知识面。我在学术英语课堂上增加了很多自信。（第五轮）

可见，教学改革语境下，教师身份、信念、主体性和情感之间呈现出复杂的动态关系，构念之间相互作用彼此影响。每一构念的变化都可能引发一系列的变化，并因此推动或阻碍教师发展。但是，构念之间的相互影响并非确定的，而是根据教学改革的实际语境以及教师的个体情况呈现出复杂和动态的特点。改革正向的身份、信念和主体性未必引发教师的正面情感，而教师的负面情感也未必阻碍改革正向的身份构建、信念重塑和主体性发挥。值得关注的是，教师的情感张力很多时候是教师发展的促进力量。例如，教师 X 在访谈第三轮时表现出对教材编写任务的强烈的负面情感，但却没有消极抵制教材编写任务和改革的推进。相反，教师 X 发挥出极大的教师主体性，"拼了命地找"（第五轮）材料，甚至"找到凌晨"（第五轮）。可见，改革语境中的教师发展既需要教师对于教学改革的正面情感的投入，也离不开教师面对改革任务时所表现出来的负面情感。

8.1.4 教师 X 的情感张力在改革推进过程中整体上有所减弱

教师 X 在教学改革初期面对学术英语课堂教学时的情感张力比较强烈，既表现出正面情感也表现出比较明显的负面情感。例如以下第一轮的摘录文字中，教师 X 认为自身的文学专业背景不太适合教授学术英语课程，所以"感到压力非常大"（第一轮）；而第二轮的摘录文字中，教师 X 认为作为外行的专业背景无法帮助自己真正理解学术英语的文章，因此"感觉很紧张，非常忐忑"（第二轮）。第三轮的摘录文字中，教师 X 对于学术英语的课堂教学虽然仍有遗憾，但紧张和压力已经明显消失。不过，教师 X 仍然无法完全掌控课堂，不能自如地驾驭课堂教学。教师 X 只能选择以教师为中心的教学方式，"以我为主"（第三轮），没有精力从学生角度去顾及实际的"教学效果"（第三轮）。第四轮的摘录文字中，教师 X 开始非常重视"学生的获得"（第四轮），并且从学生的收获中体会到获得感，她不再纠结于自己是否有能力很好地开设学术英语课程，而是确信课程可以使学生"受益"（第四轮），因此也变得"越来越洒脱"（第四轮）。在第五轮的摘录文字中，我们看到教师 X 非常注重充实自己。她把知识比作水，把教师比作装水的水桶，随着知识储备的不断增多，教师 X 的学术英语教师身份得以确立。教师 X 十分注重科学知识的拓展，并通过不断拓展科学知识而获得自信，感到"越来越有底气"（第五轮），在课堂教学方面表现出比较明显的正面情感。

> X：也许我说得不对，我感觉学术英语对文学老师有着内在的排斥力。周围的同事多是语言学专业出身，语言学的教学理论和研究背景帮助他 / 她们相对快速地进入学术英语教师的角色。……但文学和科学的距离更大一些，两者相差更远一些，我去了解科学就更加吃力一些，压力非常大。（第一轮）

> X：我至少在上课之前是非常忐忑的，第一个原因在于这是一门新课，第二个原因是我们要带学生读的学术论文涉及的领域多。但我们是外行，要读透这些文章，先不说时间，能理解就很困难，很有挑战。但如果我们不读透，就没底气去跟学生分析。……另外，能不能把这种学术英语课程的学术性和趣味性结合起来？学生对趣味性是有需求的，如果趣味性比较差的话，肯定会影响这些年轻的本科生，他 / 她们会觉得无趣，学习效果大打折扣。我很紧张，亦步亦趋地，希望下一轮再上的时候自己可以松弛一点。（第二轮）

> X：每堂课让学生课上和课下应该完成什么，有什么收获，这些要特别明确。我觉得在任务布置上还是模糊了点，这是一个遗憾。而且我经常在课堂上把容易的内容先抛出来，让自己先放松下来，要不然我会很紧张。上课就是以我为主，不太顾及学生和教学效果。我打算改一下，不断地调整。但想象中的东西在实践中很可能会碰壁，有时我以为学生会对这个内容有兴趣，但其实学生没感觉；有时以为这块会多用点时间，但只能匆匆地带一下，课堂现场会有很多出乎意料。（第三轮）

> X：学生的获得就是我的获得。开学的时候我把课程要求发下去，要求学生以团队为单位做一个小小的研究项目。他 / 她们很有契约精神，要求很明确。他 / 她们看重这个，就会按

照规定做，不需要下功夫去增进感情，他／她没有时间。学生的定位是人文学科包括英语都是副科，他／她们调查了我们学校，还有浙江大学、南京大学、复旦大学、清华大学，以及国外哈佛大学等学校的英语课程，发现我们学校的课程要求偏高，其他学校大约平均一周 3 小时，我们是 5 小时。他／她们是非常认真地在调查，挺好。不管他／她们满意还是不满意，这个研究的过程本身已经使学生受益了。我现在心理还是加强大了一些，在重视课堂效果的同时，对学生的意见会冷静客观地对待，我想我会越来越洒脱。（第四轮）

X：学术英语教学中教师给得越多，学生吸收得就更多。教师如果是个桶，这个桶应该是无限高。这个桶要不断变高，不断变大，好像有一种神奇的力量，看不到它的底在哪儿，教师需要不停地往桶里装东西。理工科的专业知识不断地有新发现、新发明、新进展、新的热议话题，如基因编辑、AI、黑洞。教师要随时跟进了解这些话题，这样就不会太陌生，平时多关注各个领域的话题，只要是科学界的都不能错过，不仅会对教学有用，对教师本身的兴趣爱好也是一种拓展，而且是一种比较高级的拓展。例如澳大利亚森林大火的新闻，森林大火烧了多少植物和动物我是不感兴趣的，但我注意到一条新闻提供了特别具体的数据，它提供了 5 亿只动物还有无数的生物和植物的标本毁于这场大火。我留意到，恰恰是极端环保主义者的诉求才导致了这场大规模的火灾。所以，这种新闻的细节也许随时就可以作为课堂上的案例。我平时注重不断积累，包括这些生态学知识，我觉得很有意义，我也越来越有底气。（第五轮）

当然，教师 X 的情感张力并不只集中在课堂教学这一个方面。虽然整体而言，教师 X 的情感张力有所减弱，但是并没有呈现逐年降低的趋势。原因在于，教师 X 面临多项改革任务。可以看到，在第三轮访谈中，教师 X 的情感张力处于最强的阶段，她体验到"绝望""受挫""太累了"（第三轮）等负面情感。不仅如此，在表述这些负面情感时，教师 X 使用了很多增大情感强度的副词，如"很""非常""真的"等，这些表达说明教师 X 正在经历极具挑战的情感现实。在第三轮访谈阶段，教师 X 除了学术英语课堂教学的改革任务之外，还需进行学术英语教材编写，而教材编写作为一项非常困难的改革任务，极大地影响着教师 X 的情感张力体验。教师 X 所在的改革实践共同体采取内部评价的方式决定教师所选材料能否成为学术英语的教材选材，这无疑对教师形成很大的"刺激"（第五轮），敦促大家付出更大的个体主体性去努力选材，也导致了教师 X 情感上的"疲倦""麻木"和"迟钝"（第五轮）。

> X：找教材素材很多时候是绝望的，我觉得脑子很胀。大家的标准还是没有统一，有时第一轮找到的一些素材汇总后，各种问题出来了，大家非常受挫。第二轮素材明显比第一轮好，可是我真的太累了，总是碰壁的感觉，因为在素材的匿名评价中很难拿到好结果，凡是成绩不好的老师都憋着一股劲。找素材的激情还在，但我都读累了，这种风格的文章，如果集中在短时间内非常猛烈地轰炸大脑，是一种挑战，会麻木和迟钝。可是按照规则，如果选择的素材放不进教材里，那他完全就是白费功夫，这个打击还是很大的。（第三轮）

我们看到，教师 X 在接收教学改革任务的初期，就会经历较大的负面情感。教师 X 第一次的情感张力高点在第一轮面对学术英语课堂教学任务的时期，而第二次的情感张力高点在第三轮面对学术英语教材编写任务的时期，第三轮的情感张力达到高点之后就松懈下来了。可见，第一轮和第三轮是教师 X 情感张力变化的关键时期，而教学改革所设定的改革任务是教师身份、信念、主体性和情感改变的关键事件。艰巨的改革任务很可能刺激教师产生较大的情感反应，但也可能成为教师构建教师身份、重塑教师信念和发挥教师主体性的关键时刻，从而成为教师职业发展的重要转折点。

8.1.5 教师 X 的身份构建是情感张力变化过程的主要矛盾

在教师 X 的身份、信念、主体性和情感的复杂动态的系统中，教师身份是教师 X 专业发展的主要矛盾。教师 X 在构建学术英语教师身份的过程中，特别关注改革反向的诸多身份对于学术英语教师身份构建可能带来的负面影响，如教师 X 从事英语教学以来一直持有的通用英语教师身份和求学期间所接受的文学专业训练的纯文科教育背景所塑造的文学教师身份。在教师 X 看来，这两种教师身份与学术英语教师身份彼此不相融合，不仅无法有力促进学术英语教师身份的构建，反而对其构成阻碍，对学术英语教师身份的构建产生消极影响。这显然反映出学术英语教师身份构建过程中存在身份张力，这种张力虽然随着教学改革的推进和教师的专业发展而有所缓解，但是直到第五轮教师 X 仍然表现出不同身份之间的紧张状态。例如，以下摘录中，尽管教师 X 明确表示"一直是有进步的"（第五轮），但还是会觉得"无力"（第五轮），无法进入一种真正的"自由状态"（第五轮）。

> X：我是有进步的，虽然对科研不了解，但科研必须借助语言。我跟进他们的科研进展，这就是进步，这个进步不仅是语言技能上的，更是知识面的不停扩展。我的深度虽然比不上专业老师，但有了语言技能，再有对其他学科的拓展了解，我在讲课时会比较自如。当然，困难的是专业知识，文科专业的我去了解理科，这其中的障碍是逾越不了的，大家都心有余而力不足。特别遗憾，有时会觉得无力，甚至有时回想当年要是学了理科英语，也不会有现在这么难。现在本来基础就不强，理科专业又在发展，想真正地了解就不可能了。如果语言和专业能够打通，我们就进入自由状态了。但这个很难，也许将来的年轻人可以。因为现在高考不分文理，理科就是语文数学英语，另外三门选科，大学也可以报外语专业。以后的年轻人对学科的发展和教学会有很大的推动作用，我们这一代就这样了。（第五轮）

而且，第五轮中，教师 X 还提及自己是英语非本族语者的身份，认为这一身份不利于准确把握学术英语表达的细微之处，这说明教师 X 对于自己作为学术英语的教师身份并没有全然的自信。教师 X 认为二语学习者"和母语使用者之间的隔膜"（第五轮）不仅"很难穿透"（第五轮）而且"会永远存在"（第五轮）。可见，对于教师 X 来说，学术英语教师身份的构建并不容易，需要克服各种身份，包括通用英语教师身份、文学教师身份以及非母语的教师身份。

> X: 很多时候我其实没法确定语言真正的使用目的, 即使我看懂了, 我再去给学生解释的时候, 也没有办法解释的一样。我们昨天编题的时候又遇到了这样的麻烦, 大家在出题的时候觉得这个答案是对的, 可是学生做题的时候发现原来那样做也对。遇到多种可能性的时候应该有个首选的吧, 但什么情况下优选哪个答案, 对我们来说也有困难, 时态用法太灵活了。这就跟我们教老外汉语是一样的, 人家问你为什么, 但其实母语使用者大多数时候靠的是感觉, 如果说作者是根据语言习惯这样用, 我们教的时候一定要说出个一二三, 有时也是强行归纳出来的。我觉得我们和母语使用者之间的隔膜是很难穿透的, 会永远存在。这种模糊性在使用的时候是没有问题的, 比如写论文时我照着写就行了, 但作为传授者, 要给学生一个说法, 就难了。也许通过这么多年的教学技能, 我能给学生一个解释, 但我不能肯定我的解释是对的。这个时候我需要一个人告诉我是对还是错, 我们缺一个导师来把关, 如果身边能有一个随时可以给我们帮助的母语使用者, 对我们来说可能更有意义。(第五轮)

对于教师 X 来说, 学术英语教师身份的构建十分困难。原因可能在于, 教师 X 和所在改革实践共同体所参与的学术英语教学改革任务处于院系整体的学术英语教学改革的初期阶段, 也就是说, 教师 X 属于第一批参与该校学术英语教学改革的一线教师。这些老师不可避免地经历了从通用英语教师身份转向学术英语教师身份的正面冲击, 极为鲜明地感受到教学改革对于教师身份变化的要求、教学改革的冲击导致的教师多重身份之间的失衡, 以及多种身份之间存在的张力, 难以在短期内得以彻底消除。

教师 X 并非独自面对身份构建的挑战, 教师 X 的学术英语的身份构建离不开所在改革实践共同体的集体努力, 改革实践共同体是教师 X 学术英语教师身份构建的重要中介。教学改革实践共同体把学术英语课堂教学这一系统的改革任务切割成零散的局部任务, 共同体成员只分别负责其中的某些部分, 并把自己负责的部分有效地共享给其他成员, 而无须通过个体的努力去掌握整个的学术英语知识体系。成员之间彼此互为"学生和导师"(第五轮),非常"依赖"(第五轮)集体的主体性。教师 X 和改革实践共同体成员之间相互支撑,彼此构建学术英语的教师身份。可以说,教师发展和组织发展相辅相成,教师发展的同时也带动了组织的发展。

> X:对于学术英语课程我很紧张,觉得陌生,好在我们有小组集体备课,我挺喜欢这种形式,整个星期五都是小组活动,备课的时候我就是抱着学习的心态。就像跟着各位老师上了一学期的课,他/她们备课我就跟着听,因为我没有系统地学过,所以我先当一遍学生,自己在哪一块有空白就会听得特别专注,学生要是像我这样,他/她们的收获肯定也很大。因为我切实地感受到,在需要中学习效果是最好的。我们团队里的每个同事,在这门课上,至少在他/她讲的那部分内容上,都是我的导师。所以我在心理上很依赖,当你有一个问题解决不了,或者有个问题靠你个人思考不下去的时候,你知道在哪里寻求帮助,可以得到及时的反馈。(第二轮)

作为教师 X 学术英语教师身份构建的重要中介,改革实践共同体不仅为教师 X 的学术英语教师身份构建提供很多支撑,也造成了很多张力。由于教师 X 学术英语教师身份的构建在很大程度上依赖于教学改革的实践共同体,所以当教师 X 在教学改革实践共同体中没有获得所期待的必要支撑时,学术英语教师身份的构建就会变得异常困难,并会因此产生很大的负面情感。虽然很多老师可以为其他成员"备好"(第二轮)上课所需的材料,但是"也有老师做不到"(第二轮),或者准备的材料并"不合适"(第二轮)。这让教师 X 感到"慌乱,特别得焦虑,很难受"(第二轮)。值得注意的是,教师 X 并非单方面从教学改革实践共同体中获得支持,也非常乐意为共同体成员付出努力,给予支撑。不过,当付出努力的主体性在面对实践共同体成员受到阻碍时,教师 X 也会产生相当程度的情感焦虑,"会一直担心"(第二轮)自己的辛勤劳动没有得到尊重。

　　X：问题是，我们每个老师负责的备课内容，应该做到哪一步才算完善，才能真正帮到下一周上课的老师？每个人都要有思路有材料，还要有完整的讲义，讲义内容要丰满。如果能准备好课件，那就是惊喜了，大家就不用再额外找资料了。很多老师都能做到这一步，但也有老师做不到的。……这学期大概有四五周我非常痛苦，周五备完课之后发现可能思路不太合适，材料不合适，就开始心慌。这意味着从现在开始到下周上课，需要自己要准备材料，虽然有资料，但需要一本一本地读，才知道合不合适。所以我特别焦虑，很难受。另一种情况，就是可能某位老师的思路和其他老师期待的不一致，他/她就把问题抛出来，让其他老师看这样行不行。我们也不好说不行，这样连着两周，我们又崩溃了，大家很疲惫。如果备课的材料很充分，我们可以提意见，但如果连雏形都还很模糊，大家就没有办法提意见。还有一种情况，即使有了课件，背熟课件也要花很多时间。备课的老师给我们留下希望，很快就会完善，敬请期待的感觉，可是到上课前一天晚上都没有看到新材料。备课老师的任务不是去提问，而是为大家解答，解决问题。……我们上课需要素材，负责的老师应该不管材料合适不合适都要多提供一些，让其他人自己去选择。其实我很期待备课，但是前面每个老师备课都会被打断，思路不连贯了，我备课时就会想我能不能讲得下去，会一直担心。（第二轮）

　　在教师 X 学术英语教师身份的构建过程中，教学改革实践共同体中的权力关系也会影响到教师 X 的情感张力。一方面，教师 X 对于团队负责人 J 的领导能力十分认可，接受实践共同体中的权力分布关系，并由此体会到很多正面的教师情感；另一方面，教师 X 在改革推荐过程中还是经历了一些与团队负责人 J 之间的权力冲突。具体表现在，教学改革实践共同体在面对教材编写这一难度很大的改革任务时，教师 X 觉得团队负责人 J 的立场对教材编写的教师产生了巨大压力，教师 X 感到"尊严"（第三轮）受到了严重挑战。很显然，团队负责人 J 的权力地位赋予其立场以不容改变的权威性，进而对于团队成员形成压力。当然，虽然教师 X 在改革实践共同体中经历了很多负面情感，但是整体而言，教师 X 对于实践共同体的情感是正面的。正如教师 X 所说，"这个团队还是挺好的"（第三轮）。因为教师 X 的资深教师的身份，她有着与团队负责人

J "直接"（第三轮）交流的权力。总体看来，教学改革实践共同体对于教师 X 的学术英语教师身份构建起到不可忽视的重要作用。

> X：团队负责人 J 很有激情，能够感染我们，我们在学术交流上很和谐，彼此没有保留。在团队负责人 J 的带动下，团队里面有的人爱说话，有的人不爱说话，可是彼此非常坦荡，这让我觉得特别舒服。我愿意参与到团队活动当中，团队负责人 J 把团队带得很好，氛围很好，提出简单的问题也不觉得丢人，本来我不是学语言学的，多少有些不好意思提问题，但是在这个团队里面我觉得很安全。（第一轮）

> X：团队负责人跟大家说，如果老师挑选的材料没被选中，就不能放到教材里面，这个对大家来说非常伤害自尊，会引起军心上的动摇。团队负责人的话对大家刺激还是挺大的，大家认真找了，可能没有符合规定的标准，这个标准其实也是很长时间才彻底定下来，也要经历在实践当中不断确定的过程。这件事情大家从未做过，很难在一开始就把标准理解得毫无偏差，当时的心理压力是可以想象的。我知道团队负责人对个别入选的文章也不满意，但还有时间调整，大家最终都是为了出一本好用的教材。……这个团队还是挺好的，大家没什么隔阂，心还是很齐的。原来说很多同事性格不一样，性格不一样也有好处，大家心理没什么小算盘。而且，如果我对团队负责人的看法不理解，我也可以直接跟她说。（第三轮）

教师 X 所面临的艰难的教学改革任务，包括课堂教学任务和教材编写任务，对其新的学术英语教师身份的构建起到非常积极的作用。教师 X 在完成教学改革任务的过程中，新的教师角色得到成长。在面对课堂教学任务时，教师 X 较大程度地依赖改革实践共同体中集体主体性的发挥。但是总体来看，虽然教师 X 通过自身努力和改革实践共同体内部成员之间的相互帮助，积累了大量的教学资源，却缺乏系统认识，也无法做到重点突出、详略得当，形成了"满堂灌，没有时间关注学生的反应"（第四轮）的课堂教学模式。正是教学改革实践共同体的教材编写任务促使教师 X 挑战自我并克服困难，迅速进入学术英语教师的角色，更进一步地巩固了学术英语教师的身份。"在教材编写的过程中，通过跟同事思想碰撞，以及更重要的对教材材料的系统整合"（第四轮），教师 X 形成了"完整的"（第四轮）教学框架，思路更加"清晰"（第四轮）。尽管教材编写带给教师 X 极大的压力，但却形成了正向的"刺激"（第五轮），帮助教师 X 实现了改革正向的个体主体性。

> X：上这一轮之前我还是挺期待的，因为我在整合教材材料的过程中产生了一些想法，所以这次上课前我有一种想要见学生的冲动。以前上课的时候，由于自己心里没底，再加上很多资料都是同事提供的，总觉得都要用上，资料准备得过于充足。当时觉得只有资料充分的情况下，心里才是踏实的，在课堂上的一百分钟不能留白，在课堂上也无法预计和学生会有什么样的互动，也不清楚学生活动会占用多长时间，我要用那些备用材料把空白时间给补上。问题是我灌得太多，没有时间去考虑学生有没有时间消化，也没有考虑这些内容是我需要的，还是学生需要的。由于课堂满堂灌，没有时间关注学生的反应。他 / 她们的眼神都会传递一些信息，可是我自己太想把准备的东西传递出去，就忽略了课堂互动。在教材编写的过程中，通过跟同事思想的碰撞，尤其通过对教材材料的系统整合，我意识到我是一个人在唱独角戏，对学生是有亏欠的。我在教材编写的过程中理出了一条更清晰的线索，心里有了完整的思路框架。学术英语教学应该教学生什么，我的思路是清楚的。在思路清楚的情况下，哪些是重点我就清楚很多。我能挑选出最重要的骨架的部分，骨和肉要分离出来。课堂时间比第一轮宽裕很多，我在心态上也从容很多。……以前好像提了一筐东西到教室，给每个同学来一大碗，但是我来不及考虑他 / 她们能不能消化。现在我有能力挑选，肉、蔬菜、主食、甜点、水果，什么都有，就是有层次了，这是我的感受。我是带着要把第一轮错误纠正过来的欣喜的心情，确实在讲台上有了一些自信。（第四轮）

> X：现在想起来，我绝对受益于这门课程，它给我带来很多。我觉得编教材挺刺激的。刺激点在哪儿呢，就是每趟过一个沟，迈过一个坎儿，我就会发现自己能力提高了一点，我们

的信心需要不断地在挑战和克服中增长，我希望有一些新的东西来推动自己发生一些变化。原来我就是限制在自己熟悉的那些小小的阅读范围中，像数学、心理、经济的理论，可能都不会接触到。虽然现在是在被动地接触，我会发现了解了就会喜欢，要是拒绝接受，就不知道它是什么样，就会放弃很多美好的机会。（第五轮）

特别值得注意的是，教师 X 在实现学术英语教师身份构建的过程中，逐渐消减了教学改革所带来的情感张力。到了第五轮访谈时，教师 X 不仅已经建立起学术英语的教师身份，而且在多个不同的教师身份之间找到了平衡点。通用英语教师身份、学术英语教师身份、文学教师身份之间不再像学术英语教学改革初期那样相互冲突，而是彼此融合、相互"打通"（第五轮）。教师 X 切实体会到自身的"成长"（第五轮）以及组织的发展，并从中获得了情感上的自信。作为教龄较长的资深教师，教师 X 感到教学改革所给予的成长机会尤为珍贵，"还在成长"（第五轮）这一事实给了她"很大的心理力量"（第五轮），成长不只是年轻人职业发展的结果，"成长是一辈子的事情"（第五轮）。教师 X 甚至有些期待新一轮的教学改革，认为"还可以再走一遍"（第五轮），"想知道自己还有没有空间"去实现更大程度和更多可能的教师发展（第五轮）。

> X：我感到一种关节被打通的感觉，关节打通就更加自信了。我可以教公共英语，也可以教学术英语，也可以教专业英语。这几年，通用英语语言、学术英语语言、文学语言其实都融合在一起了。不会觉得不敢涉足。我的心理变化过程是：从要不是教学我才不干呢，到硬着头皮干下去吧，再到好像也没有想得那么难，到现在感受到一种美，这几年教这个课的过程是我心理成长的过程。……以前的想法只停留在表面，人不能只做自己擅长的事情，这句像是一句鸡汤，但是这几年教学术英语的体会是要硬着头皮教。这给我很大的心理力量，感觉自己还在成长。成长是一辈子的事情，哪怕我都这个年龄了还在成长，还想知道自己有没有成长空间。如果再开新课，哪怕自己没教过，哪怕教学内容是全新的，只要核心内容是语言，我就可以再调整一次。坦诚地说，原来我觉得全国都在开学术英

语，所以我们也开，这是不是跟风。我们的改革特别耗神，耗精力，图什么啊。但是这几年教下来，整个系在成长，欣欣向荣，每个人都有自己的事，上课底气也足了。其实课程是可以打通的，对学术英语的理解也可以转移到别的课堂，同时也在这个过程中不断深化对于课程的认识和理解。(第五轮)

对于教师 X 而言，身份构建是其情感张力变化过程中的主要矛盾，对其情感张力的变化起到了关键性的影响。可以说，教师 X 的身份构建的作用在身份、信念和主体性的复杂动态整体 (dynamic ensemble) 中得到凸显 (图 8-1)。当学术英语教师的身份得以建立，教师 X 所经历的情感张力也得以消解。可见，虽然教师的身份、信念和主体性对于教师情感张力均有影响，但是从教师 X 的个案来看，这些教师发展的重要构念对于情感张力并不会产生同样重要的影响，而是因教师个体的差异、教师与所在改革实践共同体以及具体改革语境的不同发挥不同程度的作用。

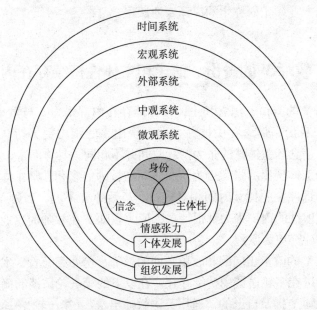

图 8-1　改革生态系统中教师身份对教师 X 情感张力变化的影响

8.2 教师 Y 的情感张力

教师 Y 是中国科学院大学硕士学术英语改革实践共同体的成员，参与了该共同体负责的硕士学术英语课程改革和教材改革。课程改革和教材改革的实践共同体有所重合，课程改革实践共同体大于并包含教材改革实践共同体。教师 Y 既参与课程改革任务也承担了教材编写任务，是同时隶属于两个改革实践共同体的一线教师。教师 Y 所在的硕士学术英语改革实践共同体开展教学改革的时间稍晚于教师 X 所在的本科学术英语改革实践共同体，从 2017 年开始推进学术英语的教学改革，同样属于较早进入学术英语教学改革生态的教师，也需要面对改革初期的复杂且动态的学术英语教学改革现实。教师 Y 的教龄为 10 年，职称为讲师，在改革实践共同体中属于相对年轻的一线教师。教师 Y 的专业背景为翻译，作为多语种高级翻译人才，在大学本科和硕士研究生的学习阶段接受了英语和法语的训练，在学术英语教学改革之前教授面向硕士研究生的通用英语必修课程、面向硕士研究生的法语入门选修课程，以及面向翻译专业硕士研究生的口译专业课程。

8.2.1 教师 Y 的身份、信念和主体性持续存在内部张力

教师 Y 的身份、信念和主体性持续存在内部张力。与教师 X 相比，教师 Y 在身份、信念和主体性方面表现出来的张力更为持久。教师 X 在身份、信念和主体性的张力持续时间并不相同，具体而言，教师 X 在教师身份上体现出的张力更为持久，而在教师信念和教师主体性上表现出来的内部冲突的持续时间相对较短。与教师 X 不同，教师 Y 的身份、信念和主体性的内部张力都很持久，说明教师 Y 在教师的专业发展过程所经历的冲突更为激烈。

教师 Y 的改革正向的和改革负向的教师身份冲突随着学术英语教学改革的推进在多轮访谈中持续存在。在以下的第一轮访谈的摘录中，一方面，教师 Y 提及自己的"通用英语教师出身"（第一轮），通用英语教师是教师 Y 从教以来的核心身份。在教师 Y 看来，通用英语教师身份

与学术英语教学改革所需要的教师身份存在冲突，属于学术英语教学改革反向的教师身份。教师 Y 在现阶段快速构建起全新的学术英语的教师身份非常困难，尤其学术英语教师身份的构建应基于丰富的学术经历、系统的学术训练以及成功的学术发表经验。教师 Y 的通用英语教师身份似乎对构建学术英语的教师身份不仅没有正向贡献甚至可能产生阻碍，教师 Y 说，"我们大家都是通用英语教师出身，如果太学术，我们可能教不了"（第一轮）。

与此同时，另一方面，教师 Y 表现出积极构建学术英语教师身份的意愿，他强调了建立学术英语教师身份的必要性，认为学术英语教学改革反映了英语专业未来发展的趋势，是培养"又有外语又有专业的老师"（第一轮）和发展"交叉学科"（第一轮）的需求。教师 Y 对于未来外语专业发展趋势的判断以及对于我国外语学科发展需求的认识促使他接受并构建学术英语教学改革所需的正向的学术英语教师身份。由此可见，在教师 Y 身上既表现出改革负向的影响也表现出改革正向的身份构建努力，这二者之间存在张力。不仅如此，改革负向与改革正向之间的身份张力不只出现在教学改革的初期阶段，在第五轮访谈中仍未消除。

> Y：这个教材编得很好，理念和系统性都很好，对学生确实有用，但是怎么操作？这是我们最大的问题。首先，这对老师的要求很高，我们要从一个很低的水平快速提高，那么应该做好什么准备呢？其次，我们应该怎样统一理念？虽然我们改了教材，但真正上起课来，每位老师可能还是有不一样的教学体系，比如有的老师就还是走通用的方式，有的老师就特别学术。所以在实际操作中，我觉得统一理念是比较困难的。……课堂教学应该是什么难度呢？有的老师说要稍微简单一点，向通用英语课堂靠拢，因为大家都是通用英语教师出身，如果太过学术，可能教不了。（第一轮）

> Y：我觉得学术英语肯定是一个趋势，也就是英语专业化。学生是什么专业就给他／她配这个专业的英语老师。现在有很多高校的英语专业都在缩招，甚至不再招生。英语专业的发展跟国家的发展战略有关系。……30 年以后，语言教学可能需要跟院系结合，英语教学可能会分成两类：一类是在最通用的领

域，从事比较基础的语言教学；一类是要培养既精通外语又精通专业的人才，实现学科交叉。有的学科比如医学、法律，是完全用英语授课的。未来的趋势是随着英语普及，大家的英语水平越来越好，研究生级别的通用英语需求应该会变少，更需要的是专业领域的英语教学和具有其他专业背景的外语教师。各个学校可能会经历不破不立的状态，最终还是会有外语系或者语言系，但可能不是单独存在的，而是分散在各个院系，由外语系统一管辖，并与各个院系合作。（第一轮）

在以下第五轮访谈的摘录中，教师 Y 除了一直所秉持的通用英语教师身份之外，还透露出另外两种可能对教学改革产生负向作用的教师身份：翻译教师身份和法语教师身份。作为一位多语种高级翻译人才，教师 Y 在本科和硕士研究生学习阶段接受了英法两种语言之间的翻译训练。多语种的教育背景原本是外语教师的一个优势，可是根据教师 Y 的陈述，法语教师身份以及翻译教师身份对于学术英语教师身份的构建产生了负面影响，让他对学术英语教师身份的构建感到"有点力不从心"（第五轮）。就翻译教师身份而言，翻译专业对于实践活动而非学术研究格外重视，教师 Y 几乎没有接受过学术写作方面的系统训练，没有"经历过学术写作的整个过程"（第五轮），自身并不擅长学术写作。可以看出，教师 Y 对于学术写作的相关能力不够自信。在他心中有着一个像同事 K（见以下第五轮摘录文字）那样的理想自我。经历过完整的学术写作实践过程的同事 K 就是教师 Y 希望自己的"理想中的样子"（第五轮）。就法语教师身份而言，教师 Y 的法语教育背景以翻译实践为导向，接受过的法语写作训练仅仅限于本科时期的毕业论文，对于英语论文写作可能遇到的问题与困难，教师 Y 表示"其实并不清楚"（第五轮）。虽然能够做到把学术英语的教学内容传达给学生，却无法切实准确地指导学生的实际写作。可以看出，教师 Y 的翻译教师身份和法语教师身份并不能成为学术英语教师身份构建的直接促进因素，教师 Y 甚至指出自身的教育背景所塑造的两种身份使得学术英语教师的身份构建变得尤为"困难"（第五轮）。

尽管如此，教师 Y 仍在努力塑造自身的学术英语教师身份，教师 Y 指出有些同事对学术英语教学改革持消极的态度，仍然采用通用英语的教学方式来教授学术英语的内容。教师 Y 对此无法认同，持批评态度，他选择认真去执行学术英语的教学目标和教学计划，努力塑造学术英语的教师身份，因为毕竟"现在是一名学术英语教师"(第五轮)。

教师 Y 的学术英语教学改革负向和正向的教师身份张力持续存在，表明他既欢迎学术英语教师身份又对其充满"挣扎"(第五轮)的矛盾心理，正如教师 Y 所说，感到"有点拧巴"(第五轮)。

> Y：我个人感觉有点有心无力，教的不是我擅长的东西。我教翻译有经验，学生要是听不懂，我运用技巧去处理，这是完全在我的知识领域内的。但是像我这种非学术出身的教学术英语就会有一点吃力。虽然我也能教，但是始终不在我熟悉的知识范畴内，不会非常自信，因为没有切身经历。我在翻译实践中遇到困难并解决了之后，感悟就会更深刻，可是并没有遇到实际的学术困难。……尤其是教学术写作的时候我找不到感觉，可能学术阅读还好，因为毕竟有阅读技巧嘛，但学术写作技巧我就只能教一些浅层次的东西，对教学质量不是很满意。我之前做教材时经常问同事 K，我就像学生一样，觉得同事 K 就是我理想中老师的样子，因为她经历过写学术写作的整个过程。当然，不满意其实不是说自己不能教，只是对自己的状态不是特别满意。我跟同事讨论过这个问题，我们当时很激烈地在办公室辩论，结论就是肯定能教，因为作为老师会有准备和学习的时间。但我们有一个感觉就是总觉得缺了一块，无论教得多好，对自己的表现都不满意，因为觉得不够。我教翻译就觉得很满意，但我不能像教翻译那样把学术英语教得那样好，确实有点力不从心。(第五轮)

> Y：之前我和另外一个同事探讨过，他教学术英语也是感到很难受。其实我们的改革团队已经商量好应该改变以往通用英语的教学方式。可是改革之后，这位同事还是想按照通用的精读教学那么教。但我觉得都改革了，还用原来的教法还是不太对，所以我就有点纠结：一方面觉得用原来的方式教学比较好把握课堂，一方面又觉得不应该那样。在挣扎的过程中，我还是坚持原则，按照改革团队的教学目标和计划去执行。因为毕竟在进行学术英语改革，而且我是一名学术英语教师，如果

还按照过去那么讲，那改革有什么意义呢？可是确实有点难受，因为在一篇论文的写作过程中，你能够经历的困难是特别丰富的。我们上学的时候非常注重翻译实践训练，写了一篇本科论文和研究生论文。本科论文是用法语写的，我大概知道怎么写，但法语有一套自己的体系，和英语不太一样，那会儿刚接触学术写作就结束了。研究生论文是用中文写的，所以我无法体会用英文写学术写作会遇到哪些困难，也不清楚学生可能遇到的困难。（第五轮）

教师 Y 的多语种翻译人才身份塑造他多元化教师身份：英语教师、法语教师和翻译教师。当第五轮访谈中被问及对多种教师身份进行认同排序时，教师 Y 给出顺序是：翻译教师、法语教师、通用英语教师和学术英语教师。这实际上反映出以往的教育背景对他教师身份构建的深远影响，也反映出学术英语教学改革中教师重建教师身份的艰难程度。教育背景为教师身份做好必要的准备，但是在教学改革复杂且动态的转型苛求时期，也可能形成一定的局限。当然整体上看，虽然教师 Y 对于学术英语教师身份只有"百分之五六十的自信"（第五轮），但是显然他已经明确接受了学术英语的教师身份，并且已经部分完成了构建。教师 Y 对于学术英语的不自信主要来自学术英语写作的教学，而对学术听力、阅读和词汇教学则比较自信。原因在于，教师 Y 在学生时代所接受的翻译训练特别是口译训练更加注重听力、口语等，需要处理的翻译文本主要集中于实际应用语境中的文字体裁，而非学术文本。可以看出，学术写作训练的缺乏是教师 Y 学术英语教师身份构建的最大障碍，也是他教师身份的内部张力持续存在而无法得到短期消除的重要原因。在复杂且动态的改革生态中，改革生态的外围的时间系统对于教师的职业发展不容忽视，教师 Y 在学术英语教学改革进程中的专业发展很大程度上受到学生时代教育背景的影响。

> Y：现在如果排序的话，翻译是最喜欢的，毕竟是自己的强项嘛。翻译课程教得很好，我会有成就感，在教的过程中能感觉到作为教师的不可替代性，就是别人可能也教不到我这种程度。通用英语和学术英语目前给我感觉虽然有一些区别，但

整体差不多。通用英语侧重语言，我们大部分老师比较熟悉，胸有成竹，但学术英语只有百分之五六十的自信。学术英语教材的每个单元分三周完成教学，第一周以听、阅读和词汇为主，第二周以阅读为主，第三周以写作为主。第一周和第二周我都没有问题，第三周我进教室之前总要长吸一口气，感觉真的不太好，我基本都没太看着学生讲，因这学术写作我确实不熟悉。（第五轮）

教师 Y 的改革负向和改革正向的教师信念张力并没有随着学术英语教学改革的推进而完全消失。以下第一轮的访谈摘录中，教师 Y 表明了教学改革的负向信念，即学术英语教学未必适合学生。他认为学生的英语水平有待提高，无法真正理解颇具难度的学术英语教材内容，"对于学术英语课程的接受度方面存在着很大的问题"（第一轮）。英语水平较差的学生甚至会因此而感到"害怕"（第一轮）或备受"打击"（第一轮），从而影响了英语学习的意愿和动力。

与此同时，教师 Y 表达了学术英语教学改革正向的教师信念。他指出，学术英语教材编写和课堂教学能够对准课堂教授的理工科学生的实际需求，能针对性地帮助学生的学术实践活动，为期刊论文发表切实提供助力。因此，学术英语教学改革"挺有必要，很有意义"（第一轮）。可见，教师 Y 的教师信念展现出完全相反的、彼此冲突的两个方面，体现了他既支持学术英语教学改革又满怀顾虑的矛盾心理。

> Y：我觉得从上课的角度，开设学术英语课程是很有必要的。但学生对于学术英语课程的接受度方面存在着很大的问题。因为学生程度不一样，即便是通用英语教材，有些学生都跟不上，学术英语就更是可想而知了。学生目前的能力不够，他/她要达到这个学术水平，我想是非常困难的。我们选定的文章毕竟是有难度的，虽然我们尽量找了适合学术的材料，但一定是在他/她们的水平之上的，他/她们会觉得难以接受。尤其是还有入学分级考试，那些没有过分级考试的学生，本来英语就不是很好，学习新的教材就会感到害怕，如果碰到很难的内容，可能就会被打击到。（第一轮）

Y：学术英语改革之初提出以学术英语教材编写为切入点，我认为是挺有必要的。之前的教材很老，跟时代很脱节了，编新教材是很有意义的，能够跟上时代。而且，学术英语教材在一开始的时候就定了是分领域的，我觉得这个也特别重要。……对学生来说可能还是分成几个学科领域更好一点，包括心理、化学、计算机等。另外非常重要的一点就是，之前教材的文章比较适合通用型技能的教学，这次我们需要找到一些比较学术性的文章，能够更好地结合我们学校理科生的需求，帮助他/她们用英语写论文。（第一轮）

教师 Y 的教师信念的冲突在教学改革进程中持续存在。以下第五轮的访谈摘录中，教师 Y 提及部分学生可能因为感到学术英语的教学内容过难或将来未必从事科研工作而拒绝配合老师，他/她们不愿深度参与学术英语的课堂活动，表现出一种"非暴力不合作"（第五轮）或"冷暴力"（第五轮）。教师 Y 所在教学改革实践共同体所编写的学术英语教材采取基于项目的教学方法（project-based instruction）（见附录 6），要求以项目为主线、教师为引导、学生为主体，指导学生以团队合作的形式自主负责信息的收集、整理，以及项目的设计和展示。基于项目教学法的教材和课堂教学的设计思路可以从改革实践共同体中同事 L 的访谈摘录（同事 L 访谈第四轮）中得到验证。项目教学法一般要求学生对项目中的多个环节进行陈述，这会充分暴露一部分学生的弱点，也会引发部分学生的一些抵触情绪。这的确印证了教师 Y 在第一轮中就提到的对有关学生水平不够的担忧。

不过，教师 Y 并没有因此而否定学术英语教学改革，相反，教师 Y 在第五轮的访谈中表达了关于学术英语教学改革的正向信念，充分肯定了学术英语教学对于提高学生课堂"参与度"（第五轮）的重要促进作用。由于学术英语的课程内容与学生的学术思考有所关联，能够激发学生深入讨论的兴趣，比较有效地增强课堂互动，从而提升学生的英语学习水平。教师 Y 的改革实践共同体所编写的学术英语教材《研究生学术英语读写教程》在规范学生的学术习惯的同时非常注重培养学生的科学伦理意识。教材的阅读材料侧重科学研究中的哲学问题、伦理问题以及科学家的社会责任问题等，引发了从事科学研究的学生的浓厚的兴趣。

例如，教师 Y 的第五轮访谈中所提到的海恩斯困境是医学界著名的伦理问题，这一困境在同事 M 的课堂观察中也有所涉及，是教师 Y 所在改革实践共同体集体备课的教学材料中有关医学伦理的难题之一，用以激发学生进行讨论、辩论以及深度的思考。

> Y：好的学生确实更加接受学术英语课堂，差的学生接受程度很成问题，分化会比过去通用英语课堂更严重。有一些人从一开始就接受不了，之后就可能很反抗，或者大多数学生也不会说什么，但就是不配合。比如做一个汇报，告诉他 / 她不要读稿子，他 / 她就读稿子，PPT 上写满字，一个字一个字地读，就是非暴力不合作的感觉。这些学生可能觉得学术英语太难了，跟不上。或者，反正他 / 她们以后不会从事科学研究，觉得学术英语课程没什么用处。……在学术英语课堂上，学生不配合的情况比过去的课堂更明显，过去的教学到最后阶段才知道学生的表现，现在学术英语课堂要求学生的参与度更高，每个阶段都能看出他 / 她们配不配合，会对老师造成情绪上的影响。我们能感觉得到他 / 她们不喜欢这门课，不愿配合。（第五轮）

> 同事 L：给我留下深刻印象是三组同学。其中一个组的四个同学来自不同的方向，包括做北斗的、做定位的、做软件开发的、做系统的。开学的时候我告诉他 / 她们决定好和谁在一组之后，就要开始考虑要做计划。我要看到研究计划中各个步骤是怎么做的，看到介绍。这四个孩子在一起雄心勃勃，要做出东西，我特别高兴。他 / 她们非常自信地告诉我每个人的强项是什么，都做了哪些事情。他 / 她们最后的汇报做得非常自如，大家掌声雷动。（第四轮）

> Y：这个改革最大的特点就是学生的参与度提高了很多，跟过去相比，他 / 她们不再是那种被动地学习，我自己班上的很多学生是能够参与的。其实我没办法判断他 / 她们的水平最后提高了多少，但我知道如果跟着全班进度走，他 / 她们会比过去要好很多。每个单元的第一节课我会找一个小组讨论话题，都是围绕单元主题的案例，如医学单元是科学界著名的两难故事——海因兹偷药。每次我规定学生用英语讨论 15 分钟，

如果谁用了中文，一会儿就得发言。然后学生就会有逼迫感，他/她们很开心。我发现很多学生其实很喜欢讨论这种科学伦理的问题，因为他/她们就是在从事科学研究。大家在讨论的过程中也练习了英语，很放松，有很多互动。（第五轮）

同事 M：Another part I would like to discuss is a moral problem. In term of ethical issues, sometimes it is not easy for us to make judgement about whether somebody is right or wrong. For example, whether it is right or wrong to treat the patient when the patient does not agree to be treated. Sometimes it could be very difficult. Here what will be discussed is a famous issue, called Heinz Dilemma. A woman was seriously ill and going to die. The drug that could save her was very expensive to make. This woman's husband Heinz went to everyone he knew to borrow the money, but he could only get half the money. He told the drug dealer that his wife was dying and asked him to sell it in a cheaper way or he will pay the other half later. But the drug dealer said no. Heinz felt desperate and break into the man's lab and stole the drug for his wife. The questions are: Should Heinz broke into the lab and stole the drug for his wife? Why or why not? Is the husband's behavior right or wrong? Discuss with your classmates.（课堂观察）

我们看到，教师 Y 在改革之初所秉持的负向的和正向的教师信念一直延续至访谈的第五轮。教师 Y 的个案呼应 Zheng（2015）的研究，说明教师信念是复杂动态的系统，不同的包括相反的信念之间相互共存，不一定会合并为单一的或转化成一致的教师信念。随着教学改革的推进，教师 Y 对于学术英语教学改革的信念系统仍然保持其复杂性。

教师 Y 有关学术英语教学改革的复杂动态的信念系统在保持其复杂性的同时也体现了动态性。虽然教师 Y 的教学改革负向的与正向的信念张力持续存在，但是随着教学改革的不断推进，教师 Y 的教师信念系统发生了变化，同时信念张力也发生了变化。教师 Y 指出，教师的信念张力在改革之初确实带来了"一些思想的冲突"（第五轮），但是改革的逐步推进动态地减弱了教师信念张力。或者说，在教师 Y 看来，"大家不再去追究思想上的不同"（第五轮）。在改革之初，教师 Y 更加倾向相信学术英语的课程内容对于英语水平普遍不高的授课对象而言恐怕无法"传授"(第五轮),改革负向信念相比正向信念起到更大的影响。因此,教师 Y 产生了很多"焦虑"(第五轮),也和改革团队成员发生了很多"争吵"(第五轮)。可以说,改革之初,教师 Y 的改革正向信念推动其参与学术英语的教学改革,而改革负向信念又使其背离学术英语的教学改革方向,并由此形成巨大的张力。教师 Y 个体的信念张力恰恰反映了教学改革实践共同体内部的信念冲突。正如教师 Y 所说,"改革之初时面对未知,其实我们分为两派,形成了两类主流的思想"(第五轮)。这两派思想各执己见、互不相让。随着改革的日益开展,教学改革的正向信念相比负向信念起到更大的影响,教师 Y 的信念系统整体上与改革的方向同向,减弱了教师 Y 的信念系统所带来的张力。同时,教学改革实践共同体内部的思想冲突也得以缓解。"大家不再去追究思想上的不同了,而去想怎么把它教好"(第五轮)。由此看出,教师个体与实践共同体之间常常互为映像、彼此反映。

> Y:改革之初面对未知,其实我们分为两派,形成了两类主流的思想:一类是以实际教学为主,要让学生喜欢。教材在设计的过程中应该注重去吸引学生的注意力,让教材可传授,但这样一定会导致学术性下降,学生肯定更倾向通用英语,因为通用英语容易接受,更符合咱们学校学生英语水平的实情。另一类的主要思路是,应该用教材去倒逼学生,先把教材内容难度弄高一点,然后让学生慢慢地去赶上,这也是有一定道理的。但是,因为我没有接触学生,我当时想的是,无论是第一种方案还是第二种方案,我能不能教?学生会用一种怎样的眼光来看我?所以我很焦虑。后来,虽然学术内容很多,学生还是愿意配合的,我们彼此没有那么多的意见不合,或者争吵,老师基本上都接受了。一开始的分歧可能还是因为每个老师的理念、目的、个人经验不一样,每个人的立场不一样。例如我是学翻译的,会更注重实践的效果,觉得通用英语可能更适合学生的实际情况,但是学术出身的老师可能更注重用学术理论倒逼教学。所以大家一开始会有一些思想的冲突,但是后期就没有这个问题了。现在大家不再去追究思想上的不同了,而会去想怎么把学术英语教好。(第五轮)

教师 Y 的改革负向的和改革正向的教师主体性在学术英语教学改革的推进过程中一直存在。从以下第一轮访谈的摘录中可以看出，教师 Y 比较消极地应对教学改革实践共同体的改革实践活动。尽管教师 Y 表示支持学术英语教学改革，却并不愿意参与改革团队的工作安排。教师 Y 所在的改革实践共同体要求共同体成员彼此配合，这"不是一个从上到下告诉你怎么做"（第一轮）的团队，不太可能仅仅推行某一个体的意见和想法。教师 Y 并不完全认同教学改革实践共同体的这一工作方式，不愿接受共同体"效率还不是特别高"（第一轮）的集体讨论的工作方式，认为这难以消除共同体内部已经存在的理念冲突。最为重要的是，教师 Y 的小组在编写教材时所付出的努力没有得到改革实践共同体整体的肯定时，教师 Y 和同小组的老师为此感到非常"崩溃"（第一轮）。教师 Y 表现出抵制和批评的态度，不愿发挥改革正向的教师主体性。

另外，教师 Y 又在努力地"做一些具体可行的事情"（第一轮），他在积极地寻找学术英语课程相关的多媒体材料，准备应用在学术英语的课堂教学中；也计划积极寻求与学生的合作，以激发学生的学习兴趣。显然，教师 Y 表现出开展学术英语教学活动的能力、意愿和行动，他承诺采取具体的和具有一定创新性的行动去实现学术英语的课堂教学，体现了教学改革正向的和积极的转型主体性。可以看出，教师 Y 在改革初期较为消极地对待改革实践共同体的集体主体性，不愿投身新的工作实践中的集体努力，也未在与改革实践共同体其他成员的互动中获得充分的关系主体性。但是，他并不排斥为学术英语的教学改革付出个人的努力、进行个人的尝试，更倾向于通过自我导向和自我赋能发挥出一定程度的个体主体性。

教师 Y 同时展现教学改革负向的和正向的教师主体性，表现出既不愿参与又积极参与教学改革的实践活动的相互矛盾的复杂性。学术英语教学改革之初，教师 Y 强调外因对于其教师主体性的影响，即强调改革实践共同体的不够理想的工作环境对于他主动发挥教师主体性的不利影响，这其实在整体上反映了他对学术英语教学改革的消极态度，因为教学改革实践共同体的工作目标代表着教学改革的方向。当教师 Y 质疑教学改革实践共同体的工作方式时，实际上他对教学改革的可行性心存疑虑，因此不愿更加深入地投身于教学改革。

> Y：改革中会遇到大家理念不一致的情况，说服还是比较困难的。因为改革团队不是从上到下告诉老师怎么去做，而是大家商量着一起去做，所以要尊重每个人的意见，但有时会造成困扰，像我就有点不太愿意参与团队活动了。另外，我觉得现在团队开会的效率还不是特别高，其实大家可以使用很多电子化的手段交流，如使用微信、email、QQ 去解决问题。不然的话，老师们上课很辛苦，找材料也很累。有一段时间，我们小组负责编写的 Text A 和 Text B 在集体表决中没有通过要同时去找两篇文章。那段时间很多老师都很崩溃，不太愿意再去接触学术英语。再加上要经常性地开会，其实压力比较大，所以大家可以用远程的方式，要不然好多老师还要从很远的地方过来，这是一个较大的困难。（第一轮）

> Y：我会加入一些多媒体的材料，我想我肯定要做的。我们找的很多材料，比如有丝分裂的化学文章就很难，所以我首先自己得懂文章，所以我想要借助一些多媒体的东西。例如我们从 TED 中找了一些有丝分裂的研究视频，给学生放五到十分钟激发他／她们的兴趣，然后来引导学生。班里如果有一个化学专业的学生，他／她愿意做一个中文或英文的说明，就可以让学生也参与进来，帮助我们教学。总之，要提高教学趣味性，老师要做一些具体可行的事情。……理工科学生讲自己专业相关的内容其实很感兴趣，之前有一个学生讲到一种植物，然后大家就开始讨论，大家就针对这个话题讨论了很长时间。学生对专业领域的东西是有兴趣的，为了激发他／她们的兴趣，我在寻求和学生合作，和某一个小组合作去准备一个领域。（第一轮）

在第五轮访谈中，教师 Y 不再强调教学改革实践共同体对于教师主体性的负面影响，而是更加直面自身的教育背景所塑造的教师身份对于发挥学术英语教师主体性可能造成的内在不足。教师 Y 不再抵制或批评集体主体性，开始强调教师个体主体性的局限。教师 Y 指出，由于多语种翻译人才的教育背景不太强调学术写作的训练，致使学术英语的相关能力及其欠缺。即使有积极投身学术英语改革实践的意愿，但是能力不够，严重限制了行动的可能性，特别体现在学术写作教学中教师的主体性发挥上。实际上，教师 Y 多次表达了对于学术写作教学的无能为力，因为他并不知道如何能够在学术写作方面得到迅速的提升。可以说，学术写作教学的确是教师 Y 学术英语教师发展历程中的一个痛点。

但是，这并没有阻止教师 Y 积极参与到学术英语的教学改革当中，相反，作为改革实践共同体中的一员，教师 Y 仍在认真思考如何去完善学术英语的教学改革，并积极为教学改革的未来发展作出积极谋划，表示需要为之"付出更多的努力"（第五轮）。教师 Y 针对教学改革现实中的不足之处，做出了全面"细化"（第五轮）地思考。比如，教师 Y 特别指出，还应在学术英语考试方面"做出创新性的尝试"（第五轮），以便更好地反哺学术英语的课堂教学。又比如，教师 Y 提出如何在通用英语课程和学术英语课程之间做好"衔接"（第五轮）的构想；在英语课时有限的情况下，主动突破客观环境的限制，努力创造条件，完成"学术英语教学系统性的内容"（第五轮）。教师 Y 提出的各种方案十分具体，是改革实践共同体进一步推进改革工作的希望，反映了教师 Y 对于改革实践共同体所作工作的深度思考与专注投入。与改革之初时教师 Y 抵制和批评集体主体性的情况不同，这一阶段教师 Y 的集体主体性得到增强，也体现出他对于学术英语教师这一教学改革实践共同体共同塑造的集体身份的接受与认同。教师 Y 逐渐开始从"我们"而不单是"我"的角度看待教学改革的实践工作。

> Y：有些老师有很丰富的科研和写作经验，是自己在写论文的过程中逐渐总结出来的，这种阅历恐怕是不可复制的。所以如果我是学生，我肯定会选他／她的课。但我觉得学术写作练习有点遥远。我跟很多同事不一样，他／她们是英语专业出身，要学文学、写作但法语专业就不行了，我们完全没有写作的，前两年只学语言，能把语言学好就可以，后两年更加注重实践性技巧，如翻译。所以写作练习对我来说非常疏离，我完全不知道如何去设计，设计一定要花很多时间，而且即使花了这个时间，对自己的表现还是不满意，这个其实还是因为能力不足导致的。（第五轮）

Y：为了完善学术英语改革，我们需要付出更多的努力。首先考试是最关键的，因为对学生来说成绩太重要了。考试不改革的话，学术英语改革就不会成功。学术英语考试的范例很少，我想可以在这方面作出创新性的尝试。另外，我们现在的考试制度是没有写作这一项的，但老师基本上会用三分之一的时间讲学术写作。我们希望学生通过学习写作技巧来写一篇论文，但学生最后提交的形成性的评估作文并没有反映出他/她们学术写作的学习经历，所以我觉得有点尴尬。学生的问题不在于学术写作不行，而在于写不出英语作文。他/她们连通用英语作文都写不好，所以我们还不能完全放弃通用英语教学，应该开设一些提高整体英语写作水平的课程，与学术英语写作做好衔接。……还有一点非常重要，我觉得我们想教的东西太多，时间却比较有限，一个学期教五个单元是非常紧张的，一般就教四个单元，尤其是学术写作就只能讲一半。所以我们要开设大讲堂，十二到十六周的课只讲学术写作，特别系统、详细地告诉学生学术写作技巧。这种大讲堂的课程再配合目前小班互动的课程可能会起作用。我们要增加课时，对于课时量太小无法承载学术英语教学系统性的内容我们可以从网上下载一些多媒体材料，或录制一些学术英语的学习视频提供给学生课后学习。（第五轮）

教师 Y 在学术英语教学改革中的教师主体性同样呈现出复杂且动态的特征，改革负向的和正向的主体性之间的张力长期存在却又发生着动态的变化。改革之初，教师 Y 的改革负向主体性的表现形式是对改革实践共同体的集体主体性的消极回应。随着改革进程的推进，教师 Y 不再抗拒改革实践共同体的集体主体性，也不再花费精力在内心协调实践共同体以及共同体成员之间的不同诉求，这也说明教师主体性所形成的张力有所消减，因为教师 Y 的主体性与教学改革实践共同体所代表的需要实现的改革目标达成了更大程度的一致性。

8.2.2 教师 Y 的身份、信念和主体性与教师情感是复杂动态的开放系统

教师 Y 的改革正向和改革负向的身份、信念、主体性和情感动态复杂地交织在一起。正向的构念之间未必相互匹配；同理，负向的构念之间也未必彼此呼应。

在以下第一轮访谈的摘录中，教师 Y 在这段话中表现出改革正向的教师信念，认为"理念上需要更新"（第一轮），"从思想上得作出改变"（第一轮）。尤其面对英语热逐渐降温的社会环境，英语教师的社会角色开始受到质疑甚至面临"指责"（第一轮）。教师 Y 所产生的改革正向的信念显然契合改革生态中变化着的宏观社会系统。

但是同时，教师 Y 表现出改革负向的教师身份和教师主体性。虽然教师 Y 在意愿上认同学术英语的教学改革，认为"思想上得作出改变"（第一轮），可是在"实际操作"（第一轮）中却存在诸多困难。从教师身份的角度，教师 Y 构建学术英语教师的理想身份以及改革要求的身份并不容易。外语老师讲解"学生更擅长的"（第一轮）理科专业相关的文章会是"非常困难的"（第一轮）。从教师主体性的角度，教师 Y 感到来自改革生态外部系统的资源给养十分不足，学校方面"可能认为学术英语的改革应该随便一下就改完了"（第一轮），在没有学校大力支持的前提下，"贸然"（第一轮）开展学术英语教学改革必将经历非常艰难的过程，教师 Y 希望可以获得来自学校的明确支持。

教师 Y 对于积极投入学术英语教学改革持非常审慎的态度，对于极具挑战的学术英语改革流露出明显的自我保护心理。可见，教师 Y 的改革负向的身份、改革正向的信念、改革负向的主体性交织在一起，并在整体上形成了教师畏惧"困难"（第一轮）和"压力"（第一轮）的负面情感。给他在教学改革语境下的专业发展带来了各种冲突、形成了多方面的张力，也引发了多种不同的教师情感。

> Y：首先我觉得理念需要更新。英语老师面临很多指责，我们一直认为教学的目的就是让学生能够把基本的语言问题解决了，帮助学生能够用基本的英语会话，现在老师知道了这个

要求不够。在实际操作过程中，每位老师压力都很大，因为我们要去讲学生更擅长的专业内容，对老师的要求和备课量的要求都很高。教材上十个单元多数是全新的理科单元，只有一两个单元偏向文科，我一个外语老师要讲地理、化学的相关内容，要求比较高。有的老师说要稍微简单一点，往通用偏一点，太学术可能教不了；有的老师就很理想化，认为学术文章就会激发学生的兴趣，但这对外语老师来说显然是非常困难的。学术英语改革是非常有难度的改革，这不是外语系的改革，是全校的改革，是为了提高整个学校学生的英语水平。学术英语改革不应该由外语系提出来，而应该由学校配合外语系开展，配备更多的资源和时间，要加大英语的学分和课时，才能完成改革目标。……我觉得尤其理科院校更有这样的问题，像我们这种不是理科认可的文科，外语处在更加边缘的位置，学校可能认为外语也不是很重要，学术英语应该随便就改革完了，但其实这是一个困难的过程，没有学校的明确支持贸然地开展改革是不明智的。（第一轮）

在第二轮访谈中，教师的张力表现得尤为突出。教师 Y 一方面对自己努力参与编写的教材比较认同，相信这是一本"很好的"（第二轮）教材；一方面又认为这本教材无法真正有效帮助学生，不会产生预期的教学"效果"（第二轮）。教师 Y 认为，英语教学应该以提升学生的英语水平为根本目标，而这一目标无法通过一本"很好的"（第二轮）学术英语教材得以实现。教师 Y 认为，这本学术英语教材基于学术技能而非注重语言本身，无法真正提高学生的英语水平。教材内容与学生实际不相匹配，存在着"非常大的偏差"（第二轮）。

从以下第二轮的访谈摘录中可以看出，教师 Y 关于学术英语的信念张力与其作为翻译老师的身份有所关系。他认为如果语言能力不足，即便掌握了翻译技巧也未必能够作出好的翻译作品，所以他并不相信强调学术技能能够真正帮助学生。或者说，教师 Y 在强调翻译教师身份的同时，既希望构建学术英语的教师身份也在一定程度上排斥着这一身份。他不清楚学术英语教师应该带给学生什么和能够带给学生什么，因此他感到情感上的"迷茫"和"困惑"（第二轮）。

教师 Y 的信念张力也影响了教师主体性的发挥。一方面，教师 Y

愿意为教学改革下一步的试讲工作开展教学演示等活动，表现出发挥积极主体性的意愿；但另一方面，他担心过于强调学术技能的教学方式无法"适应学生"（第二轮），过早准备教学活动难免徒劳无功。他指出，"如果我们现在去讲，可能五个单元都不行"（第二轮），因此决定消极应对改革实践共同体即将开展的试讲安排，不愿为教材试讲提供必要的支撑。

在这一摘录中，我们看到教师 Y 的改革正向和负向的身份、信念和主体性之间的相互交织。相比改革正向的方面，改革负向的身份、信念和主体性更为突出，整体上与学术英语教学改革的方向形成张力，因而对于教师情感形成"特别大的挑战"（第二轮）。

> Y：我和几位老师聊天的时候都提到，教材选的材料是很好的，教材本身没有问题。上海某次有关学术英语会议的几位专家当时说，他们学校一个医学院的学生一年发了几十篇论文，这是很厉害的教授都不可能达到的水平。他们学校的学术英语具有天然的从属性，他们的学生能力非常强，是强于老师的，老师能做的不过是一些穿针引线的工作，比如指导学生快速地读完学术文章。老师的定位很准确，其实不需要教知识了，而是教一些方法和技巧。我们的教材虽好，但我们的学生并没有那么好，他/她们会写出非常糟糕的英语。我们面临一个非常大的问题，教材投入使用后效果会怎样。虽然学术英语教材强调去教学生学术技能，但是在学生英语水平不行、英语知识欠缺的情况下，我们怎么去教他/她们技能呢？因为我是学翻译的，我会类比翻译学的一个问题。我教了他/她们笔记法、翻译技巧，可是他/她们还是翻不出来，因为不会语言。以后到底以什么方式去教学术英语，怎么教，才能真正地对学生有用。而不是我们觉得特别阳春白雪，可是最后不能符合学生的真实需求，我们给的和他/她们要的不一样，现在我们对这一点比较迷茫。明年我们后面五组编写的内容要进行教材试讲，我们组编写的后三个单元全部被囊括进去了，所以老师感觉压力很大。我们计划做一个教学演示，再做一个实战说课。后来我们达成了一致，第五单元的老师和第六单元的老师先做演示，完全通过了之后，再做第七单元。但试用教材的时候能

够真正适应的学生可能不多，这对我们来说是个特别大的挑战。（第二轮）

教师 Y 在教师信念上的张力体现在教师身份的张力上。在下面第二轮的访谈摘录中，教师 Y 表示可以接收学术英语教学改革所带来的教师身份的改变，愿意从"知识的传授者"（第二轮）、语言"权威"（第二轮）转变为学习的"导师或助手"（第二轮）。然而，教师 Y 秉持的学生英语水平"达不到"（第二轮）因此阻碍了他去构建学术英语的教师身份。教师身份整体上呈现改革负向，与教学改革的推进方向形成张力。教师 Y 更加希望坚持通用英语的教师身份，认为"我们老师恐怕想不成为权威都不行"（第二轮）。教师 Y 提倡改变学术英语教学改革的推进方向以缓解自身与改革形成的张力，他"期望"（第二轮）可以不把通用英语课程全部替换成为学术英语课程，而是保留部分的通用英语课程，为水平较低的学生增加英语课时。参与教学改革的一线教师在构建学术英语教师身份的同时，还能继续维持通用英语的教师身份。

教师 Y 此时倾向于将通用英语和学术英语的教师身份对立起来看待，认为通用英语教师和学术英语教师身份之间存在着非此即彼的转型关系，学术英语教师身份的构建似乎意味着对通用英语教师身份的放弃。在教学改革推进一段时间后，这与教师 Y 有关"通用英语和学术英语目前给我感觉有一些区别，但是整体感觉差不太多"（第五轮）的说法很不相同。在目前这一改革阶段，教师 Y 提出，"一部分老师继续教通用英语，一部分老师去教学术英语"（第二轮）。虽然他没有明确表示希望继续保持通用英语教师的身份，但可以看出，他非常留恋通用英语教师的身份，而对学术英语教师的身份充满踌躇。

> Y：在上海开会时，我觉得专家说的确实很有道理，以前教师是知识传授者，学术英语改革之后老师身份就变了，导师或助手的身份多一些。老师过去是权威，现在比较理想化了，尽努力去帮助学生。我觉得我更愿意这样，用有限的知识去帮助学生，让他/她们实现更伟大的梦想，这就是老师要做的事情。目前的问题是，我们想这样，但是学生还达不到。其实大部分学生还是以通用为主的，学生

除了必修课，还有很多选修课，学术英语课程如果是需要的，学生就去选，不是所有学生都需要，不是所有学生的能力都达到需要它的程度，如果学生的英语还有那么多低级的语法错误，我觉得教学术英语也没用，因为他／她们真的读不懂，完全没有能力。很多老师面对的常见问题是：怎么提高听力、怎么提高口语、怎么背单词？这就意味着学生的英语水平不高，学习学术英语确实是有困难的。他／她们想学，但是确实接受不了。当然这是我自己的想法，所以我特别期望增加课时量，从一开始就把通用英语和学术英语分开。如果有教无类，水平低的也想学学术英语，那就要增加课时量。（第二轮）

教师 Y 在教师信念上的张力体现在教师主体性的张力上。从以下两个第二轮的摘录中可以看出，教师 Y 抱有学术英语不应过分注重读写技能的教师信念，应该关注如何去提高学生的整体英语水平，这与他认为的"学生目前能力不够"（第一轮）、水平不足的信念相互呼应。教师 Y 因此"非常不认可、非常抵触"（第二轮）在学术英语的教材编写和课堂授课过程中强调读写技能，从而表现出比较消极的教师主体性，"觉得特别累"（第二轮），不愿为之付出努力，并流露出"崩溃、难受"（第二轮）等很多负面情感。不过与此同时，教师 Y 也表现出一些改革正向的积极的教师主体性。虽然教师 Y 十分排斥读写技能，但是为了精准地表述教材中的一个读写技能 ellipsis，他认真翻阅相关资料，认真思考。尽管"整个过程比较艰难"（第二轮），但确实有助于他"提高"（第二轮）自我，并构建学术英语的教师身份。而另一方面，他不能确定付出努力"对学生有没有帮助"（第二轮）。现阶段教师 Y 对于自己为学术英语教学改革所付出的努力没有信心，甚至充满了"质疑"（第二轮），认为教学效果还"有待检验"（第二轮）。他认为自己作出的很多努力不过是在助力与他的教师信念"不一样"（第二轮）的教学改革发展方向。从另一个角度来看，在这一阶段，教师 Y 整体的教师主体性没有完全正向地推进学术英语教学改革，而是与学术英语教学改革的发展方向形成张力。

> Y：上课方式我不能接受，上课 90 分钟要从学术文章中找技能的例子，我是讲不出来的。备课的时候我一定会很崩溃，

这跟我的理念是不一致的。我觉得这对学生帮助很小，导致我很崩溃，做这件事情就很难受。我觉得要以文章为本，在讲解文章的过程中去讲技巧，而不是把重点放在技巧上面。现在反过来，要去找学术论文里面的技能，文章只是带一下就完了，这完全不符合我的教学理念，这种方式没办法教。这种理念上的不一致会导致我们无论在编教材还是教学的过程中都会有矛盾。可能是当局者迷吧，反正我觉得做这件事情特别累，我不能做一件我非常不认可的事情，这不符合我的价值观。……我觉得一定要做一个自己内心认同的、对学生有帮助、有改变的事情，得呈现一个自己满意的东西。我内心是非常抵触的，这跟我对英语教学的想象是不一样的。(第二轮)

　　Y：我们小组后来把 ellipsis 改为 omission，之前跟团队负责人 N 探讨的时候，她可能有自己的理解。其实复旦大学的老师讲得特别简单，就叫"隐文省略"四个字，我觉得概括得非常好。团队负责人 N 倾向于翻译成"省略"而不是"隐文省略"。ellipsis 是学术概念，应该翻译成"隐文省略"，不能简单翻译成"省略"；而 omission 不是学术概念，就是一个单词，不是语言学上的概念，它没有语言学的定义，没有官方的材料。我们有了一些争执，后来小组在讨论过程中想能不能给 omission 一个定义，我觉得也可以。学生其实也会问能不能讲一讲这个定义是什么，理科生的思维是先定义才能学。我就给 omission 做了一个定义，后面也是根据这个定义去编题的，基本上说得通。虽然就四五句话，但是整个过程比较艰难。探索的过程对我自己不可否认是有提高的，但对学生有没有帮助，我就不知道了，还有待检验。它就是一个简单的语言现象，就像定语从句要省略 that，太简单不过了，只要讲成一个学术阅读技巧，我觉得还是有点怪。当然，我觉得可以通过试讲先试一试，毕竟我们还有改进的机会。(第二轮)

可以看出，在第二轮的访谈阶段，教师 Y 正在经历各种张力的冲击。尽管他非常努力地理解学术英语教学改革，但是不得不说，教师 Y 对于学术英语的认识仍然不够全面。教师 Y 关注学术英语教材中读写技能的训练部分，从而形成了学术英语教学主要关注学术英语技能的教师信念，这种对学术英语的稍显片面的认识显然并不利于他学术英语教师身份的构建和教师主体性的积极发挥。

随着教学改革的推进，教师 Y 在学术英语的教学实践中逐渐拓展了对于学术英语教学的认识。从以下第四轮的摘录文字中可以看出，教师 Y 仍然抱有排斥读写技能教学的教师信念，但是他不再因此而排斥学术英语教学，因为他已经拓展了学术英语教学相关的教师信念，其中一条重要的信念是学术英语教学应该注重启发学生对于科学问题的批判性思维。

一方面，因为对于学术技能的信念没变，所以教师 Y 对于教授读写技能仍然感到"比较痛苦"（第四轮）。他体会到教授较"学术"（第四轮）的读写技能时的困难，学生也觉得较"枯燥"（第四轮）。另一方面，教师 Y 在学术英语教学中逐渐形成的有关批判性思维的信念为他带来了很多正面情感，他感到自己的教学受到了学生的肯定，能够切实"开阔"（第四轮）学生的视野，真正帮助学生获得"进步"（第四轮）。他指出，有关科学争论、科技伦理以及科学哲学的教学内容能够"补充理科线性的解决问题的思维"，"启发"（第四轮）学生的深度思考。外语老师因此能够发挥"很多课程老师"（第四轮）所无法起到的作用。教师 Y 毫不掩饰地表达了对自己参编学术英语教材的骄傲，他"感到越来越喜欢"（第四轮）。

> Y：我很喜欢 Text A，因为思想性很强。Text A 有很多争议点，包括关实验物理学和理论物理学的争论、科学与战争、材料与文明，学生很关心这些话题。我可以启发他／她们就文章进行讨论，通过讨论让他／她对这篇文章感兴趣，再去讲这篇文章就会顺手很多。相比之下，Text B 包裹着很多技能，比较学术，所以教／学起来比较痛苦。我一般就是讲完以后就让学生做练习，学生也会觉得很枯燥，这个部分相对来说教起来也难一点。Text A 具有人文性，而且是相关专业的，学生是非常感兴趣的，比较喜欢探讨这些问题。学生有时课下也会一边走一边聊文中涉及的问题，回到宿舍也会讨论，甚至有同学带到哲学课和政治课上去辩论，这个教学效果确实比较好。……学生对文章有思想性的需求，他／她们需要批判性思维来补充理科线性的解决问题的思维，这是他／她们喜欢的，当然也是

我们需要启发他 / 她们的。其实是线性的因果思维不是启发性的，也不是批判性的。其实老师也可以说：如果你那样做会怎样？你那样做看看行不行？他 / 她们可以发表自己的观点，被别人冲击之后会发现自己原来可能想得很片面，他 / 她们脑子就会开阔很多。我觉得可以通过 Text A 提升学生的批判性思维能力。有一节课讲基因，正好赶上基因编辑事件，我希望学生意识到不管理线性思维再强，解决问题的能力再强，也要有批判性思维能力，这样才能培养出有道德底线的、知晓后果的科学家。……我们的教材中好多 Text A 的文章选得都特别好，我越来越喜欢。我觉得一部分学生有进步，能听懂课的学生是有进步的，他 / 她能掌握这些批判性思维和系统学术的训练，进步很大。我们需要有意识地去启发同学，这一点应该是我个人作为教师的进步吧。（第四轮）

教师 Y 的身份、信念、主体性和情感是一个复杂动态的系统，但这个系统不是封闭的，而是开放的，不断受到教师个体之外的改革生态的外部因素的影响。以下第四轮的访谈摘录中，教师 Y 的情感受到了改革生态微观系统的影响，即教师 Y 在学术英语教学与学生的实际互动过程中产生了负面情感。教师 Y 所参与的硕士学术英语课程设置为两个学期，如果学生在第一学期的期末成绩超过 70 分即可通过这门课程，就不必继续第二学期的学业；相反，如果学生的期末成绩没有超过 70 分，则须修满两个学期。因此，学生非常关注第一学期的期末分数。这一现象在学术英语改革之后变得尤为突出，因为学术英语的课堂教学改革伴随着考试测评改革。改革之前的通用英语期末客观测评不再适用于学术英语能力提升和学业水平的判定，可是学术英语的题库并未与课堂教学同步展开，因此教师 Y 所在的硕士学术英语改革团队决定将考试形式改为以任课教师为主的形成性评估，任课教师于是体验到很大的"心理压力"（第四轮）。学术英语教学改革之前，学生的最终成绩大部分基于终结性评估的期末统考，任课教师集体阅卷，不直接为本班学生打分。学术英语改革之后，任课教师不仅需要直接给出本班学生的成绩，而且无法避免形成性评估带来的主观性，所以感到"被动、恐慌和自责"（第四轮）。尤其当学生已经"很努力"（第四轮）但是仍然没有通过考试，教师 Y 的负面情感就会比较突出，感到"很不舒服"（第四轮）。虽然整体来看，教师 Y 此时认为学术英语教学"比较顺利"（第四轮），但是教师与学生所在的微观生态系统对他形成了压力，学生所关注的期末考试成为改革顺利发展的"绊脚石"（第四轮）。

> Y：我们前两天刚刚开完团队的总结会，大家都说这学期还算顺利。但学生这个学期压力特别大。具体而言就是考试的问题。我们现在采用了第一学期末位淘汰制度，老师后期有点被动，学生会在群里面问，老师不敢回复，整体弥散着很恐慌的情绪。之前的考试多是客观题，相对来说老师的责任没有那么大。现在的形成性评估老师要面临一个班刷掉多少人的问题，我们班的情况是一个班淘汰 6 个，另一个班淘汰 12 个，学生就会以为是不是老师偏心，多不公平啊。后来我们讨论的结果是，下个学期或者下个学年客观题部分增加得多一些，主观题少一些。这个学期最大的问题是分数，其他还好，学生学习都比较努力、比较配合，我都觉得他／她们很辛苦。当时教材试讲的时候没有出现这么多问题，是因为首先试讲放在第二学期，考试差不多是百分之百通过的，这对学生来说是完全不同的感受。……这学期我就看到后面的时候学生都已经垂头丧气的，觉得要挂科了。我们还发现，之前的小测验采取的同伴互评其实有很多状况，很难规避认识的两个人都打满分，所以有些人的成绩特别接近，如果不加那个汇报的话，我的班里面最高分和最低分就差 3~4 分。……有的老师发现，班里特别努力的学生没有通过，因为最后那个汇报没有做好，而这个汇报又比较主观，这会让老师有点自责，很不舒服，心理压力比较大，所以应该多加一些客观题，让老师的操作容易一些。我们所有老师都没有预料到，分数会成为很大的绊脚石。可能对我自己而言，改革还未完成，所以想先把考试的问题解决。（第四轮）

期末考试是改革微观生态系统中一线教师的压力来源，也是外部生态系统的政策导向的实际结果。学校的外部生态环境倾向于鼓励学生尽快完成课程学习，以便更早进入科研活动并产生科研成果。中国科学院大学的硕士研究生大多来自中国科学院的科研院所，各研究所的导师一般会敦促学生尽量在一个学期之内完成硕士阶段的英语学习，这无疑给学生带来了巨大的英语学习压力，所以临近第一学期结束的时候，有些学生会"垂头丧气"（第四轮），他们会将通过考试而不是真正提高水平作为英语学习的真正目标，甚至可能因为感到通过无望而"厌学情绪高涨"（第四轮）。在师生互动的微观生态下，任课老师一方面需要"努力去鼓励学生"（第四轮），进行"心理上的干预"（第四轮）；另一方面又不可避免地会受到学生情绪的影响而产生一些负面情感。教师 Y 在多轮访谈中反复强调学校应该支持学术英语教学改革，改变现有的英语课程设置的相关政策，尤其应考虑"增加学术英语课程的课时以真正带动学习"（第一轮）。很显然，他作为改革一线教师的诉求恐怕很难影响学校的外部生态。原因在于，学校外部生态系统的政策导向其实与教师 Y 有关增加英语课时的想法相反，更加倾向于压缩英语学习时间以用于科学研究活动。当然，学校的政策层面所在的外部生态系统与教师 Y 之间没有进行直接和深入的互动。因此，他并未因为学校的学时设置产生负面的情感。但是，学校外部生态的政策导向间接影响了微观改革生态中一线教师和学生之间的直接互动。可以说，教师 Y 所在的改革外部生态间接地影响了一线教师的情感张力，带来了一些负面的教师情感。

教师 Y 所在的改革中观生态主要包括教师 Y 与其他教师即改革实践共同体的互动构成，而改革中观生态是他负面情感的来源之一。作为一线教师，教师 Y 与学校层面的互动关系更多存在于教师的"期待"（第一轮）中，只是间接性地影响教师情感，并未直接、真实地发生；相反，教师 Y 与改革实践共同体的互动关系不仅确确实实存在，而且构建了一个充满张力的情感生态系统。在以下第二轮访谈的摘录中，教师 Y 谈及了教学改革实践共同体内部存在着巨大的分歧，非常明确地指出"团队没有起到团队的作用"（第二轮）。他认为自己不仅没有得到团队的支持，而且总是遭遇反对的意见。教师 Y 认为，"你做了这个东西就有人说这个不对，那个不行，你的理念是错的，这样教肯定不好"（第二轮）。可见，在这个改革阶段，改革实践共同体关于学术英语教学改革的理念还未统一，仍"处于争执状态中"（第二轮），而不同教师之间的信念张力导致了实践共同体中的情感张力，教师 Y 感到"困难"（第二轮）重重。

> Y：我们团队目前还处于争执状态中，有不少老师觉得，上课的时候怎么去教呢？要不要讲单词，后面搭配要不要讲？这是最切实的问题，关于这一点我们都没有达成一致。有的老师说不要讲，再讲就变成通用了，那就没有学术改革的意义了，相当于换汤不换药，但是我们几位老师还是觉得有必要的。可能学术方面我会弱一点，我还是会偏重于通用的文章。克服这些困难主要还是靠我自己，其实团队没有起到作用，要是能互相帮助就更好了，不是要帮我做什么，而是一种精神上的支持，我觉得很重要。付出努力希望得到肯定，但现在的问题是，总有人说努力的方向不对，这个不行，或者那个不行，或者理念是错的，或者这样教肯定不好。那同样的道理，你做的时候，我也这样觉得。这个是非常困难的。（第二轮）

教师 Y 表示学术英语的教学改革实践共同体分成了"两个阵营"（第二轮），各自秉持着对立的教师信念。在教学改革实践共同体中，教师 Y 与五六位同事由于类似的翻译专业的教育背景塑造了较为一致的教师身份，并且在教学理念和教师信念上比较契合，因而形成了比较密切的交流和互动，通过分享共同遇到的问题和困难在彼此身上得到很多"共鸣"（第二轮）与支持。教师 Y 的教育背景塑造的教师身份造就了相应的教师信念，与教学改革的整体理念形成反向张力，从而可能影响教师在教学改革中的身份构建，促使教师不愿成为教学改革主体性的推动力量，持有改革实践共同体边缘成员的身份，并因此而经历大量的情感张力。而负面情感可能进一步强化了改革实践共同体边缘成员的身份，使其与改革共同体的主要改革方向形成更加深刻的对立，以至成为充满矛盾的"两个阵营"（第二轮）。毫无疑问，教学改革实践共同体内部的"两个阵营"（第二轮）之间的分歧在教师情感方面必然带来巨大的张力。

> Y：我们团队的教学理念比较混乱，这是眼下最切实的困难。对于通用学术英语这个大方向，团队到现在还没有确定到

底是以学术为主还是以通用为主。我们团队分成了两个阵营：
同事 O 说，就是要讲学术；同事 P 说要以通用为主。大家的
理念完全不一致我们的教材应该怎么用，怎么讲？如果我讲通
用多了一点，就会有老师说不行，这样讲根本不符合我们学术
改革的目标，怎么能这么讲呢？那究竟应该怎么办？（第二轮）

　　Y：更多的是我们看看他 / 她们是怎么做的，同事 Q 同事
R 说了自己的做法，他 / 她们的理念和我是一致的，对我是有
帮助的，会有一定的启发性。他 / 她们找文章时遇到了哪些困
难，我也遇到很多类似的困难，大家很有共鸣。我们之间做过
很多交流，比如我编的课后习题要么太简单了，要不就太难，
我会和大家讨论。我们希望最终做成一个自己能接受的东西，
最起码我们交出的教材最终稿没有违背我们的内心。（第二轮）

教学改革实践共同体中存在着权力关系所形成的张力。教师 Y 认为
自己 "年轻人"（第二轮）的身份造成了权力关系中的不利地位，无法成
为改革实践共同体的核心成员，更无法推广自己所秉持的教师信念，所
以感到 "非常崩溃"（第二轮）。教师 Y 与改革团队负责人 N 存在矛盾，
甚至在电话交流过程中发生了 "激烈的争吵"（团队负责人 N 访谈第二
轮），他 / 她们之间的主要冲突来源于双方对于学术英语教学改革的教
师信念的差异，这种信念上的分歧由于教学改革语境下并不稳定的权力
关系而进一步加剧。

一般来说，教师实践共同体中部分成员是前辈，部分成员是新手，
前辈协助新手获得实践共同体的内部知识，扶助新手成为实践共同体的
合法成员。新手通过与前辈互动的社会化过程即合法的边缘性参与，逐
步从共同体边缘的位置向中心发展为实践共同体的核心成员。然而，在
学术英语改革的艰难的改革语境下，教师 Y 所在的改革团队的负责人 N
虽然具有前辈的身份，但是并不具备成熟的学术英语的专门知识。从学
术英语专业知识的角度看，教师 Y 与团队负责人 N 均未成为核心成员，
都需经历向心的努力过程。或者说，团队负责人 N 虽然受到指派成为
改革的领导者，但是在改革团队中的权力地位并未最终确定，同样也在
构建学术英语教师身份的过程中，容易面临改革共同体成员如教师 Y 的

挑战。教师 Y 因此更加坚持自己关于教学改革的教师信念，甚至直接反对团队负责人 N 代表的改革主张，从而在改革实践共同体内部形成张力。

> Y：另外一点就是，我比较年轻，年轻人说什么话也没有用。团队负责人 N 要我们五个小组同步分别做一个 demo，我说可以做，但现在肯定做不出来，我大脑是一片空白的，现在做的和真正教学的内容很不一样。例如，我负责 cohension，cohension 本身是语言学的概念，要讲明白就得从语言学的角度出发，分析到底分哪些类。但是在真正教的过程中，不能这么讲，因为太学术了。我觉得百分之九十九的老师都会从让学生用写作文的方式去学，这种从实践角度的讲解更加实际。（第二轮）

教师 Y 在改革实践共同体中经历的张力可以从同事的访谈中得到佐证。以下同事 S 的访谈摘录从侧面印证了教师 Y 有关"两个阵营"（第二轮）的说法。在同事 S 眼中，教师 Y 所代表的"阵营"（第二轮）能力很强，但对教学改革有着抵触的情绪，认为学术英语教学改革无论对老师还是对学生都太难，尤其对学生来说简直是"不可能完成的任务"（同事 N 访谈第二轮）。一线教师往往更加关注教学工作中最为熟悉的师生关系，而教师 Y 提出的学术英语课程对学生而言过难的想法也是他"抵触"（同事 S 访谈第一轮）学术英语教学改革的重要理由。工作环境中的师生互动的微观生态和中观生态中一线教师的同事关系容易引发教师情感的波动，而学校所在的外部生态以及中国科学院的外部生态不太容易直接引起一线教师的注意和情感反应。作为一线教师，教师 Y 更加关注局部的工作生态，从而更加倾向于为局部而非宏观的改革生态付出情感。

> 同事 S：我从学生身上多少看到有一点抵触情绪，虽然他／她们都是好孩子，但是他／她们觉得这个东西太可怕了。其实学术英语也没有多难，就是一个语域，和诗歌、广告不一样。只要把学术英语的通用规则搞清楚了，其实也没有那么可

怕。但是年轻人一方面比较自傲，在同龄人里是英语学得比较好的，英语能力特别强；另一方面，又觉得不需要学术英语凭本事也能活下去。但实际上学术英语改革这个工作是很值得做的，是很有意义的，我觉得要慢慢让他/她们知道这件事情的重要性。教师需要面对学生，需要去适应学生和中国科学院的要求，这个很重要。当然同时，也不能牺牲我们的强项，如果把强项丢了，以后会没有立足之地。（第一轮）

同事 S：我很喜欢这几个年轻人，但怕伤到他/她们。我有的时候听他/她们讲对教学改革想法的时候，他/她们确实很有思想，但是他/她们对整个事情的看法是很幼稚的。他/她们会觉得我会认真做，但是你不听我的，我就接受不了教学改革。其实我的看法并不一样，当分歧存在的时候，任何小的点都可能成为大问题。……其实这几个年轻人就认为这个事情跟自己没什么关系，而且学生英语水平太差，改革是不可能完成的任务。但即便是不可能完成的任务，也得去做，做了才知道行不行。（第二轮）

教师 Y 的身份、信念、主体性和情感作为一个复杂动态的系统显然受到改革生态中教师个体之外的外部因素的影响。值得注意的是，改革生态中教师个体之外的因素可能影响教师身份、信念或主体性并同时影响教师情感。比如，教师 Y 与中观生态中改革团队同事之间的信念冲突导致他产生了很多负面的教师情感，造成了他对于学术英语教学改革的情感张力。也就是说，改革生态的中观系统对教师 Y 的身份、信念、主体性和情感的整体复杂动态系统产生了影响。

不过，改革生态中的外部因素也可能仅作用于教师情感，而不对身份、信念、主体性和情感的复杂整体产生全面的影响。例如，教师 Y 在学术英语课堂教学中因为期末考试的问题确实产生了一些负面情感，但是这些负面情感来源于期末考试带来的问题。随着学术英语教学改革进程的推进，教师 Y 已经基本确立了学术英语的教师身份和信念，因此他并不会因为期末考试这一现实存在的客观问题而在教师身份、信念和主体性的方面发生实质性的变化。我们看到，教师 Y 的身份、信念、主体性和情感的复杂系统在教学改革初期更加容易受到改革生态中的外部因素影响，呈现出动态变化的特点。当教师 Y 在教学改革过程中逐渐形成较为稳定的学术英语的教师身份、信念和相应的主体性时，外部生态对于身份、信念、主体性的影响就会变得有所降低，而不会造成教师发展复杂系统的整体上的动态变化。

8.2.3　教师 Y 的信念塑造是情感张力变化过程的主要矛盾

教师 Y 关于学术英语教学改革的教师信念的变化成为其情感张力变化过程的转折点。学术英语教学改革进程中的教材试讲工作成为教师 Y 改变教师信念的关键事件。教材试讲前，改革实践共同体中的不同"阵营"（第二轮）的不同思想相互冲突没有定论，而教材试讲之后，实践共同体成员所提出的不同理念在真实的学术英语课堂上得到了切实的验证，从而进一步"明确"（第三轮）了学术英语改革的"最终方向"（第三轮），平息了改革实践共同体成员之间由于教师信念不同所引发的"争执"（第二轮）和"争论"（第三轮）。与此同时，教师 Y 的情感张力得到较大程度的缓和，虽然教材润色的工作仍然十分艰难，他感到比较"痛苦"（第三轮），但是整体"感觉好一些"（第三轮）。尽管教材试讲工作由教师 Y 的几位同事直接开展，教师 Y 本人没有直接参与，没有亲自走进学术英语课堂与学生进行一个学期的面对面教学，但是教师 Y 通过同事得到了学生的对于学术英语学习的"最直观的反馈"（第三轮），开始从内心深处真正接受了学术英语教学改革的现实，坚定了努力推进学术英语教学改革的信念，也极大地缓解了教学改革所带来的情感张力。

教师 Y 所提及的改革实践共同体中存在的"两个阵营"（第二轮），在一定程度上也反映出他的心中有关学术英语教学改革的不同信念的张力与纠结。当中观生态中的"两个阵营"（第二轮）的不同信念经历教学实践的验证的碰撞时，教师 Y 内心的不同信念也在面对检验。可以说，教材试讲不仅是整个改革实践共同体考察和调整改革方向的机会，也成为教师 Y 认真反思学术英语教学改革，反省自己所秉持的教师信念并进行调整的机会。我们发现，外部的改革生态与内部的教师信念相互呼应，外部的改革生态是教师心理现实的外在投射，而教师信念上的挣扎可能恰恰是改革实践共同体的工作生态对教师产生重要影响的实质性原因。如果教师的改革信念比较坚定，信念系统内部不存在明显的张力，那么外部改革生态中的信念冲突可能就不会成为教师的关注焦点，也无法对教师产生较大的影响。因此，当教师 Y 的改革信念不再摇摆纠结时，外部的生态环境虽然也在动态变化，也会引发教师 Y 的情感波动，但是已经不能冲击教师 Y 整体的身份、信念、主体性和情感的教师发展系统。

> Y：上学期艰难的主要原因是因为没有办法印证我们的理念，谁也不清楚我们任何人说的是对的还是错的，可能因为很多老师的授课经验和风格不一样，另外也可能因为学术英语改革全国都在做，但没有一个范例可以去追随。上学期的讨论甚至争论更多的是在于我们理念的分歧。这学期通过学生最直观的反馈，我们发现了各种各样的问题，比如有的学生觉得句子特别难，我们就会提前给他 / 她们一些材料，慢慢去解决问题。大家不需要进行理念的交锋。老师的理念已经得到印证，不必花费时间去空谈了。（第三轮）

> Y：目前我们的主要工作跟上学期不太一样，这个学期主要是润色教材，在上学期的工作之上进行修改，这学期工作更具体一些，可操作。几位试讲老师实践了五个单元之后，发现了教材之中可能会出现的一些问题，还有一些材料不太适合。有一些材料我们本来是作为启发性的内容，可是后来发现学生特别喜欢，索性就把它们加进教材中了。这学期不像上学期那么艰难，大家遇到什么问题，就去解决什么问题。所以这个学期虽然修改教材还是比较痛苦，但最终的方向比较明确，所以感觉就会好一些。（第三轮）

以下第三轮的摘录文字清晰反映出教师 Y 教师信念的转变。教材试讲工作之前，教师 Y 认为学术英语过难，担心学生"接收不了"（第二轮和第三轮）。教材试讲过程中获得的学生反馈完全改变了教师 Y 的这一信念。相反，他发现学术英语能够更好地发掘学生的学习"潜力"（第三轮），对此后大范围地推广学术英语充满了"信心"（第三轮）。与之前访谈中"无法传授"（第二轮）的说法截然不同，教师 Y 的信念在第三轮发生了巨大的转变，他目前认为教材中选定的文章"其实是完全可教的"（第三轮）。教材试讲之后随着教师信念的转变，虽然教师 Y 在身份、信念、主体性和情感方面的教师张力仍然存在，但是张力明显得到缓解，整体上正面情感增多，情感张力减弱。

> Y：学生还是能够用英文去探讨一些具有深度的话题，他 / 她们的逻辑是完全健全的，所以我觉得学术英语可以找到学生的潜力。过去我甚至没想到，他 / 她们会有这个潜力，只不过英文水平相对弱一些。所以通过学术英语的培养，如果有一天他 / 她们的英语水平能和逻辑水平一样的话，我觉得还是挺有未来的。（第三轮）

> Y：其实我去年会觉得文章太难了，没办法教，学生接受不了。今年实践了之后，感觉没有到接受不了的程度。只要老师充分地备课，其实是完全可教的。这很重要，对我们来说就是希望，最起码我们做的工作是有回报的，在研究生中大面积推广学术英语是非常有信心的事情。（第三轮）

教师 Y 在教师信念变化的同时消解了改革生态中实践共同体内部教师之间的张力。教师 Y 与团队负责人 N 不再"争吵"（第二轮），反而能够体会团队负责人 N 工作的辛苦，明确团队负责人 N 对于教学改革工作开展的重要性。改革团队负责人 N 代表着学术英语的改革方向，教师 Y 与团队负责人 N "配合"（第三轮）与"合作"（第三轮）说明教师 Y 与教学改革方向保持一致，说明教师 Y 与学术英语教学改革之间的张力得以缓解。与此同时，教师 Y 更加愿意参与改革实践共同体的活动，称赞实践共同体的活动效率很高、受益很多，这与之前"不太愿意去参与团队的活动"（第一轮）的态度十分不同。显然，伴随教师信念的转变，教师 Y 的教师主体性也发生了转变。与第一轮和第二轮访谈中对改革团队集体开会的排斥不同，教师 Y 愿意参加会议，愿意"为团队做贡献"（第三轮），愿意为学术英语的改革实践付出努力，愿意为改革实践共同体学术英语教师身份的集体构建发挥积极的教师主体性。教师 Y 不再因为实践共同体的信念冲突而感到"困惑"(第二轮)与"迷茫"(第二轮),相反在这一改革阶段,他"感觉很充实"(第三轮)。

> Y:这学期团队的工作主要以备课为主,每个单元都由某位老师负责去准备一些材料,然后进行老师之间的交流和讨论。今年更多的是我们和团队负责人N一对一的配合,负责人N很辛苦地修改和反馈每个单元,这可能是比较直观的团队合作。我觉得这种合作方式挺好,这学期不涉及理念冲突,主要是执行,比较顺利。因为我们目标都定下来了,就好执行了,有问题就解决问题。有的单元修改还是特别多的,像化学、材料单元,但是由于团队负责人N给了比较详细的方案,就很清楚,如这一段应该怎么改,我就知道怎么去改。今年团队负责人N做了很多工作,很辛苦,真的是帮我们快速地推进了这个项目。(第三轮)

> Y:我们发现只要把上课流程过一遍,加一些解释,备课的效率会极大地提高,我也没那么抗拒去参加备课会。我们的备课会是针对老师的,是为了老师之间互助的。大家都是有经验的老师,大家分享思路,效率会高很多。有具体问题大家一起解决,每个人都在吸收东西,每个人都在致力于为团队做贡献,感觉很充实。(第三轮)

第三轮访谈中,教师 Y 在改革实践共同体的中观生态中的教师张力得以消解。同时,他从宏观生态的学术英语教学改革的"全国趋势"(第三轮)的角度肯定了中国科学院大学外部生态系统的教学改革。教材试讲所展示的改革微观生态的师生的良好互动向外辐射影响了教师 Y 在学术英语教学改革的中观生态、外部系统和宏观生态的张力体验,而他对改革宏观生态环境的理解从中观层面、外部系统和微观层面的改革实践中找到了价值定位。教师 Y 因此表现出改革正向的身份、信念、主体性和情感。他不再强调一线教师面对水平较低的英语学习者时的"权威"(第二轮)的身份感,认为应该"跟学生进行互动和配合"(第三轮);他不再单单因为学生的语言表达能力而在心中给学生"默默打了个叉"(第三轮),而是转而相信教师可以通过学术英语教学帮助学生发挥更大的潜力；他不再消极应对学术英语教学改革带来的巨大挑战，而是愿意接受挑战，"期待"（第三轮）在下个学期真正走进学术英语的课堂。教师 Y 的情感经验也不再呈现整体上的负面倾向，而转变为整体上的正面表现，他能够感到"情绪好一些"（第三轮），不再"逆反和抵触"（第三轮）。

> Y：现在学术英语改革是全国趋势，很多学校刚刚开始，或者准备开始，未来学术英语一定是要推广的。我们作为老师要有这个意识，不能把自己当成一个居高临下的老师，俯瞰学生，而是要跟学生进行互动和配合。我们这本教材在中国编得比较早，虽然很困难，但我们也有优势。只要我们编出优质的教材，别人就会借鉴我们，未来英语教学的地位，包括外语系在学校的地位都会提升。学术英语是一个大趋势，我愿意参与这个改革过程，慢慢找到一个比较合适的方法教学生，总教一样的东西会觉得很平淡了，这对我来说也是一个挑战，但是也比较新鲜。……虽然明年讲新内容比较难，但我比较期待，毕竟教材更好了，学生也更好了。他/她们的语言水平可能不理想，但我们完全可以通过语言学习启发他/她们的逻辑能力和思维能力。我现在情绪会好一些，不会特别抵触用这么难的教材去授课。（第三轮）

教师 Y 的教师信念是其个体发展过程中的情感张力变化的关键因素（图 8-2）。教师 Y 的教师发展过程表明，教师在学术英语教学改革生态中的专业发展不只是教师个体的变化，也不仅是教师与所在的实践共同体互动的结果，改革所处的微观、中观、外部和宏观生态环境都可能与教师个体的发展发生相互的影响。对于一线教师来说，宏观层面的生态环境距离自身所在的微观环境距离较远，也许不太容易对一线教师的情感变化产生直接的影响，但是总体而言，教师的发展必然基于其所在的复杂动态的工作生态之中。而且，不仅教师的个体发展基于教师所在的改革生态，改革实践共同体的发展即组织发展也需同样基于组织所在的改革生态。值得注意的是，教师 Y 的情感张力变化体现了教师个体发展与实践共同体组织发展之间是相互影响的，而不是实践共同体组织发展单向地决定教师个体的专业发展。教师发展的情感张力恰恰反映出实践共同体的组织发展面临的困境，而教师情感张力的消解也意味着实践共同体的组织发展的顺利进行。

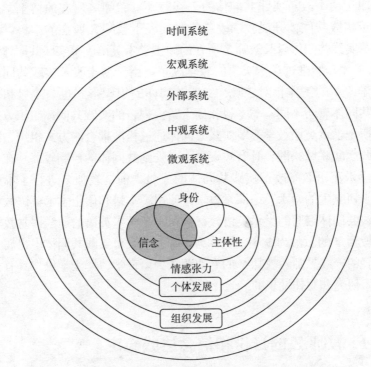

图 8-2 改革生态系统中教师信念对教师 Y 情感张力变化的影响

8.3 教师 Z 的情感张力

教师 Z 是中国科学院大学博士学术英语改革实践共同体的成员，参加了博士学术英语改革实践共同体负责的博士学科英语课程改革和教材改革。课程改革和教材改革的实践共同体有所重合。教材改革完全基于课程改革，由承担学科英语教学工作的老师负责相应教材的编写。每门学科英语课程由一位老师负责开设，所以，与教师 X 和教师 Y 参与的学术英语教材编写情况不同，每本学科英语教材并不是多名改革实践共同体成员密切合作的成果，而是主要由一位老师作为主编负责编写。部分博士学科英语课程改革实践共同体成员没有参与或没能完成相应教材的编写。因此，教师 Z 既参与课程改革任务也参与了教材编写任务，是同时属于两个改革实践共同体的一线教师。教师 Z 所在的博士学术英语改革实践共同体开展教学改革的时间晚于教师 X 所在的本科学术英语改革实践共同体以及教师 Y 所在的硕士学术英语改革实践共同体，从 2020 年才开始推进学术英语的教学改革。由于博士改革实践共同体开展教学改革的工作相对较晚，实践共同体的组织形式也与本科和硕士实践共同体有所不同。与本科和硕士紧密耦合的实践共同体组织方式不同，博士学术英语教学改革实践共同体通过松散耦合的方式组织，即成员彼此之间联结松散，具有较大自由，受到共同体的控制较弱。在成为博士学术英语教学改革实践共同体的成员之前，教师 Z 进行了本科以及硕士研究生的学术英语课堂教学，使用了本科和硕士学术英语教学改革实践共同体编写的学术英语教材，积累了学术英语的一线课堂教学经验。教师 Y 的教龄为 5 年，职称为讲师，在改革实践共同体中也属于较为年轻的一线教师。教师 Y 的专业背景为语言学，博士学位，具有一定的学术研究和写作发表的经验。

8.3.1 教师 Z 的身份和信念达成稳定

教师 Z 没有经历本科和硕士改革实践共同体在改革初期工作生态中的巨大张力。教师 Z 参加博士学术英语教学改革实践共同体的工作经历使其真正成为学术英语教学改革的实际推动者。在参加博士学术英语改革实践共同体之前，教师 Z 主要作为学术英语教学改革的追随者而非推动者存在于教学改革的生态之中。与教师 X 和教师 Y 不同，教师 Z 不具备学术英语教学改革初期的成长经历。教师 Z 虽然参加了本科和硕士的学术英语教学改革实践共同体，但是没有参与两个改革实践共同体最为艰难的改革初期的工作阶段，而是直接承继了本科和硕士改革实践共同体所产出的改革成果。教师 Z 没有参与本科和硕士学术英语教材的编写工作，而是在本科和硕士学术英语课堂上直接教授已经出版的教材内容。在教师 Z 开始本科和硕士的学术英语课程教学之前，本科和硕士的学术英语教学改革实践共同体分别完成了学术英语教材的编撰，而且编写的教材也经过了一线课堂教学的检验与打磨。教师 Z 只需在既定的改革方向上完成相应的教学任务，不必为改革摸索阶段的不确定性付出额外的情感劳动。由于教学改革生态是一个复杂动态的系统，教师 Z 作为博士学术英语教学改革实践共同体成员进入改革生态的时间是观察其教师发展路径的重要考量。教师 X 和教师 Y 进入改革生态较早，在改革之初表现出的教师张力较为明显。与两位老师相比，教师 Z 所加入的博士学术英语教学改革实践共同体开展起步较晚，教师 Z 自加入博士英语教学改革实践共同体以来，多轮访谈中并未在教师身份和教师信念方面表现出强烈的负面情感。

　　教师 Z 在本科学术英语教学和硕士学术英语教学的过程之中积累了较为丰富的一线的课堂教学经验，并因此基本建立起较为稳定的学术英语教师身份和信念。教师 Z 所在的学术英语教学改革生态的中观环境中开展了一系列教学相关的改革活动，建设了学术英语教师发展中心、学术写作中心、学术英语测评中心等。因此，在本科和硕士学术英语的课堂教学期间，教师 Z 除了开设学术英语课程之外，还参与了硕士学术英语慕课的准备和部分录制工作、学术写作中心的论文润色活动，以及硕士学术英语考试的命题工作等，这些学术英语的实践活动帮助教师 Z 坚定了改革正向的教师身份和教师信念，消解了教学改革所造成的教师身份和教师信念的张力以及伴随的情感张力。

　　教师 Z 在第一轮访谈中明确表示，学科英语课程虽然相比之前的学术英语课程难度更大，但学术英语课程的教学经历帮助教师 Z 建立起了比较完整的学术英语"系统知识体系"（第一轮），针对单个学科的"学科英语课程完全可以基于面向多个学科的学术英语教学"（第一轮），是"学术英语教学的拓展和升级"（第一轮），她在教学中感到"融会贯通、得心应手"（第一轮）。在这一改革阶段，教师 Z 已经构建了学术英语教师的身份，对学术英语有了较为深刻的理解，并且能够在实际教学过程中"自如、灵活"（第一轮）地处理学术英语的众多知识点，取得了"比较大的进步"（第一轮）。与教师 Z 之前的学术英语教学经历相比，此时的她不再"感觉紧张"（第一轮），教师身份没有呈现出明显的张力。

　　Z：我对学科英语课程没有感到有多紧张，因为我的学术英语知识体系已经建立起来了，我是能比较明显地感觉到进步的。首先我对课程内容比较熟，不管从哪里讲起，我都能把前后连起来。以前不行，以前那些知识点都是碎片化的，对整个系统知识体系掌握的也没有那么融会贯通。前两年进教室也很紧张，第一节课说话都抖，但这学期就不那么紧张了，讲课比原来自如了很多，灵活了一些。原来只能按照设计好的思路和顺序往下讲，现在能跳跃着讲，因为发挥得比较多，之前上课能讲完的东西，现在有点儿讲不完，灵活度比原来提升了。这学期比较得心应手，可以前后连贯着把知识点串联起来，有所侧重，反复练习、操练，不断地发现学生新的问题，然后再调整教学进度、教学内容、教学活动。我觉得这是这学期一个比较大的进步，学术英语课程需要好几轮才会有这种比较深入的理解和体会。（第一轮）

　　教师 Z 对于学术英语以及学科英语有比较系统和全面的认识，但她并未停留于此，而在持续性地寻求进步。随着时间的推移，教师 Z 没有因为学生已经"接受"（第二轮）了课程内容就选择维持现状，而是不断尝试新的教学方式，努力提升课堂的实际驾驭能力。教师 Z 在第二轮访谈时提到，她已经摆脱了满堂"灌"（第二轮）的教学方式，不再专注于向学生单方面地输出知识，而是"敢于放手"（第二轮），鼓励学生更多地参与课堂。虽然在有限的课堂教学时间内这似乎有损于知识传授（knowledge transmission）的完整性，"没有那么规范"（第二轮），但"让学生自己去探索"（第二轮）无疑提高了学生英语学习的自主性，同时也说明了教师 Z 对于学科英语的教学能力充满自信，因为她不再害怕"把控不住"（第二轮），不再害怕"接不上来"（第二轮）。从教师 Z 的第三轮访谈中可以看出，她可以更加自如地驾驭和"把控"（第三轮）课堂。具体表现为，教师 Z 非常熟悉教学内容，能够做到详略得当、重点突出，切实针对学生的需求解决实际问题。更为重要的是，教师 Z 能够融会贯通学术英语和学科英语的知识体系，采取深入浅出、以小见大的方式很"有意思"（第三轮）地有效完成知识传递，在潜移默化中饶有趣味地达成教学目的。显然，随着教师 Z 学术英语以及学科英语教师身份的确立和加强，她体会到很多正面情感，从学生那里收获了很多正面的

"反馈"(第三轮)，她为自己的进步感到十分"愉悦"(第三轮)。

教师 Z 对于学术英语教学改革表现出较为坚定的正向信念，她十分支持学术英语教学改革，能够清晰地意识到参与学术英语教学改革对于她个人的专业发展具有"非常积极的影响"(第二轮)，是教师发展的难得的"契机"(第三轮)。对于教师 Z 来说，学术英语教学改革"是一片广阔的空间，到处都有空白点，只要想研究就不愁没有研究的点"(第三轮)。同时，教师 Z 坚定的正向信念也促使她深入探索一线学科英语教学实践，反映出积极的改革正向的主体性，而改革正向的教师主体性相反也会进一步促进学术/学科英语教师身份的构建。值得注意的是，在学科英语的一线的课堂教学中，教师 Z 并不过度依赖博士学术英语教学改革实践共同体的集体主体性，相反，她更愿意发挥个体主体性，进行很多教学活动的探索与尝试，并在不断的探索与尝试中体会到自我提升和进步。

> Z：我大概知道学术英语应该教什么了，这几年我又教本科，又教硕士，又教博士，我的知识储备和技能储备跟之前完全不一样了。这学期我的提升就是能够糅合着讲，讲这个知识点的时候，能串到那个知识点上去，这个以前完全做不到。……这学期我更加放手，让学生自己去探索和发现，我再适当地进行补充和拓展。之前绝对做不到，因为我害怕变数，害怕把控不住，怕学生提出一个问题我回答不出来。……学科英语这门课是我第二年教，之前上课基本以我讲为主，一节课能讲 70 多页 PPT，满堂灌，学生也接受这种方式，觉得会学到很多东西，满载而归的感觉。这学期我想换一种形式，让学生做报告。只要放手做，他/她们能做出很好的东西，这样也挺好的。这学期有 16 周，学生做了 8 次课堂报告，讲得特别好，做报告的时间越来越长，我有时会接着学生的话题继续往下深入。这学期没有那么中规中矩，因为我本来准备好的时间被他/她们的报告占用了很多，但是报告内容真的是非常好。(第二轮)

> Z：教学确实是越来越好，比较得心应手，我整体感觉还是很愉悦的。博士课程也比较熟了，上起来很自如，感觉一节

课很快就过去了，上完也没有那么累。我教了有一段时间了，也增长了一些经验，能预判学生会在哪方面出错，课上会重点地讲这些地方。上学期作业完成的整体情况和学习情况都比之前好。……我记得第一年上课时很想把所有东西都讲完，现在我基本上知道哪些可以讲，哪些不用讲，然后把后面的内容适当提前讲，把前面内容再适当地回顾一下。我每讲一个知识点，都会借助一个跟内容相关的故事。比如我讲讲 flow 的时候，因为不是所有的 flow 都必须要用连接词，有时需要重复一个前面的词，或者是用一个同义词去指代前面那个词。其实学生不是很理解这种，不知道什么样的是 flow，什么样是不flow。所以我就讲了一个中国的小故事：从前有座山，山里有座庙，庙里有个老和尚，小和尚在听老和尚讲故事。我请学生闭着眼睛，我把这个故事讲了一下。然后我把这个故事改成：从前有座山，庙在山顶上，老和尚在庙里，小和尚在听老和尚讲故事。然后我说再闭上眼睛想一下这个故事，学生觉得中间是断裂。我觉得学生听得特别好，他／她们给我很多反馈，说是上过的最愉悦的英文课。上学期我会做一些这种深入浅出的小尝试，提高了把控力。（第三轮）

在第四轮和第五轮访谈中，教师 Z 表现出来的明显进步在于通过课堂教学和教材编写的积累大幅提升了学科英语的专业知识，教师 Z 掌握了很多材料专业的学生都不知道的专业词汇。学生"服气"（第四轮）和"惊艳"（第五轮）于教师 Z 的业务能力，不仅认可她的语言水平而且赞叹她向自然科学领域的勇敢跨越。更加让教师 Z 感到骄傲的是，通过材料学科英语的教学实践，她不仅夯实了学术英语的教师角色，而且获得了与众不同的特殊身份，因为整个学校只有一位老师可以开设材料学科英语，而全国能够开设这门课程的老师也是"寥寥无几"（第四轮）。这样的教学经历帮助她站在了学术英语教师群体中不可取代的前沿位置，获得了较高的识别度。可以说，材料学科英语是教师 Z 的代表性课程，成为她区别于其他学术英语教师的重要标识。同时，材料学科英语教材是教师 Z 的代表性教材，教材编写的改革实践非常显著地提高了教师 Z 的"根本业务能力"（第四轮），推动她迅速成长为学科英语教师并得到学生的充分认可。通过学科英语的教学经历，尤其是教材编写经历，教师 Z 在一定程度上拓展了大学英语教师的知识结构，她在本体性知识、通识知识、实践知识和教学知识的基础上积累了一些授课对象所在学科的相关专业知识，缓解了学术英语教师在课堂上常常面对的课堂学科知识困境，甚至在学生面前树立起通用英语课堂上英语教师通常所表现出的"学识渊博"（第五轮）的权威形象。教师 Z 的材料学科英语的教师身份基于学术英语的教师身份发展，又将她与普通的学术英语教师区分开来。这无疑让教师 Z 获得了较为强烈的"成就感"（第五轮）。

> Z：对学生可能更了解一些，知道他／她们的问题出在哪儿，我会提前在课上说出他／她们的问题，引起了共鸣。从去年开始我会把他／她们之前写得不好的例句拿出来，然后和他／她们一起看怎么改，还把他／她们经常容易犯的逻辑错误拿出来一起讨论。所以从去年开始他／她们做作业的质量相对高一些。……第一节课的时候我担心他／她们用看以前的大学英语老师的心态去上这个课，所以第一节课我就说得很清楚，我也是有博士背景的，我也是做研究的，虽然我专业知识方面不如你们，但是我是可以指导其他专业的同学写论文的。这样他／她们就比较服气，可能在心理上稳定一下正确的方向。以前上课我用的例子不多，都是论文的，非常专业。这几年我也知道很多，那些专业词汇我比他／她们知道得都多，然后学生就比较服气，这也很重要，这是老师的根本业务能力。我在博士学科英语课上挑的文本都是我可以理解的，他／她们很惊讶：哇！老师居然连这都知道。这个老师可能不是只会英文，只会文学，所以他／她们上课比较听我的。（第四轮）

> Z：现在还是比较顺。我最开始教博士学科英语课时，有点偏通用的学术英语，不够专业，随着专业知识的积累，现在更加偏向专业。我编学科英语教材选的例文都是专业性很强的，但都在我的理解范围之内的。我通过编这本教材掌握了很多专业术语，积累了很多专业词汇。上课的时候学生很惊讶，有一次学生说我很博学，学识渊博，这其实是来自教材编写的实质性的一种积累。现在我有这样一门课可以代表我，在课堂当中我可以跟学生说一说术语，就会觉得很爽。（第五轮）

学术英语的教学改革推进至博士的教学阶段时，教学改革生态与改革之初已经不同。虽然教师 Z 所教授的学科英语课程难度颇高，但是长期的学术英语改革已经促使改革生态中的一线教师实现了学术英语教师身份的构建以及学术英语教师信念的养成。因此，即使面对具有挑战的学科英语课程，教师 Z 也未在教师身份和信念方面产生多少波动。这一点在博士改革实践共同体的其他成员身上可以得到验证。例如，教师 Z 的同事 T 同样在学科英语的教学实践之前已经参与学术英语教学改革并确立了学术英语的教师身份和教师信念。同事 T 同样感到已经形成了比较"系统"（第一轮）的知识体系，学科英语的课程教学开展得比较"顺利"（第一轮），确实取得了实质性的教学效果。学生感觉有所"收获"（第一轮），老师也在"掌控"（第一轮）课堂的过程中获得许多"乐趣"（第一轮）。不仅如此，学科英语的教学经历给予同事 T 很多信心，对于未来充满了期望，愿意接收更大挑战，"拓展"（第五轮）学科英语教学的课程门类。与教师 Z 一样，同事 T 认为学科英语课程赋予教师有别于学术英语教师群体的特殊身份，学科英语教师是一线教师"证明"（第五轮）自身价值的重要平台。

> 同事 T：化学英语的课程教学感觉挺顺利的，从学生的反馈来说也比较好。我教学生使用语料库，学生感觉还是比较有收获的。我现在觉得上课是生活中一个乐趣的来源。我觉得如果能比较全面掌控一件事，就会变成一个乐趣。……另外，通过多年教学，我知道学生的问题在哪里，会提前把有可能出现问题的内容着重强调，对学生掌握知识更有帮助。（第一轮）

> 同事 T：我觉得学科英语课程非常有意义，非常有必要，而且也是有进一步发展空间的，这个工作以后还要不断地去完善。另外，未来还有很多学科都可以开展，可能有些学科是太难了。数学、物理都是我学不好的学科，化学我还稍微懂一点，以后化学熟悉了，我就可以探索其他学科英语，拓展一下疆域。其实越没人教越要教好，已有很多老师在教医学英语和生物英语了，但是没人教的学科英语其实越能证明自己。（第五轮）

教师情感是个体与工作生态互动的产物。随着教学改革进程的推进，改革生态已经发生巨大的变化。特别是与一线教师较为契合的改革生态内核部分的张力明显减弱，说明教师在一定程度上能够掌控临近自身的生态环境。一线教师的身份和信念重新趋于稳定、形成平衡，即便还需在学术英语教师身份的基础上进一步塑造学科英语的教师身份，也不再会像改革之初那样经历较为激烈的张力与冲突。

8.3.2　教师 Z 在中观生态和外部生态的情感张力

教师 Z 所体验的情感张力主要体现在与改革生态不同系统的互动中。与教师 X 和教师 Y 不同，教师 Z 不再纠结于学术英语教师身份的构建和信念的塑造，已经形成了非常笃定的学术英语教师身份以及比较坚定的学术英语改革信念，因此教师 Z 面对的张力与冲突不再指向她本身，也不再聚焦于改革生态的微观系统，而是向外扩展到教学改革的更加外层的生态系统。我们看到，教师 Z 在微观系统与学生的互动中没有表现出情感张力，在一线教学的师生课堂互动中充分展现出正面情感。教师 Z 经历的情感张力主要来自改革生态的中观系统和外部系统。

教师 Z 在中观系统表现的情感张力源自于与博士教学改革实践共同体的互动关系之中。教师 Z 与教师 X 与教师 Y 所在的教学改革实践共同体有所不同，后者属于紧密耦合组织的实践共同体，而前者属于松散耦合组织的实践共同体。在松散耦合组织的实践共同体中，共同体对于个体的控制较弱，并不要求集中统一的行为方式。相对自由的和松散的实践方式也可能在实践共同体内部形成一定张力。一方面，教师 Z 希望自己为教学改革付出的努力能得到实践共同体的支持；另一方面，改革现实所提供的实际支持可能十分有限。实践共同体成员"比较保守"（第二轮），或者"谨慎"（第四轮）地在"打太极"（第四轮）而刻意避免思想的碰撞与"交流"（第四轮）。教师 Z 没能真正得到"想要的"（第四轮）生态给养。

需要注意的是，教师 Z 虽然产生了负面情感，不过负面情感并不强烈，她明确感受到只是"一点点"（第二轮）负面的情感，而且她也试图为团队成员的无效反馈寻找理由，认为这可能是宏观生态"竞争比较激烈"（第四轮）的必然结果。原因可能在于，由于教师 Z 已经建立起较为明确的学术英语教师身份和教师信念，在改革生态中形成了较为坚定的核心力量，因此教师 Z 在博士教学改革实践共同体中所体验的负面情感不足以对其造成很大的冲击。

> Z：教材一开始一直处于讨论阶段，每个人都不知道会编成什么样子。我对书稿的第一印象是同事 U 展示他的书稿的时候，我们几个还不是很了解，就集体去请他给我们做了一次讲解。可能因为我自身的相关知识不足，没有产生非常清晰的系统性认识。总体来说，我感觉彼此的交流还是比较保守的，没有产生非常正面的感受。（第二轮）

> Z：国内学术圈有一种喜欢藏着掖着的感觉，就永远得不到想要的、想问到的东西，就是把话题绕到别的地儿去，或者是不说任何事情，反正交流不到什么，这是我的感觉。去参加国内的会议也有这种感觉，大家比较谨慎，可能是因为竞争比较激烈，感觉所有的学校都是这样，自我保护很强。（第四轮）

教师 Z 在外部系统表现的情感张力源自她与院系、校外专家以及出版社的互动关系之中。

教师 Z 在院系层面感到的负面情感主要在于教—学—测的不一致。学术英语教学改革的推进无法一蹴而就，而是分为不同阶段。教师 Z 所在的博士学术英语改革实践共同体最初着力于课程的开设和教材的编写，而未同时推进学术英语的测评改革工作。对于教学改革的院系层面而言，测评改革尤其难以开展。一线教师往往优先关注课堂教学，而不太注重测评知识的积累，使得测评改革较难快速推进。不仅如此，学术英语的测评改革相对通用英语的测评改革尤为困难。目前，学界关于学术英语测评的研究和实践均不多见，一线教师鲜有成熟的经验可以参考，对于学术英语的测评改革思路不明、多有犹豫（Cui et al., 2022）。因此，学术英语教学改革中，教的改革和测的改革之间往往步调不一致。然而，教—学—测的各个环节之间密切关联、相互影响，测评不仅是对教学效果的检验而且还会较大程度地影响教学，对课堂教学起到明显的反拨作用。如果教学的内容涉及学术英语而测评的内容关乎通用英语时，不仅无法有效衡量教与学的真实效果（刘云龙、高原，2021），而且还会逆向影响教／学环节，学生可能认为学术英语的学习内容与考试关联不大而对教学内容不再重视，而教师为了保证学生的考试成绩而选择花费相当的课堂教学时间"迎合"（第三轮）考试，教授通用英语而非学术英语的内容，这显然与学术英语的教学目标有所违背。

　　教师 Z 因此感到很是"困惑"（第三轮），明显体会到课堂教学和期末考试之间存在"错位"（第三轮），从而给课堂教学带来"困难"（第三轮）。教师 Z 有关教与测错位的情感经验可以从同事 T 的相关经验中得以验证。与教师 Z 所说的"错位"（第三轮）类似的是，同事 T 感到一种"分裂"（同事 T 访谈第四轮）的状态。同事 T 指出，当考试内容与教学内容不相一致的时候，教师其实很难选择专注于原本设定的教学目标而完全不去顾及考试。不仅如此，期末考试对于平时成绩的统一限定制约了教师对于课堂活动的安排。教师 Z 与同事 T 所教授的学科英语课程要求学生进行较大程度的课堂参与，学生则需要进行大量的课堂互动并完成相当数量的学习任务，"为了督促学生扎扎实实地掌握相关知识，老师会让同学做很多工作，完成很多学习任务"（同事 T 访谈第四轮），可是学生并不会因为课堂的积极表现而获得更高的平时成绩，部分学生可能因此转而选择任务量相对较少的其他课程，放弃学习挑战较大且成绩评定并不会偏重平时表现的学科英语课程。一线教师因而"不得不"（第四轮）作出必要的妥协和"调整"（第四轮），以避免学生由于任务量大而产生的放弃课程的想法。

　　显然，教师 Z 寄希望于院系层面对于测评改革的大力推动，她指出，"博士教学的课程改革已经开展很长时间了，但是每次期末考试的题目都是跟以前一样。我不知道博士英语考试要改成啥样"（第三轮）。可见，院系层面并未像教师 Z 期待的非常高效地推动测评改革，在学术英语教学改革开展的相当长时间内仍然保持着通用英语的考试内容，从而引发了教师 Z 的一些情感张力。一方面，教师 Z 本人所能掌控的"上课本身还是非常顺利的"（第三轮），而另一方面，院系层面统一安排的期末考试则给教师 Z 带来了很多负面情感。

　　Z：学科英语上课本身还是非常顺利的，但课程跟期末考试之间有错位，为了迎合期末考试，我不得不做一些调整。博士课程改革已经开展很长时间了，但每次期末考试的题目都是跟以前一样，我不知道博士英语考试要改成什么样子。期末考试考成通用英语的样子，但我上课教的却是学科英语的内容，两个是完全不一致的。……为了应对期末考试，我必须得给学生做一些适当的准备，就是模拟练习。我现在把期末考试题型分成几个部分，做专项的课后训练，只能是这样。比如这两周我们就专攻完形填空，但其实期末考试的完形填空也是非常通用的，我很困惑，不知道是找一些的文章，还是找学术文章去给学生训练，这是一个困惑，也算是现阶段的一个明显的困难。（第三轮）

同事 T：老师也得跟着考试来回转，是有点分裂的那种状态，一直在找平衡，尽量既培养学生专业英语的能力，又得帮助他/她们应付眼前的考试，两方面都得做到。但我估计大部分老师其实就得先顾考试了。……学科英语课程其实涉及的教学内容非常多，为了督促学生扎扎实实地掌握相关知识，老师会让学生完成很多学习任务，但是这些在期中和期末考试中都没法体现。平时成绩占总成绩的30%，也就是学生付出了不少努力，但最后也只占了30%。这样可能会影响学生选课，他/她们可能就不选了。因为可能任务有点重，所以我不得不去进行一些调整，还得想怎么能更有效率，比如作业少留一点，但还要达到教学效果。（第四轮）

教师 Z 在与校外评审专家的互动之中产生了一些负面情感。根据学校教材出版中心的规定，申请学校教材出版的费用支持，必须通过两轮的校外专家评审。虽然整体而言，教师 Z 能够理性地肯定专家意见给教材编写带来的正面影响，认可评审专家的确为提升教材质量作出贡献，但是还是不可避免地产生了"紧张"（第五轮）的心理，非常担心未能通过教材评审，从而导致无法顺利实现教材立项目标。这是教材编者面对评审专家的一种自然的情感反应。教师 Z 所承担的教材是作为主编而非编者，这种身份使得她获得了更多与外部系统互动的可能，教师 Z 需要更加独立地面对改革生态的外部系统，而与更大范围生态系统的互动也造成了教师 Z 的情感张力。

　　Z：当时还是觉得挺紧张的，就怕被否了。我记得第一次
论证会的时候好像还行，但是第二次是要申请教材立项，需要
专家给意见，收到了一些批评意见，就很紧张。专家说了很多
问题，不仅是我的，还有整体的问题，我那部分提的意见还
是很多的。那天我非常紧张，一直在跟同事 V 说会不会不过，
然后发现他也很紧张。……专家的一些意见还是有道理的，因
为毕竟是从读者的角度来提，如结构混乱。当时我交样章的时
候，把词表放在第一部分了，所以第一章内容特别多，有 100
多页。专家觉得第一章不应该这么厚重，就这一点提了好多建
议。然后到第二章的时候，专家说内部结构不是很清楚，后来
我仔细看了一下确实有点道理，所以后面也改了。专家大约说
了半个小时，肯定了我最后的打油诗和图。专家意见确实还是
会帮助我更客观、更理性地去看待这个结构，很有帮助。（第
五轮）

　　教师 Z 在与出版社的互动之中产生了一些负面情感。教师 Z 对编
写工作有一定的预期，但这些预期未必能够在实际编写工作中得以实
现，她由此而产生了比较强烈的负面情感。首先，教师 Z 与出版社之
间对于工作进度的理解存在分歧。教师 Z 期待出版社能够及时沟通工作
进度，尽早给予相关反馈，以便更好地完成工作。然而，出版社需要面
对众多作者，没有频繁地更新工作进度，这让教师 Z 感到"很慌、很疑
惑、很没底"（第四轮）。可以理解的是，作为一线外语教师，教师 Z 必
须应对强度较高的日常工作量，需要提前做好工作安排，以确保完成各
项工作。如果出版社突然提出某种要求，教师 Z 很可能一时之间无法应
对。其次，教师 Z 虽然肯定了出版社工作的专业性，但是还是期待出
版社能够就书稿内容给出相关建议，以便更大程度地提升教材质量。教
师 Z 列举了国外出版社学术编辑的情况，并期望得到同样有关学术内容
的反馈。能够看出教师 Z 对于主编的教材确实有着较高的自我要求，期
待最大限度地完善教材，最好状态地呈现教材，希望得到多方的，包括
出版社方面的改进意见，从而能够最大程度地"受益"（第五轮）。最后，
教师 Z 期待出版社能够更大程度地参与教材出版的实践。具体而言，教
师 Z 和出版社对于工作分工的认识不同，教师 Z 希望出版社可以更加
深入地参与教材宣传的具体工作，而不是由编者完成相关工作。这可能

属于作者与出版社的常见冲突（Harwood，2021）。作者可能会倾向于关注图书的写作过程，认为完成出版意味着整个工作流程的结束，后续工作应该由出版社自行负责。而出版社则认为达成出版并不代表工作流程的结束，作者需要和出版社一起共同完成必要的图书宣传工作。正是由于教师 Z 和出版社对于工作内容认识的不相一致，而导致教师 Z 产生了负面情感。

> Z：出版社给我们的反馈太晚了，我到现在为止都没有收到任何让我校对的东西，我很疑惑。前两天同事 W 跟我说出版社联系他了，问了一些格式方面的问题，说出版之前可以校对三次。但我今年年初交上去之后就什么都没有，我很慌。其实我交了稿子之后，我改了好多，一直在等出版社找我，将改了的交上去。其实出版社应该早一点给反馈，我觉得很多事情沟通不是很顺畅。我不知道现在这个稿子是在什么阶段，我一直在等他／她们给我发校对稿，我在想 10 月底就能出了。我从来没有听说作者自己不校对一遍就出了，很没底。（第四轮）

> Z：之前我可能还是不紧不慢的，因为出版社也没有催。我感觉出版社要东西很急，感觉被逼着，这无形中会给我一些压力。我觉得出版社在内容格式、排版方面挺专业的，但没有从内容的角度去提升这本书。然后还有一件事情我也不是很明白，就是让做课件。我问课件要不要统一版式，他／她们也说没有，我就觉得很奇怪。这五本教材封面都是一样的，然后课件五花八门，这也不好看啊。（第五轮）

可以看出，随着学术英语教学改革进程的不断推进以及教学改革实践任务的不断丰富，一线教师获得了更大的与改革生态互动的机会。以教师 Z 为例，一线教师不再局限于自身以及微观的生态层面，而是与中观层面，特别是与外部层面多有交集。教师 Z 在自身和微观层面达成了很大程度的系统平衡性和情感稳定性，在与更大生态系统的互动中也体验到新的情感张力，而新的情感张力同时体现了一线教师对于更大生态环境的探索。我们看到，教学改革的推进过程实际上也是一线教师的情感轨迹在生态系统中向外扩展的过程。

8.3.3　教师 Z 的教师主体性在个体主体性和集体主体性之间存在张力

教师 Z 在个体主体性和集体主体性之间存在张力。教师 Z 一直以积极投身改革实践共同体的方式参与完成各项改革任务，表现出较高的集体主体性，并且习惯于根据实践共同体的团队意志采取行动。然而，博士学科英语的教材编写团队是松散耦合组织的改革实践共同体，给予共同体成员较大的自由度，鼓励编写教师展现个性化认识，充分发挥个体主体性。这让教师 Z 感到无所适从，希望回到紧密耦合组织的工作模式，能够按照团队既定的"统一的纲领"（第二轮）以"最有生产力"（第二轮）的方式尽快完成工作任务。显然，面对教材编写这一难度较大的改革任务时，教师 Z 更加愿意选择去执行集体主体性，而对发挥个体主体性则信心不足，对于自身独立采取改革行动的能力有所"质疑"（第二轮），甚至在意愿上表现出"抵触"（第二轮）的心理，并因此产生了一些负面情感。

> Z：我觉得教材是一个很大的压力，以前我是在团队里，一周开一次会，必须拿出东西。这样虽然比较有压力，但却是最有生产力的，大家会按时地完成任务。我开始也没觉得博士教材是个特别难的任务，但好像一直处于讨论阶段，每个人都不知道要弄成什么样子。后来按照我们自己的想法写出来之后，发现大家都不一样，就更矛盾了，好像缺少一个统一的纲领。我觉得如果有一个纲领，可能会好一点，起码有一个方向和固定的标准。没有统一的要求其实我也可以理解，就是让老师自由发挥，但我可能会迷茫，对自己产生质疑，有一点点的抵触。（第二轮）

教师 Z 的"迷茫"（第二轮）在同事 T 的访谈中有所验证。可以看出，由于教学理念等方面的不同，博士学术英语教学改革实践共同体的各位成员对于教材编写的思路存在差异，对于教材的着力点的认识存在相异。但是同时，他／她们对于如何动手去编写教材却"不太确定"（同事 T 访谈第二轮），对于大家"都不太统一"（同事 T 访谈第二轮）这个现状感到不安。原因在于，虽然博士学术英语教学改革实践共同体成员均已具备比较丰富的学术英语的实践经验，但是他/她们之前所在的改革实践共同体均为紧密耦合组织的团队，所以之前积累的改革实践经验全部基于集体主体性而非个体主体性的发挥。可以看出，在这一阶段，同事 T 已经形成了一些独特的设计"思路"（同事 T 访谈第二轮），但是对此又"非常不笃定"（同事 T 访谈第二轮）。

> 同事 T：感觉大家意见都不太统一，都说不容易，到底写成个什么样子都不太确定。另外，大家对语料库到底怎么运用也都不太确定，要占多大比重，到底要包括什么。我想如果写一个讲解特别多的教材，学生不想看，用英文写就更不想看了。所以我会用中文简单介绍，然后都是干货，这样学生就方便下手。那些老师讲的东西就不要放在教材里我知道其他几位老师不是这样的思路。老师的优势不一样，大家对应该怎么做非常不笃定。（第二轮）

教师 Z 在第三轮访谈中仍然表现出对于发挥个体主体性的迟疑。一方面，教师 Z 已经在编写教材的过程中发挥着个体主体性，正在"摸索、不停地做取舍"（第三轮）去努力形成一本独立编写的教材；另一方面，教师 Z 同时强调了"团队和团队领导"（第三轮）的重要性，认为如果团队成员在团队领导的指导下共同完成一个任务，教材编写工作一定会更有效率，"可能会很短时间内就弄出一个像样的东西"（第三轮）。整体看来，教师 Z 虽然不再像上轮访谈中那样排斥个体主体性，但是明显更加倾向于集体主体性，发挥个体主体性带给她很多"压力"（第三轮）。可以看出，在这一阶段教师 Z 因此而产生的负面情感大于正面情感，认为还"没准备好"（第三轮）。

> Z：我对书稿还是没有完整的头绪，整个人都活在压力当中。我没有独立编过教材，如果完全依赖自己的话，就需要一个长期的投入。大家组队完成任务，可能会短时间内弄一个像样的东西来。但是可能像很多同事说的，个人的一些想法没有施展开。这次我完全依靠自己，放了太多东西。教材的整体感确实需要团队领导的指引，他/她们经验比较丰富，可以把控

住。希望有个团队和团队领导，提出一些指导性的意见。……
还有就是，我在开会那几次才有机会大致地看了其他老师的稿
子，才知道别人是写成什么样的。每位老师需要独立去面对教
材，编写思路都不太一样。有的老师比较关注语法，有的可能
比较侧重练习。大家可能也想保护自己的个性化思路，我觉得
我没完全准备好。（第三轮）

同样，教师 Z 在第三轮访谈的情感状态与同事 T 比较相似。同事 T
在这一阶段回顾了本科学术英语教学改革实践共同体的教材编写实践经
历，能够看出同事 T 有些怀念实践共同体中紧密耦合组织的工作方式。
当然，同事 T 也意识到，以往的教材编写方式并不利于给予教师足够的
自由空间，有碍于教师发挥个体的主体性。紧密耦合组织的较高的工作
效率很可能是以牺牲教师个性化的想法为代价的，教师个体很可能因此
而失去部分个性的自由。但是，和教师 Z 一样，同事 T 在这个阶段仍
然倾向于集体主体性的发挥，认为"在自由和不自由之间，还是不太自
由好"（同事 T 访谈第三轮）。

> 同事 T：以前编本科教材的时候，工作基本是由大家分摊
> 的。基本上我就设计一个课前或者课后练习，找一些合适的
> 文章，统筹的活儿都是由团队负责人 J 安排的。大家按照统一
> 的安排去完成，感觉所有团队成员共同去完成一件事儿挺好
> 的。学科英语教材如果有一个模板，一开始大家都定好了就比
> 较好。因为大家想法不太一样，认识也不太一样。我有时候感
> 觉，在自由和不自由之间，也许不太自由也挺好。（第三轮）

教师 Z 在第四轮中不再像以往访谈那样强调集体主体性。虽然她
还是希望得到领导的指导，但她期待的不再是领导由上至下地给出教材
编写的整体框架，而是希望得到关于自己编写教材的"反馈意见"（第四
轮）。也就是说，教师 Z 这一阶段所期待的外部指导不再是影响教材编
写的主要因素，只起到辅助性作用。或者说，教师 Z 已经认可自身在教
材编写工作中的个体主体性地位。她甚至还提到了团体的负面影响，认
为团队的影响可能会导致教材编写出现趋同的倾向，可能对于教师的个
性化诉求产生削弱作用，甚至可能扰乱教材的编写思路，"有时也许反

而会更乱"（第四轮）。可以看出，在这个阶段，教师 Z 十分推崇教材的个性编写，并愿意为之付出个体主体性。

> Z：之前确实觉得最大的困难就是没有团队，但这几年真正的团队也没有很多，编教材讨论得很多，大家更多的是把它看作一个任务。……教材对我来说最大的困难就是不确定，不知道我的思路行不行，希望有人给我反馈。其实团队真的能帮助那么多吗？我觉得可能也不一定，有时也许反而会更乱。比如，我看同事的编写思路之后也想把类似的想法加到教材里面，就会带来很多不必要的心理波动。（第四轮）

教师 Z 在第五轮访谈中十分明确地肯定了个体主体性，基本脱离了对集体主体性在心理上的依赖。编写的教材也体现出教师 Z 所独有的特点，她总结了所负责的教材的两个个性化特点：（1）教材与教学密切结合，写作深入细致，"对例文的讲解比较细"（第五轮），能够贴合课堂教学的学生需求；（2）教材具有整体感，编者充分发挥出"擅长总结"（第五轮）的特点，前后内容相互呼应，能够切实帮助读者反复思考，以达到良好的学习效果。能够看出，教师 Z 对于教材中的"个性化的东西"（第五轮）比较满意。她回顾了整个教材的编写过程，感到虽然经历了"痛苦的"（第五轮）的摸索过程，但是每位编写老师享有"很大的自由的空间"（第五轮），可以非常充分地去展示个性。

> Z：教材编写这件事我感觉是前松后紧，很早就启动了，后来才开始有比较明确的方向，在没有方向当中摸索还是挺痛苦的，一旦有了一个方向和框架之后，往里面填内容就还好。而且每个老师可以按照个性发挥，每个版块不用都一致，有很大的自由空间。这本教材比较能够体现我的个性化的东西。……我对例文的讲解比较细，希望能像上课给学生分析文章时那种细致程度。另外，我发挥了我比较擅长总结的特点，每一章我会配一张图，作为展现这一章主要内容的视觉化补充。例如前面几章分别讲 IMRD 的各个板块，最后我把这几个板块里面的所有内容都列了出来，用一张图标明了各个部分的对应关系，希望学生从整体上认识论文写作。还有就是对学术

语言特点的总结，之前很多专家还有老师总结了学术语言的特点，我就想了一个词更新去概括它，或者是根据知识点总结出来的朗朗上口的小诗。（第五轮）

教师 Z 经历了由集体主体性到个体主体性的变化，这一变化过程同样发生在同事 T 身上。同事 T 从"不太自由"（同事 T 访谈第三轮）到"我特别同意让老师发挥自己的个性"（同事 T 访谈第五轮），明显转变了教师主体性的倾向。不仅如此，同事 T 更加主动和自信地付出个体主体性，不断探索发挥各种教师个体主体性的可能性。比如他积极利用改革生态系统中的可用资源，主动召集了与化学学院教师的座谈会，独自一人和五位化学专业教师深入沟通，"了解化学老师对于化学学科英语的认识"（第五轮），熟悉专业教师和学生的期刊发表的实际需求。再比如他主动找来化学学科的专业书籍，努力了解化学学科的基础知识，在语言知识之外努力拓展学科英语教师的本体性知识，力求为学科英语教学打下更为坚实的基础。同教师 Z 一样，同事 T 经历了由避免个体主体性到追求个体主体性的明显的变化过程。

> 同事 T：我觉得个性非常重要，因为说到底教学本质就是体现老师的特点，把自己擅长的，或者喜欢的、想表达的表达出来。如果是强行统一的标准，或者老师对编写方式或框架和结构设计不认同，教材融入不了老师的感情，最后质量恐怕不会特别好。（第五轮）

> 同事 T：我挺自信的，我把剑桥大学和牛津大学的教材给出版社看了，说明我的编写理由。我还和化学学院的老师开座谈会，了解化学学科英语，努力完善化学英语课程和化学英语教材，这对自己的知识也是一种补充，如果对化学知识一无所知，不可能教好。……其实我现在也在看一些化学书籍，如 *Chemistry：The Central Science*——一本化学入门书。我的理解是，要补充自己的科学知识，专业知识更好。（第五轮）

教师 Z 在学术英语的教学改革中完成了多项改革任务，不过她认为学科英语的教材编写和课程教学在众多任务的排序当中处于比较靠前的位置，因为学科英语确实可以为教师带来更高的"辨识度"（第五轮）。
当然，教师 Z 仍然把学科英语教材和教学排前，而硕士学术英语课程教学排后。原因在于，教师 Z 参与学术英语教学改革始于硕士学术英语教学，这个教学经历"颠覆"（第五轮）了教师 Z 的有关学术英语教学的认识，对于教师 Z 有着十分重要的意义。而且，硕士学术英语的课程准备和课堂教学经历为教师 Z 的学科英语教学和教材工作奠定了"牢固的"（第五轮）基础，是她之后学术英语以及学科英语教学工作的关键性前提。但是同时，教师 Z 十分肯定学科英语的教材和教学对于自身发展的重要意义。

> Z：我觉得影响最大的是硕士课程，其次就是学科英语教材和学科英语课程。我觉得咱们学校辨识度已经很高了，如果放在全国可能会更高吧。硕士学术英语毕竟是我参加工作之后教的第一门课，确实让我对学术英语的认识产生了颠覆，并且奠定了一个基础，这个基础是非常牢固的，对后面的博士英语课程和教材编写都有影响。（第五轮）

博士学术英语教学改革实践共同体中的几位老师同样为充分达成个体主体性而感到非常骄傲。这几位老师"独立设计"（同事 T 访谈第五轮）课程和教材，创造性地使用"语料库驱动"（同事 T 访谈第五轮）的方法。而且，虽然这几位老师同样完成了多项学术英语的教学改革任务，但是他们根据教师发展的重要性，全都将学科英语教材和课程排在其他工作之前，表示在"各项工作当中是非常独特的"（同事 T 访谈第五轮）。同事 T 和同事 V 在总结中指出，博士学科英语课程和教材对两人的发展非常重要，在完成的各项工作中"独一无二"（同事 T 访谈第五轮）、意义"重大"（同事 V 访谈第五轮）。毫无疑问，博士学科英语课程和教材工作给老师带来很大的成就感。

> 同事 T：它在我的整个工作中是非常独特的，因为要自己独立设计课程，上课再改进，再编写教材，用语料库驱动设计去构建教材的编写思路。这本教材完全独立完成的，其他的学术英语相关工作基本都是和老师合作完成的。（第五轮）

教师 Z 个体主体性的逐渐提升并不是一个容易的过程，尽管学科英语教材的编写和出版带给了教师 Z 较大的"成就感"(第五轮),但是她同时经历了一段"艰难"(第五轮)的过程。教师 Z 表示需要花费了大量的努力才可实现个体主体性,脱离集体主体性独立地完成改革任务,对于教学负担较大的一线外语教师而言无疑是一项巨大的挑战,"确实需要付出很多的这种时间和精力"(第五轮),必然伴随了非常多的情感张力。"骄傲或者兴奋是有那样的瞬间,但是大部分时间都是比较煎熬"(第五轮)。教材的编写是一个"磨出来的"(第五轮)过程,编写的过程也是"各种纠结和冲突"(第五轮)的过程,"那种心理上的煎熬确实挺难的"(第五轮)。

教师 Z 正是通过"一点一点"(第五轮)地努力地发挥着个体主体性,才变得"越来越有信心"(第五轮)。不仅如此,教师 Z 在充分发挥自身力量的基础上,充分借助生态环境中的可用资源以真正实现个体主体性。具体而言,教师 Z 通过在学科英语教学中与学生的合作来完善教材编写。以制作学科英语词汇表为例,教师 Z 首先利用语料库生成了学科英语词表,之后在实际教学中收集了一些学生制定的词表,最终整理成教材中的学科英语词表。我们看到,教师 Z 充分发挥个体主体性,有效利用工作生态中的有用资源,特别是微观生态中通过课堂教学所获得的学生所提供的宝贵反馈。这确保了学科英语教材的质量,教师 Z 对教材的内容"更加有底了,后面的信心就会增加一些"(第五轮)。

> Z:这一段的工作很艰难,有瞬间的骄傲或兴奋,但大部分时间都比较煎熬,直到被认可才让我撑过这段煎熬的时光。编写教材的这两年很多事儿都堆在一起。我觉得外语老师想发展需要付出很多的时间和精力,忙到一种脚不沾地的状态,也很有成就感。但很长的时间里不知道它能呈现什么样子,有时候会对自己产生一点质疑。……最开始会想我要写出一本特别厉害的书,但是一旦开始着手写的时候发现,并不是那么的顺畅。找语料就很难,因为我不知道我选的语料是不是足够具有代表性,后来上课时让学生找了一些语料,就稍微笃定了一点,因为这是经过专业学生筛选出来的。(第五轮)

> Z:最开始我就很担心弄成那种没有特色的通用学术英语教材有顾虑。我也会参考其他的书,但又担心和别人一样,体

现不出特色。到后面就好一些，我越来越有信心，尤其是交了第一轮样稿，出版社说教材还行。我觉得都是一点点磨出来的，每天都在不停地修改，反复打磨，天天思考。可是有时还不能想得太细，要赶紧写完，我在各种纠结和冲突中交战，心理上的煎熬挺艰难的。艰难这个词是我回想这个工作时最突出的感受最后做成那一刻的感觉就还可以激励自己一段时间。（第五轮）

Z：我开始的时候用语料库生成一堆词表，按频率排列，后来我觉得没有那么具有代表性。之后我在课上教学生用语料库的方法生成词表，然后让他/她们自己整理。这些年我拿学生的词表跟我的词表一对比，就可以筛出好多没有用的，或补充一些高频的，句型也用语料库生成，并通过一些干预手段筛选出更具代表性的。这个过程让我对内容更有底了，后面就增加了信心。（第五轮）

教师 Z 所从事的教材编写工作和课程教学工作有如硬币的正反两面，它们相互支撑彼此成就。对于教师 Z 而言，教材编写和课堂教学是不可分割的两个方面，教师 Z 个体主体性的达成基于二者的互动，她从二者的互动中获得了教师发展的动力。学科英语的一线教学实践帮助教师 Z 较为深入地认识学科英语，因此成就了她在学科英语教材的编写工作上的个体主体性。"教学肯定是给编写教材做了一些积累"（第五轮），而教材编写工作进而反哺课堂教学，可以把教材内容再"反馈到课堂里边"（第五轮），更加丰富了学科英语的课堂教学，再次彻底地成就了教师 Z 的个体主体性。

Z：教学为教材编写做了一些积累，教材里很多的选材都是学生上课提供的，因为单靠我的力量，我也不知道哪些是比较好的专业论文。其中有些也源自课堂教学中学生的问题，或是他/她们的学习难点。我比较强调 sample analysis，因为我发现学生不会读论文。所以我想告诉学生这句话是什么内容，从写作角度应该关注哪些方面，以及时态如何使用。前期教材的进度比较慢，因为要积累素材，但后期，就是去年，我就可以用到我写的内容，并反馈到课堂里。比如把教材练习放到课堂中，也丰富了课堂活动。（第五轮）

教师 Z 的教师主体性是教师 Z 个体发展过程中的情感张力变化的关键因素（图 8–3）。教师 Z 的教师发展过程表明，她在加入博士学术英语教学改革实践共同体之前，主要通过在实践共同体内部的互动来获得教师发展，习惯于发挥集体主体性，并因此比较自信地从事学科英语的教学工作。但是学科英语的教材编写的确给教师 Z 带来较大的挑战，她不再能够依赖实践共同体的统一安排，而需更加独立地面对更大范围的改革生态系统，需要发挥个体主体性才可完成学科英语的教材编写任务。教师 Z 的情感张力主要来自集体主体性和个体主体性之间的冲突。教师 Z 花费了很大努力，由倾向发挥集体主体性到最终达成个体主体性，并在顺利进行学科英语课程教学工作的过程中最终完成了学科英语教材编写的艰难任务，消解了由集体主体性和个体主体性的冲突所导致的情感张力。

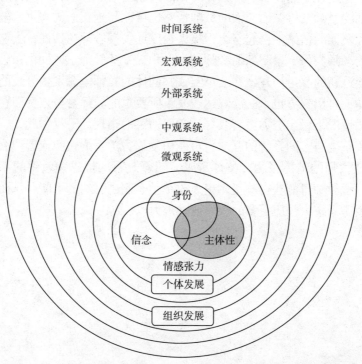

图 8–3　改革生态系统中教师主体性对教师 Z 情感张力变化的影响

8.4　小结

　　教学改革不断推进的历程是教师在复杂动态的改革生态系统中构建教师身份、重塑教师信念、发挥教师主体性以及调整教师情感的过程。教师的身份、信念、主体性和情感密不可分，相互关联，并在彼此复杂动态的互动过程中产生和消解教师张力。由于不同的一线教师个体的教师身份、信念、主体性和情感有所不同，而且不同的一线教师个体分别进入教学改革生态的不同发展阶段，教师身份、信念、主体性和情感的互动方式不尽相同，教师与不同改革生态系统的互动方式与结果也会呈现差异。我们看到，新的教师身份构建可能引发原有的教师信念危机，进而产生消极的教师主体性，并带来负面的教师情感。与此同时，新的教师身份构建也可能激发改革正向的教师信念，从而触发积极的教师主体性，但这并不意味着一定会伴随正面的教师情感，也很可能伴随压力等负面的教师情感。而负面的教师情感也可能起到正面的作用，教师也可能在负面的情绪中奋起努力，极大程度地发挥教师主体性，去努力构建新的教师身份、重塑新的教师信念。积极发挥教师主体性也未必一定能够促进新的身份构建，在改革实践共同体的教师信念发生分歧的情况下；即使付出努力也未必能够达成改革所要求的教师身份，反而在信念不合的情况下付出努力更容易导致负面情感的出现。不仅如此，一线教师与改革生态不同系统的互动也可能引发权力关系的失衡或者冲突，从而导致教师的情感张力。整体看来，随着改革的推进和教师的不断发展，一线教师可能获得与更多更大改革生态圈层互动的可能，从而在不同的生态系统中经历更多的教师情感张力。

第 9 章
研究讨论与启示

    本研究中的教师 X、Y、Z 所经历的外语教学改革契合中国高等教育中外语教学改革的宏观语境，响应我国新时代人才高端培养的迫切需求，是很多一线教师无法回避并需要努力面对的职业现实。外语教学改革的确为教师的专业发展提供了宝贵机遇，但是同时也给教师带来了巨大挑战，造成了一线教师职业生涯中一段时期的艰难奋斗。外语教学改革对一线教师的身份、信念和主体性产生极大冲击。一线英语教师需要重建教师身份，重塑教师信念，在繁重的教学工作的基础上更加积极地发挥教师主体性。教师情感张力因此成为外语教学改革的重要方面，而有效应对情感张力成为一线教师在复杂动态的改革生态中获得专业发展的关键性部分。

    本研究响应了人文和社会科学领域中发生的情感转向趋势（Clough & Halley，2007），首次探究了中国一线英语教师在充满困难与挑战的学术英语教学改革进程中情感张力的长期变化过程。本研究采取整体主义视角（Kalaja et al.，2015），指出教师情感张力与教师身份、信念、主体性不可剥离，它们之间复杂的相互影响持续贯穿于外语教学改革动态变化的整个过程。而且，教师情感张力和与之密切关联的教师身份、信念和主体性彼此作用，共同形成改革生态的内在核心，对外语教学改革中教师的专业发展起到了关键性的影响。改革生态内核中的教师身份、信念或主体性可能成为影响教师情感张力的关键构念。

    本研究呼应了人文和社会科学领域中发生的话语转向（Benwell & Stokoe，2010），继承了以 Vygotsky（1986）和 Bakhtin（1982）为发端的社会文化理论以及对话理论视角，发扬了批评社会文化理论思想的后结构主义分析视角（Moje & Lewis，2007），首次将外语教学改革生态中一线教师的工作场所，特别是教学改革实践共同体视作蕴含张力和冲突的权力场所和话语空间。本研究进一步丰富了社会文化视角关于教师实践共同体的研究成果（Hökkä，2012），强调教学改革实践共同体对于教师发展的重要作用。本研究发现，一线教师的专业发展是个体与改革生态，尤其是教学改革实践共同体之间频繁互动和深入对话的产物。虽然教学改革实践共同体是一线教师情感张力的主要来源，但也是影响教师情感张力变化以及教师专业发展的关键改革生态系统。而且，本研究补充了教师发展的涌现范式，在明确工作场所是教师发展的关键语境（Boreham & Morgan，2004）的基础上指出，教师的个体发展和教学改革实践共同体的集体发展相互成就。

本研究呼应人文和社会科学领域中发生的复杂转向（Han，2017）以及教师发展领域新近出现的生态转向（Bronfenbrenner，2005）。本研究首次采用复杂动态系统理论视角观察教学改革进程中一线教师的情感张力变化。而且，本研究首次将复杂动态系统和生态系统理论相互结合，以复杂动态系统理论（Larsen-Freeman，2012）为总体框架，揭示出外语教学改革的复杂动态本质，随后进一步采用生态系统理论视角准确展示出外语教学改革复杂动态系统的嵌套多层的生态子系统的构成情况。本研究展示出外语教学改革的各个生态层面之间纷繁交错的互动关系，以及一线教师如何在复杂动态的改革生态系统互动之中体验情感的张力并消解情感张力。教学改革带来的剧烈变化严重冲击到工作场所原本的生态平衡。本研究探讨一线教师如何处理不同生态层级的权力关系、消解不同生态层级可能带来的冲突与张力、吸纳不同生态层级的资源供给并重新构建稳定的生态平衡。本研究显示，教学改革进程中的关键事件可以有效激励教师实现改革要求的专业发展，有力促进个体所面对的复杂动态的改革生态实现新的平衡。

本研究采用质性研究方法，深度挖掘、细致描写和长期追踪学术英语教学改革进程中的一线教师。本研究发现教师情感张力产生于密切关联的教师身份、信念、主体性的整体之中，产生于教师个体与彼此互动的多层改革生态系统的共同适应之中，以及工作场景错综的权力关系的多方对话之中，体现在复杂动态的教学改革生态之中。本研究提出，一线教师复杂动态的情感张力变化既有个性也有共性，准确认识和恰当把握教学改革生态中的关键教师发展构念即教师身份、信念、主体性、关键改革生态系统，以及改革关键事件，对于消解一线教师的情感张力，顺利推进教学改革能够起到十分重要的影响。

9.1　教师情感张力变化的关键教师发展构念

本研究采用整体主义的视角，将外语教学改革的复杂动态的生态系统视为一个由多个层面（Bronfenbrenner，2005）全面联结的整体（郑咏滟，2011），强调一线教师存在于改革生态系统的整体关系之中，而教师发展在改革生态的复杂动态的相互关系（秦丽莉、戴炜栋，2013）之中得以实现。教师发展并不是一线教师单方面的个体行为，无法与具体的改革生态现实相互剥离。而且，本研究借鉴 Kalaja et al.（2015）的整体主义视角，考察教师身份、教师信念、教师主体性以及教师情感的"紧密纠缠的"（Haviland & Kahlbaugh，1993: 328）相互关系。教师身份、信念、主体性和情感密不可分、相互影响，是教师发展研究中重要的而非孤立的构念（Hiver & Al-Hoorie，2016），不会彼此分裂单独发展。教师身份、信念、主体性和情感之间存在着错综复杂的动态关系（Barcelos，2009; Cross & Hong，2012），了解教学改革生态中一线教师的情感现实需要充分认识教师情感与教师身份、信念和主体性的复杂动态的相互关系（Gao & Cui，2022c）。

本研究进一步印证了教师身份、教师信念、教师主体性以及教师情感的社会属性，教师发展的重要构念在一线教师的社会互动之中得以协商共建（Assen et al.，2018; Bloome et al.，2005; Cohen，2010），在特定的社会文化环境之中得以形成和实现（Campbell，2012; Danielewicz，2001; Datnow，2012; Lee & Dallman，2008; Pantić，2015; Zembylas，2005）。本研究支持社会文化理论视角，认为教师发展的重要构念不仅是教师个体的心理特征，而且还是一线教师与社会文化语境辩证互动的产物（Prawat，2002; van Huizen et al.，2005）。本研究认同教师发展的涌现范式（Beckett & Hager，2002），强调教师发展是个体参与并投身复杂动态的改革生态的艰难的实现过程。本研究尤其赞同批评社会文化理论视角（Moje & Lewis, 2007），从后结构主义的分析角度将改革生态视为一个冲突和张力的话语空间，探究教师情感张力需要基于一线教师与改革生态中多个层面的权力关系的彼此互动，以及这些权力关系互动对于教师身份、信念和主体性的塑造。

在前人研究的基础上，本研究进一步强调教师个体在改革生态中作为生态内核的重要地位。在 Kalaja et al.（2015）的教师身份、信念、主体性和情感的整体主义的立场的基础上，本研究发现，每位教师所形成的生态内核必然存在着个体差异，这塑造了不同教师个体面临的不同的教学改革的生态现实，而一线教师在不同的改革生态现实中经历着不同情感张力的变化路径。复杂动态的教学改革生态系统虽然在整体的内部全面联结，但这并不意味着教师个体之外的改革生态的所有因素毫无差别地作用于教师情感。显然，在教师个体与生态环境的双向互动的彼此影响中，部分生态因素会在教师个体所在的当下的生态现实中发挥着更为重要的效力。本研究发现，改革生态中产生影响的外部因素并非随机任意的，而在很大程度上取决于处在生态环境核心部分的一线教师的个体特点。一线教师在复杂动态的改革生态系统中对于自身身份、信念和主体性的协商建构是情感张力形成的重要原因。复杂动态的改革生态中教师身份、信念和自主性处于不断地变化过程之中，所以教师经历的情感张力也会呈现出持续性的变化。而身份、信念和自主性的协商建构存在教师个体的差异，因此教师情感张力的变化轨迹就会有所不同。

一线教师在与各个生态系统的互动中建构身份、树立信念和发挥自主性，这一互动的过程伴随教师情感张力，同时情感张力又会影响互动的过程。教师 X 首先构建本科学术英语课堂教学者的身份，然后构建本科学术英语教材编写者的身份。后者与前者相比要求教师 X 发挥较高程度的教师主体性，并因此而产生了较大程度的负面情感，而情感张力同时促使教师 X 发挥出更高程度的教师主体性。教师 Y 首先构建硕士学术英语教材编写者的身份，然后构建硕士学术英语课堂教学者的身份。在教学改革的硕士学术英语教材试点的工作开展之后，教师 Y 由于教学者身份的构建新增了相应的情感张力，但同时因为改革正向信念的重塑而减少了相应的情感张力，整体上表现出情感张力减缓的趋势。教师 Z 首先构建学术英语课堂教学者的身份，然后构建学科英语课堂教学者和学科英语教材编写者的身份，当构建学科英语教材编写者的身份时，教师 Z 的身份和信念虽然已经趋于稳定，但作为学科英语教材唯一主编的身份要求教师 Z 发挥更大程度的教师个体主体性，与更大范围的生态系统进行互动，并因此产生相应的情感张力，而情感张力又进一步促使教师独立地去寻求生态系统的给养。

　　本研究发现，教师个体作为改革生态的生态内核，其身份、信念和主体性对于情感张力的发展变化起到关键性作用，教师身份、信念和主体性是一线教师复杂动态的情感生态中的核心构念。前人的研究表明（杜小双、张莲，2021；王涛，2011；郑咏滟，2019；Gaddis，2002；Larsen-Freeman，2017），复杂动态系统对于初始状态比较敏感，教师身份、信念和主体性构成了改革生态的初始条件，它们之间相互扰动（杜小双、张莲，2021），虽然单一初始条件的输入并不能够全然决定情感输出，但是教师 X、教师 Y 和教师 Z 的情感变化过程显示，某一关键构念的变化确实可能带来情感生态的变化，产生蝴蝶效应，对复杂动态的改革生态系统产生关键性的影响。通过观察关键构念与改革生态系统的互动模式，可以反思性地解释改革生态的发展过程和教师情感张力的变化轨迹。

　　教师 X 的教师身份是生态内核中的关键构念。教师 X 在改革初期进入改革生态，缺少可以借鉴的前期经验。对于教师 X 而言，学术英语教师身份的构建是情感张力产生的重要原因。她感到困难重重。改革之初，教师 X 认为，自身的教育经历以及长期职业生涯所形成的通用英语的核心的教师身份与学术英语教师身份之间存在巨大的冲突。而且，教师 X 一度觉得，英美文学的教师身份也会对学术英语教师身份的构建形成知识结构上的天然阻碍。不仅如此，教师 X 的英语非本族语者的教师身份也凸显出来，同样不利于学术英语教师身份的发展。教师 X 在学术英语教学改革实践共同体中通过集体备课等活动得到共同体成员的相互支持，有助于她部分构建起学术英语的教师身份，具备了进入一线课堂教授学术英语课程的能力和信心。之后，通过完成学术英语教材的艰难的编写任务，进一步建立起学术英语的教师身份。虽然学术英语教材的编写过程中，教师 X 经历了强烈的情感张力，即一方面非常支持教材编写，而另一方面为任务的完成疲惫不堪，但是教材编写的巨大挑战帮助教师 X 确立起学术英语教师的身份，而自此之后，教师 X 的情感张力得以大幅缓解。可见，学术英语的身份构建不仅是教师 X 教师发展的关键构念，也是教师 X 情感张力得以消解的关键概念。

　　教师 Y 的教师信念是其生态内核中的关键构念。与教师 X 所在的教学改革实践共同体不同，教师 Y 所在的教学改革实践共同体首先开展了学术英语的教材编写工作，然后在部分硕士研究生中进行了编写教材的试讲工作，之后在全体硕士研究生的一线课堂上推广了学术英语的教学工作。尽管教师 Y 与教师 X 同样较早进入学术英语的教学改革生态，但是由于他 / 她们开展工作的起点不同，对于他 / 她们教师发展起到关键性作用的构念也就有所不同。教师 Y 在教学改革实践共同体中首先遭遇到编写教材的信念上的剧烈冲突。教师 Y 非常反对将 academic reading skills 和 academic writing skills 作为教材编写的重要主线之一。教师 Y 基于自身翻译专业的语言训练，认为学术技能的习得无益于学生语言水平的真正提高。同时，教师 Y 特别强调应将学生水平放在教学工作的首位。因为学生群体的数量过大，现有师资无法满足所有学生的学习需求，因此，新生入学需要进行英语分级，通过分级的学生自动跳过这一阶段的英语学习。可以想象，教师 Y 的授课对象的英语水平普遍较低，也就不难解释为什么教师 Y 将学生的英语水平作为编写教材的关注重点。教师 Y 所持有的学术英语教材过难、学生英语水平过低的教学改革负向信念是产生教师情感张力的重要原因，即教师 Y 一方面认为学术英语教材迎合学生的学术需求，所以在情感上支持教材的编写；而另一方面认为学术英语教材难度太大而无法真正在实际课堂教学中产生正面效果，所以在情感上排斥教材的编写。教师 Y 参与编写的教材在教材试讲的过程中得到学生的正面反馈时，促使教师 Y 改变了教材过难并不适合授课对象的教师信念，从而消解了教师 Y 面临的巨大的情感张力。教师 Y 的教师信念的转变是改变其情感生态现实的关键构念。

　　教师 Z 的教师主体性在其生态内核中占核心地位，具体而言，教师 Z 的教师个体主体性是其生态内核中的关键构念。与教师 X 和教师 Y 不同，教师 Z 进入改革生态的时间较晚，直接继承了本科以及硕士学术英语教学改革实践共同体的改革成果，在参与松散耦合组织的博士学术英语教学改革实践共同体之前已经进行了一段时间的本科以及硕士学术英语的课程教学，因此形成较为稳定的学术英语的教师身份和信念，没有在博士学科英语的课堂教学过程中表现出非常强烈的教师情感张力。可见，时间这一考察复杂动态系统的重要参数（Elman, 2003; Larsen-Freeman, 1997）在很大程度上决定了教师 Z 的情感现实的基本状态。然而，教师 Z 需要面对作为唯一主编编写学科英语写作教材的艰巨挑战，而且教师 Z 所在的博士学术英语教学改革实践共同体的松散耦合的组织方式无法提供来自集体的有力支持。教师 Z 需要独立地发挥教师的个体主体性，将之前工作习惯所形成的集体主体性转化为独自面对改革任务必须达成的个体主体性，这无疑对教师 Z 造成了较为强烈的情感冲击。直到教师 Z 完成并出版了学科英语的写作教材，切实达成了教学改革生态中教师的个体主体性，才真正缓解了教师情感张力。教师 Z 在改革生态中发挥的主体性属于转型主体性（Brevik et al., 2019; Haapasari et al., 2016; Sannino, 2010），往往需要在多阶段的长期的过程中得以充分实现（Sannino & Engeström, 2017）。教师 Z 所习惯发挥的集体主体性是有限的主体性，而学科英语教材编写过程中形成的个体主体性则是扩展的主体性（Vähäsantanen et al., 2009）。教师 Z 得以扮演更加主动的教师角色，可以更加独立于改革生态的社会资源，针对改革目标更加自主地采取行动，从而彻底摆脱了改革生态对于教师情感的可能冲击。教师 Z 的教师个体主体性的达成是改变其情感现实的关键构念。

本研究关于教师情感张力变化的关键构念的发现可以对教学改革的政策制定者、改革推行者、教师教育者、学校管理者以及一线教师有所启示。

对于改革的政策制定者和推行者而言，需要切实了解一线教师是否为教学改革做好了教师身份和教师信念的准备。本研究显示，一线教师很可能不具备教学改革所要求的教师身份和教师信念，甚至长期持有的教师身份和教师信念与改革的要求相冲突，那么重塑教师身份和教师信念必然会造成教师的情感张力。因此，改革政策制定者和推行者在实施教学改革之前应该充分调研一线教师的实际情况，认真评估教学改革实施的可行性，在教学改革的可行性和必要性之间作出慎重的权衡。如果在教师身份和教师信念有所不足的情况下强力推进教学改革，则须做好全面的准备应对一线教师的充满张力的情感现实。

对于教师教育者和学校管理者而言，需要为一线教师在艰难的改革生态中的专业发展提供必要的支撑与给养。本研究显示，虽然教师个体与改革生态的彼此互动确实会产生冲突与张力，但是改革生态中的有力支持可以助力一线教师获得快速的发展。教师教育者应该培训一线教师如何在工作场所寻求并赢得给养的能力，从而帮助一线教师在艰难的改革生态中正确面对教师的情感挑战而获取难得的专业发展的机遇。学校管理者应该正视一线教师在教学改革中可能出现的激烈的情感张力，明确情感张力也可能促使一线教师发挥积极的教师主体性，从而为教学改革的推进带来正向的影响。同时，学校管理者应该为一线教师提供专业发展的充足的外部给养，搭建教学改革中教师发展的平台，扶持一线教师尽快完成改革要求的教师身份的构建、教师信念的塑造、教师主体性的发挥，并有效避免可能影响改革进程的负面的教师情感。

对于一线教师而言，需要深入思考自身的教师身份、教师信念和教师主体性，客观分析情感张力产生的可能原因。很多时候，一线教师对于教师身份、教师信念和教师主体性缺乏明确的认识，对于自身的情感张力仅仅停留在感性的层面，而无法真正进行理性的判断。一线教师应该学会细致剖析作为复杂动态的改革生态内核的自我，才会有效摆脱负面情绪的轻易的控制与困扰。不仅如此，一线教师还应学会明确对于自身发展和情感变化起到关键性作用的重要构念，认真体会对于专业发展和教师情感起到关键性作用的教师发展构念，在教师身份、信念或者主体性方面进行相应的有针对性的调整，从而在复杂动态的改革生态中快速消解激烈的教师情感张力，顺利实现教学改革所需要的教师专业发展。

9.2 教师情感张力变化的关键改革生态系统

本研究运用 Bronfenbrenner（2005）的生态框架（Cross & Hong, 2012）考察一线教师在外语教学改革中的情感生态（Zembylas, 2007b）。本研究显示，教学改革不可避免地涉及工作场所的多个生态系统，一线教师在与微观系统、中观系统、外部系统、宏观系统以及时间系统的复杂动态的互动之中，获得专业发展的给养和机遇。同时，一线教师与多重生态系统进行互动的过程中，必然涉及工作场所相关的不同的权力关系（Benesch，2017，2018，2020）。后结构主义视角强调，一线教师无法脱离改革生态中的不同的社会权力关系带来的冲突与张力，需要遵守不同的情感规则，采用相应的情感策略（Ding & Benesch，2019; Miller & Gkonou，2021），体验不同的情感张力。

本研究印证了情感张力的社会属性（Becker et al.，2014; Cekaite，2013; Cekaite & Ekström，2019; Farouk，2012; Goetz et al.，2021; Zembylas，2002），指出教师情感张力产生于改革生态的社会关系之中，离不开一线教师经历的特定的改革生态场景。教师情感的确是互动的实践（Abu-Lughod & Lutz，1990），不是单纯的个体行为或心理状态。一线教师无法真正与具体的改革生态相互剥离，需要在复杂动态的改革生态中构建身份、塑造信念、发挥主体性，并且因此而经历情感张力的复杂变化。本研究还证实了情感对于社会现实的塑造作用（Bourdieu，1986; Loh & Liew，2016; Song，2018）。一方面，一线教师在改革生态的工作现实中体验着情感张力；另一方面，一线教师经历的情感张力也会激发重建身份和信念的意志力和行动力，将情感张力转化为可以对改革进程产生影响、发挥实际效力的社会资本（Zembylas，2007a），从而反向地塑造改革生态的工作现实。

本研究的生态视角更为准确地展示出外语教学改革作为一个复杂动态的系统特征。复杂动态系统理论虽然承认系统的嵌套特征（Larsen-Freeman，1997），指出复杂动态系统由异质性的不同层次的子系统组成，小系统嵌套于中系统，中系统嵌套于大系统（许川根，2019），但是复杂动态系统理论在不同的子系统的相对独立性和相互依存性之间更加强调后者，即重视复杂动态系统的开放性特征（Hiver et al.，2021; Larsen-Freeman，2007，2012; Mercer，2011）。万物一体，"划定界限不那么可行"（许希阳、吴勇毅，2015：5），系统更多表现出的是"跨越的倾向"（Hiver et al.，2021: 7）。而且，复杂动态系统理论对于子系统的描述也相对模糊，教学改革的复杂动态系统究竟包含哪些子系统并未明确。本研究明晰了复杂动态的改革生态系统所涉及的众多子系统：微观系统、中观系统、外部系统、宏观系统和时间系统，并且描述了一线教师与不同子系统彼此互动的特点。更重要的是，本研究的生态视角不仅揭示出教学改革的复杂动态系统中各个子系统对于一线教师专业发展的不同作用。复杂动态系统理论认为系统内部的要素之间形成了网状的组织（Byrne，2005）且密切相连，相互影响，同时也展现出某种平等的关系。然而，本研究发现，在复杂动态的改革生态中，虽然各个子系统确实密切关联，但是对于一线教师的专业发展而言，某一改革生态子系统可能会起到更加关键的作用。

本研究发现教师实践共同体所在的改革生态的中观系统对于教学改革中一线教师的专业发展和情感张力变化起到十分关键的作用。本研究印证了教学改革实践共同体是教师发展的重要的中介工具（Lave & Wenger，1991）。作为一种抽象的合作形式和具体的实践组织，外语教学改革的实践共同体激励一线教师发挥教师主体性，努力达到最近发展区（Chaiklin，2003; Lantolf，2000）的极限，突破长期持有的通用英语的教师身份，跨越原有身份和信念的舒适区（高原，2018）而实现自身的专业发展。同时，本研究呼应前人有关个体发展和组织发展关系的研究结果（Boreham & Morgan，2004; Eteläpelto，2008; Hökkä，2012; Wells，2007; Wenger，1998），即教学改革实践共同体既是手段也是目的，不仅是教师发展的支撑场所，也在教师的个体发展中实现组织发展。本研究显示，在一线教师与教学改革实践共同体的彼此互动之中，教学改革实践共同体关键性地促进了学术英语教师身份的构建、信念的塑造和主体性的发挥，而一线教师的个体发展同时推动了改革实践共同体的组织发展，整体上为教学改革教师队伍的建设注入了新的活力。

本研究进一步强调，教学改革实践者的个体发展和教学改革实践共同体的组织发展之间的相互影响存在着复杂、动态的关系。本研究指出 Hökkä（2012）的社会文化理论视角的不足，即实践共同体并不简单地成就教师的发展。本研究为社会文化理论赋予后结构主义视角，强调应从批评社会文化理论的视角出发（Lewis et al.，2007; Moje & Lewis，2007; Norton & Toohey，2011; O'Connor，2001），将教学改革实践共同体视为充满复杂张力的、不同的权力关系动态变化的意义空间。教学改革实践共同体不仅为一线教师的专业成长提供支撑，而且也是一线教师体验以及消解情感张力的重要场所。一方面，教师个体首先在改革实践共同体中体会到教师身份、信念和主体性的冲击，从而产生巨大的情感张力；而另一方面，教师个体在身份、信念、主体性以及情感方面的张力与冲突的消解得益于个体与教学改革实践共同体的集体之间的长期互动。虽然改革生态中的各个系统都可能影响教师情感张力的复杂变化，本研究显示，与其他生态系统相比，教学改革实践共同体所在的中观生态系统发挥着更为关键的作用。

教师 X 与改革生态的中观系统的本科教学改革实践共同体的互动对于学术英语教师的身份构建起到了关键性作用。教师 X 的学术英语教师身份的构建分为两个重要阶段：第一阶段，教师 X 通过实践共同体的集体备课活动实现了部分学术英语教师身份的构建，形成了一定的学术英语知识体系，从而具备了走进学术英语一线课堂的能力和面对学生的勇气和信心；第二阶段，教师 X 通过实践共同体集体完成的教材编写任务实现了更高程度的学术英语教师身份构建，不仅建立起教学改革所要求的更为完善的学术英语本体知识体系，而且在课堂教学的知识传授中能够做到取舍得当、重点突出。教师 X 在两个阶段的学术英语教师身份构建均离不开所在的本科教学改革实践共同体。教学改革实践共同体对于教师 X 的专业发展发挥了重要影响。值得注意的是，教师 X 在改革实践共同体中既获得支持也感到压力。第一阶段，教师 X 与改革实践共同体中的其他成员彼此依赖、相互支撑，通过集体合作的方式发挥集体主体性得以共同构建学术英语的教师身份；而第二阶段，教师 X 需要在改革实践共同体中发挥更大程度的个体主体性，因为不同于第一阶段，改革实践共同体内部在教材编写过程中存在明显的竞争关系，而且实践共同体的负责人还会利用权力地位的不同促进竞争关系以获取更为优质的选材从而提升教材质量。在第二阶段，教师 X 在改革实践共同体中体验到了巨大的情感张力，而同时，情感张力又激发了教师主体性更大程度的发挥，并因此加快了学术英语教师身份的构建，并最终消解了教师 X 的情感张力。可见，教学改革实践共同体所在的中观系统是教师 X 专业发展和情感张力变化的关键生态系统。

教师 Y 与改革生态的中观系统的硕士教学改革实践共同体的互动对于学术英语教师的信念塑造起到了关键性作用。教师 Y 在教学改革实践共同体中经受了大量的信念冲突和情感张力。改革之初，从事硕士教材编写的教学改革实践共同体中存在着两种信念立场，即一方认为教材内容虽然很难但是学生应该可以接受，能够为学生的学术发展提供非常具有针对性的实质性帮助；而另一方认为教材内容过难所以无法真正为英语水平较低的学生群体提供有效的帮助。教师 Y 持有后一种信念与前一种信念产生了剧烈的冲突，造成了巨大的教师情感张力。然而，正是这种情感张力促使整个改革实践共同体认真对待教材编写的两种信念，并在教材出版之前进行了一个学期的试讲工作。而改革实践共同体所推进的教材试讲工作所获得的学生反馈最终缓解了实践共同体内部的教师信念冲突。表面上看，教师 Y 在教学改革实践共同体中体验到的信念冲突带来了很多负面的教师情感，可实际上，负面情感敦促整个改革实践共同体正视两种分歧严重的教师信念，并最终坚定教学改革正向的教师信念，从而在教师个体专业发展的同时促成了改革实践共同体的组织发展。不仅如此，教师 Y 经历教师信念的转变之后，更加坚定地支持学术英语教学改革。虽然在一线学术英语的课堂教学中仍然体会到很多情感张力，特别是缺乏学术写作的相关训练而深感学术写作教学的驾驭能力不足，但是教师 Y 能够正面看待自身的负面情感，完全认同自己学术英语的教师身份并愿意发挥相应的教师主体性。同教师 X 的经历相似，教学改革实践共同体所在的中观系统对教师 Y 的专业发展和情感张力变化起到了关键作用。

教师 Z 与改革生态的中观系统的互动同样对其教师个体的专业发展起到了关键性作用。与教师 X 和 Y 不同，教师 Z 所在的博士学术英语教学改革实践共同体不属于紧密耦合组织的实践共同体，而属于松散耦合组织的实践共同体，相对而言对于教师 Z 的支撑力度并不充分，倾向于鼓励教师更多地发挥个体的主体性。但是，教师 Z 在进入博士教学改革实践共同体之前，不仅继承了本科和硕士学术英语改革实践共同体的教材编写工作的改革成果，而且开展了本科和硕士的学术英语的课堂教学工作。教师 Z 避免了本科和硕士改革实践共同体改革初期出现的大量的教师张力问题，十分自然地接受了学术英语教学改革的生态现实。而且，教师 Z 教授本科和硕士学术英语课程的过程中得到很多来自同事的集体备课活动的帮助，这是本科和硕士实践共同体改革工作的进一步延伸。同时，教师 Z 还参与了硕士学术英语慕课实践共同体和本科以及硕士学术英语题库建设实践共同体等的教师合作活动，这些无疑对于教师

Z 的学术英语教师身份的构建和教师信念的塑造起到重要的支撑作用。因此,教师 Z 在进入博士改革实践共同体之初,其学术英语的教师身份和信念已经趋于稳定。另外,博士学科英语教材实践共同体的内部存在一定的竞争关系,共同体成员需要分别完成自己作为唯一主编的学科英语教材,并且表现出自我保护和相互比较的倾向,共同体成员在努力发挥个性的同时,密切关注其他成员的教材编写进度、编写思路和编写内容。这种实践共同体内部的相互关系无疑促使教师 Z 比较迅速地实现从习惯实践集体主体性到发挥个体主体性的转变,更大程度地达成教师个体的主体性。教师 X 完成了学科英语教材的编写任务,构建起更为稳固的学术英语教师身份,更有能力去应对学术英语改革的生态现实。同教师 X 和 Y 一样,改革生态中的中观系统也是教师 Z 专业发展和情感张力变化的关键生态系统。

　　本研究有关教学改革生态的关键生态系统的发现可以对教学改革的政策制定者、改革推行者、教师教育者、学校管理者以及一线教师都有所启示。

　　对于改革的政策制定者和改革的推行者而言,需要明晰教学改革并不是简单地贯彻改革生态宏观系统的改革政策,同样的改革政策也并不会为所有一线教师塑造出同样的改革效果。而且,宏观政策往往并不直接作用于一线教师,而是需要经历在一线教师的群体中进行解读的过程。不仅如此,教育宏观政策更多在具体的校本实际语境中得以体现,需要与校本的中观系统相互融合,在一线教师所在实践共同体的集体内部的教师互动之中得以真正的贯彻。因此,改革的政策制定者在制定教育政策之前应该充分调研各个高校的实际情况,最大限度地提升教育政策的可行性。而改革的推行者在推行教育政策的过程中也应该深入了解各个高校的真实特点,以便最大范围地有效推进教学改革。

　　对于教师教育者和学校管理者而言,需要尽最大可能营造良性健康的改革中观生态。教师教育者和学校管理者应该意识到教学改革的成功不仅仅是教师个体主体性发挥的结果,个体发展和组织发展相互促进、密不可分。教师教育者在培训一线教师的时候,应鼓励一线教师正向面对所在实践共同体中的冲突与张力,指出实践共同体对于个体发展可能发挥的关键性作用,而实践共同体内部的冲突与张力很有可能是个体发展和组织发展的重要的外在表现。学校管理者应该特别注重组织教学改革的实践共同体，在艰难的改革现实中学校管理者应该鼓励一线教师通过集体的力量克服困难，从而可以在一定程度上减轻教师孤军奋战可能面对的改革负担。而且，学校管理者还应适当介入改革实践共同体的生态建设，必要时需要调解改革中观生态中可能影响改革进程的冲突与张力，为一线教师的个体发展和实践共同体的组织发展提供推手和助力。

对于一线教师而言，应该积极拥抱改革生态的中观系统可能提供的有利资源，充分利用可及资源以促成改革要求的教师身份的构建、信念的塑造和主体性的发挥。一线教师应该认识到自身的局限，对于中观系统中可能存在的不同信念和立场采取包容的而非简单排斥的态度。多种思想的频繁碰撞恰恰为一线教师的专业发展孕育了有待拓展的空间。因此，一线教师应该正向看待中观系统中可能出现的教师身份、信念、主体性以及情感的挑战。另外，一线教师应该清醒地认识到，虽然确实可以通过与中观系统的互动而彼此受益，但是长久来看，一线教师还应在中观系统的生态中逐渐建立起更加独立且符合改革要求的教师身份，发挥更大程度的教师个体主体性。尽管中观系统可能在相当长的改革进程中起到关键性的作用，但不具备永久的可持续性，因此，完全放弃自主探索而彻底依赖中观系统并不可行。

9.3　教师情感张力变化的关键事件

本研究再次确认身份、信念、主体性和情感是教师发展的核心构念（Archer，2000; Edwards，2009; Harendita，2017; Hargreaves，1998; Teng，2019），印证了身份、信念、主体性和情感对于一线教师的教学实践具有重要影响（Borg，2003; Gee，2000; Johnson，2006; Lipponen & Kumpulainen，2011）。本研究进一步指出教学改革进程中教师身份、信念、主体性和情感对于教师发展的重要性以及教学改革进程中教师身份、信念、主体性对于教师情感的变化的重要性。本研究不仅验证了以往研究中（Cubukcu，2013; Ghanizadeh & Royaei，2015; Hargreaves，1998; Uitto et al.，2015; Yin & Lee，2012）有关情感是教育的核心问题的结论，而且验证了 Kalaja et al.（2015）的有关身份、信念、主体性和情感的整体主义视角，即教师情感无法独立于其身份、信念和主体性而独立存在。外语教学改革改变了原有的教学实践（Lasky，2005），冲击了英语教师原有的身份、信念和主体性，促使教师身份、信念和主体性发生改变，要求一线英语教师重构教师身份，重塑教师的信念，发挥较高的主体性（Lee et al.，2013; Tao & Gao，2017; van Veen et al.，2005），并因而引发教师剧烈的情感波动（Flores，2005; Kelchtermans，2005）。外语教学改革进程中一线教师的身份、信念和主体性的变化必然伴随教师情感现实的改变，情感张力是一线英语教师必然的改革经历。同时，教师身份、信念和主体性基于教师情感，彼此形成相互关联的系统（Haviland & Kahlbaugh，1993）。因此，一线教师的情感张力也会影响教师身份、信念和主体性的变化，从而推动教学改革的深入进行。可见，教学改革中一线教师的情感张力是教学改革顺利开展的重要方面。

本研究采用复杂动态视角考察教师身份、信念和主体性。呼应前人的研究发现（Day et al.，2006; Feryok，2012; Insulander et al.，2019; Pajares，1992; Sakui & Gaies，1999; Taylor，2017; Yuan，2020），即教师身份、信念和主体性并不是简单的和静止的存在，而是复杂的和动态的多维构念。本研究采取辩证的立场，强调教师身份作为身份的集合（Yuan，2016）既具有整体性又具有多面性，既具有稳定性又呈现动态性。教学改革的工作生态很可能会凸显教师个体身份的多面性、动态性，或者造成不同身份之间的分裂与冲突（Akkerman & Meijer，2011; Arvaja，2016; Ruohotie-Lyhty，2013）。在现实自我、理想自我和应该自我之间呈现出差异（Higgins，1987），令一线教师感到身份缺陷、身份冲突、身份崩溃和身份危机（Baumeister，1986）。另外，教师身份同时具有连贯性，一线教师也会在教学改革进程中身份的复杂动态中努力寻求身份系统的平衡。随着教学改革进程的推进，看似彼此矛盾的教师身份很可能最终得以协商而形成和谐共处的系统的整体（Sutherland et al.，2010: 456）。教师信念也是一个层次纷繁的复杂动态系统（Pajares，1992）。教师信念系统内部的多种信念很可能彼此冲突，但是这些不相一致的信念未必形成张力（Green，1971），因为对于一线教师而言，部分信念属于核心信念或显著信念（Ajzen & Fishbein，1980; Fishbein & Ajzen，1975），更加可能影响教师行动、指导教学实践（Phipps & Borg，

2009; van Twillert et al., 2020），而其他边缘信念则无法起到同样的作用，从而达成了相对稳定的教师信念系统。可是，当外部教育现实发生变化时，原本稳定的教师信念系统有可能失去平衡，敦促一线教师在动态变化之中寻求构建新的信念系统。在教学改革的推进过程中，一线教师很可能需要树立全新的教师信念以响应改革要求，或者原本边缘的教师信念需要成为系统的核心（Gao & Cui, 2022d），教学改革往往要求一线教师构建新的教师信念系统的平衡，并在不同信念之间形成冲突与张力。同样，教师主体性也是复杂多面的构念（Feryok, 2012; Insulander et al., 2019），呈现出多种的主体性类型，包括个人主体性和关系主体性（Little et al., 2002; Nakata, 2011; Wright, 2015）；个体主体性和集体主体性（Hökkä et al., 2017）；静态主体性和转型主体性（Brevik et al., 2019; Haapasari et al., 2016; Sannino & Engeström, 2017）；增强的主体性和缩减的主体性（Elmesky et al., 2006; Vähäsantanen et al., 2009）等。教学改革往往要求一线教师基于新的工作要求作出某些选择，采取某些行动，实践某些特定类型的主体性，这很可能与一线教师习惯发挥的主体性会有所不同，从而给教师带来相当程度的不适应，并因此而产生情感的张力。可见，教学改革会对一线教师原本相对稳定的身份、信念和主体性的复杂结构形成冲击，造成教师的情感张力，要求教师达成身份、信念和主体性的复杂动态系统的新的平衡。

本研究发现教学改革进程中的关键事件能够推动一线教师重建身份、重塑信念、积极发挥改革要求的教师主体性，能够促使改革生态中充满张力的众多教师身份、信念和主体性之间形成新的平衡。关键事件对消解教学改革引发的一线教师复杂的身份、信念和主体性系统内部的巨大张力发挥着重要的作用，使得动态不定的教师身份、信念和主体性系统可以重新实现稳定的状态。教学改革生态中教师发展的关键事件具有以下几个特点：首先，关键事件对于一线教师的影响具有一定的隐蔽性，即关键事件对于教师的影响往往无法在事件开展之前得到准确的预测，而参与关键事件的一线教师可能并不一定能够清晰感知这些事件对于自身发展起到的重要作用，甚至可能完全忽略关键事件对于自身的教师身份、信念或主体性所产生的实际影响；或者一线教师往往只会在参与关键事件一段时间之后甚至整个事件已经结束之后才能意识到关键事件对于自身发展的重要性。其次，关键事件对于一线教师的影响可能具有间接性，即一线教师未必直接参与其中才可受到关键事件的影响。有些时候，一线教师可能仅仅只是关键事件的旁观者或被告知者而非亲历者或直接推动者，但是关键事件可能引起教师的重点关注，有效改变或塑造了教师身份、信念或主体性，从而能够切实影响教师发展。另外，关键事件对于一线教师的影响具有阶段性特征，即某一关键事件不会一直对相关教师保持长期的影响力。如果某一关键事件已经促成教师身份的重建、教师信念的重塑或者教师主体性的发挥，那么这一关键事件可能也就失去对于教师发展的关键性，而一线教师进一步的继续发展则需要其他可能的关键事件的影响。或者说，改革进程中一线教师的发展并不是一步到位的，教师发展的不同阶段往往涉及不同的关键事件，这些关键事件可能在不同时期不同程度地影响着一线教师的专业发展。

教师 X 在学术英语的教学改革进程中经历了两个关键事件。第一个关键事件是改革初期本科教学改革实践共同体开展的集体备课活动。这一关键事件帮助教师 X 初步确立了学术英语的教师身份，教师 X 通过集体备课活动逐步建立起学术英语的较为完整的知识体系，缓解了学术英语教学改革引发的教师情感张力，对走进学术英语一线课堂充满了信心。第二个关键事件是本科教学改革实践共同体开展的本科学术英语教材编写工作。这一极具挑战的工作严重冲击了教师 X 的情感现实，造成了很大的情感张力。但是，学术英语的教材编写工作再次敦促教师 X 重构学术英语的知识体系，得以形成有关学术英语的更为透彻全面的系统认识。教师 X 不再满足于学术英语相关知识的吸纳和整理，而是更进一步整合和梳理出反映教师独到理解的学术英语知识系统，从而建立起更为坚实确定的学术英语教师身份。可见，关键事件的确展现出阶段性的特点，它们的影响往往只在特定的时期发挥效力。而且，关键事件作用的彰显无法脱离改革生态中的时间维度。改革初期，本科教学改革实践共同体的全体成员同时开始构建学术英语的教师身份，彼此可以通过集体备课活动成为身份共同构建的有力支撑力量，能够充分推进一线教师的学术英语教师身份的构建。在这一时期，集体备课的确可以成为学术英语教师身份构建的关键事件。同样值得注意的是，教师 X 经历的两个关键事件的难度呈现出一定的阶梯性特征。试想如果第二个关键事件的挑战性低于第一个关键事件，可能很难激发教师 X 再次构建学术英语教师身份的意愿和努力。教师 X 很可能会安于第一个关键事件形成的身份现实，随后在实际的教学活动中逐渐完善学术英语的教师身份，而不大容易在短期内再次得到快速的专业发展、实现教师身份的进一步构建。

教师 Y 在学术英语的教学改革进程中经历了一个关键事件。教师 Y 在硕士学术英语教材编写过程中体验到巨大的信念张力。一方面，他认为需要编写学术英语教材可以满足理工学生实际的学习需求；另一方面，他认为学术英语教材内容过难、根本不能达成编写前期预想的教学目标。因此，教材编写完成之后，教学改革实践共同体决定通过小范围的教材试讲确定是否可教。有趣的是，教师 Y 虽然参与了部分教材试讲的准备工作，其实并未直接加入教材试讲工作，没有成为教材试讲的一线教师。但是，教师 Y 非常重视教材试讲，密切关注试讲同事反馈的一线课堂上学生的反应，希望可以通过学生的真实课堂反馈消除心中的信念张力。而同事所转述的学生反馈的确打消了教师 Y 有关教材可教性低的疑虑，教材试讲因此成为他消解信念张力和情感张力、整理心态迎接学术英语教师发展的关键事件。当然，关键事件并不一定在短期之内一蹴而就地发挥作用。教材试讲工作持续了一个完整的学期，教师 Y 在相当长的时间里反复确认了学生的课堂反馈，可以说，教材试讲整个过程对于教师 Y 形成了教学改革的关键事件。值得注意的是，一方面，教师张力需要关键事件的出现，从而扭转错综复杂的改革生态中一线教师的身份、信念或主体性以及情感的张力现实，强势助力一线教师的专业发展；而另一方面，关键事件的形成可能恰恰与教师张力的客观现实密切相关，正是改革生态中充满张力的客观实际使得某些事件可能发挥决定性的关键作用，成为转折性的关键事件。

教师 Z 在学术英语的教学改革进程中也经历了一个关键事件。由于教师 Z 在成为博士学术英语教学改革实践共同体的成员之前，已经进行了本科以及硕士研究生的学术英语课堂教学，使用过本科和硕士学术英语教学改革实践共同体编写的学术英语教材，参与了学术英语慕课建设、学术英语题库建设等多种学术英语相关的教学活动，因此积累了相当多的学术英语的教学实践经验。显然，教师 Z 在前期的学术英语教学实践活动中很大程度地构建起学术英语的教师身份，确立起学术英语的教师信念，并努力发挥着学术英语相关的教师主体性，所以学术英语的教学任务已经不再容易激起教师 Z 的情感张力。在这种情况下，能够真正触动教师 Z 作为学术英语教师发展的关键事件也就很难出现。而博士学科英语的教材编写任务挑战了教师 Z 的趋向平稳的情感现实，成为教师 Z 进一步实现学术英语教师专业发展的关键事件。作为松散耦合组织的教学改革实践共同体，博士学术英语教学改革实践共同体没有为教师 Z 提供来自集体的强力支撑力量；作为博士学科英语教材的唯一主编，教师 Z 需要更为充分地发挥教师个体主体性，更加独立地面对博士学科英语教材编写这一极具难度的改革任务。博士学科英语教材编写任务有力冲击到教师 Z 的身份、信念、主体性和情感，成为教师 Z 深入学术英语教师发展的关键性契机。本研究显示，在教学改革生态中，不同教师个体所经历的关键事件有所不同。教师 Y 在教学改革进程中经历的一个关键事件并不需要教师 Y 进行大量的主体性付出，而教师 X 和教师 Z 在教学改革进程中经历的三个关键事件均需要教师 X 和教师 Z 的较大程度的主体性付出。这一发现表明，一线教师的主体性付出对于教师复杂且动态的改革生态中达成教师专业发展可能有所影响。或者说，努力参与并着力于顺应改革进程和改变教育现实的教师个体更容易把握和获得专业发展的机遇。

本研究关于影响情感张力变化的关键事件的发现可以对教学改革的政策制定者、改革推行者、教师教育者、学校管理者，以及一线教师都有所启示。

对于改革的政策制定者和改革的推行者而言，需要明确只要教学改革的方向正确就必然会取得改革成果并同时促进一线教师发展的信心。一方面，教学改革的政策制定者和推行者需要通过与教师教育者、学校管理者以及一线教师深入沟通，共同明晰教学改革的最终宏观目标；另一方面，教学改革的政策制定者和推行者还需对实现改革目标的具体实践提出指导性意见，尤其是推出具体的鼓励性措施。一线教师教学改革中承担的重要的教学环节应该得到切实的关注。如果一线教师为课堂、教材、慕课、测评等方面付出的努力可以在不同层面上得到一定程度的认可和肯定，那么这些事件更有可能成为一线教师发展的关键节点，快速构建改革正向的教师身份、重塑教师信念、发挥教师主体性，从而成为教学改革成功的关键推动力量。

对于教师教育者和学校管理者而言，需要为改革一线教师设立具体的改革目标，多方位地支撑和激励教学改革工作的各个环节。考虑到关键事件的隐蔽性、间接性和阶段性特征，教师教育者和学校管理者无法设定某项工作会对一线教师可能产生的关键性的影响，应该全面开展教学改革的实践活动并分步骤地逐步推进教学改革相关的多项工作。一方面，教师教育者和学校管理者应该鼓励一线教师广泛参与，从增加获得专业发展的重要机遇；另一方面，教师教育者和学校管理者应该为一线教师的改革实践活动提供必要的指导，鼓励一线教师借助校内外同行的理论指引和实践经验，尤其是校内同事之间实践共同体内部的相互的碰撞和支撑，而获得关键性的发展。同时，教师教育者和学校管理者应该充分意识到，教师发展并非一蹴而就，需要经历不断深入的过程。教师教育者和学校管理者不应满足于教师发展的阶段性成果，而应持续性地激发一线教师的内在潜能和教师主体性，实现更大程度的教师专业发展并取得更高水平的教学改革成果。

对于一线教师而言，需要正面看待教学改革生态中充满张力的情感现实。虽然教学改革艰难的改革任务可能强烈地冲击教师情感，但是一线教师往往能在面对困难与挑战的过程中快速实现自我提升。情感张力很可能是教师专业发展的关键性方面，而不是仅仅发挥负面的作用。教学改革中情感困惑的时刻很可能是一线教师的成长契机，虽然一线教师未必能够在改革当下意识到引发剧烈情感张力的改革任务的关键性作用，但是很可能会在回首改革的时候庆幸自己曾经投身其中。经历了关键事件的一线教师会在教学探索的道路上积累更大的自信，或者更加笃定专业发展的方向。因此，处于改革进程中面对情感困境的一线教师应该学会适当采取情感策略，进行必要的自我情感调节，以教学改革以及自身发展的未来前景为导向，而非仅仅着眼于改革当下的艰难现实。

9.4　小结

本研究显示（图 9-1）一线教师的身份、信念、主体性以及情感的整体构成了外语教学改革生态系统的内核。其中，教师身份、信念或主体性可能会对教师情感张力的动态变化产生关键性的影响；外语教学改革生态中的中观系统中，具体来说，一线教师所在的教学改革实践共同体，属于教学改革生态系统的关键生态层级。一线教师虽然在此层级经历了大量的情感张力，但是同时也在参与其中的实践活动过程中很大程度上构建起新的教师身份，塑造了新的教师信念，发挥着改革要求的教师主体性，实现个体发展和组织发展，从而消解了整个教学改革生态系统中的情感张力；教学改革进程中的关键事件有助于深受改革冲击的一线教师的身份系统、信念系统、主体性系统以及复杂动态的教学改革生态系统恢复平衡，从而极大地缓解一线教师的情感张力。图 9-1 中，教学改革的生态内核用深灰色表示；改革生态的关键生态系统用浅灰色表示；教学改革的关键事件用箭头表示，箭头两端连接时间系统与生态内核，说明关键事件的发生时间对于影响生态内核，从而促进一线教师的专业发展起到非常重要的作用；各个嵌套的生态圈层使用虚线进行勾勒，表示生态系统内部的各个部分的复杂互动、全面联结的开放关系。

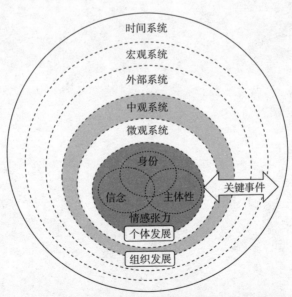

图 9-1　教学改革生态系统中教师情感张力的理论模型

在复杂动态的教学改革生态系统中，每位一线教师所面临的改革现实有所不同，影响一线教师情感张力变化的关键构念、关键改革生态系统、关键事件可能不同。教师发展的关键构念、关键生态系统、关键事件不仅是教师个体发展的重要部分，也会为改革实践共同体带来正面的影响。了解每位一线教师专业发展的关键构念、关键生态系统、关键事件无疑可以高效缓解改革造成的工作生态中的教师情感张力，快速推进整个教学改革进程。因此，教学改革的政策制定者、改革推行者、教师教育者、学校管理者以及一线教师应该深刻认识教学改革的复杂动态的本质特征，重点关注改革生态中可能存在的关键构念、关键生态系统以及关键事件，认真分析对于一线教师个体以及整体改革成功可能发挥重要作用的关键构念、关键生态系统、关键事件，着力建构复杂动态的教学改革工作现实中的可能出现的关键构念、关键生态系统、关键事件，并利用特定构念、生态系统或改革事件起到的关键性的作用，有力达成教学改革目标并有效促进一线教师的专业发展。

第 10 章
结　　语

　　一线教师的专业发展是中国外语教学改革的重要课题。作为教学改革工作的具体执行者，一线教师的专业成长在很大程度上直接决定了教学改革的成败。可以说，一线教师的专业发展切实影响着我国外语教学改革的顺利实施。本研究以学术英语教学改革为例，深入剖析外语教师如何在艰难的教学改革中重建教师身份、重塑教师信念、发挥教师主体性、克服情感张力，从而获得专业发展的重要契机。

　　本研究以复杂动态理论为总体框架，将外语教学改革看作全面联结的（郑咏滟，2011）复杂动态系统（Larsen-Freeman & Cameron，2008）和多层嵌套的（Cross & Hong，2012）生态系统（Bronfenbrenner，2005）。本研究充分重视外语教学改革中教师情感的复杂性和动态性，通过对一线教师的长期追踪，旨在探索教师情感与教师身份、信念和主体性的整体关系，挖掘教师个体与教学改革生态系统的复杂动态的协商互动过程，展现一线教师在外语教学改革生态中的情感张力变化历程。本研究着力分析消解一线教师情感张力的关键因素，以期为教学改革的政策制定者、推行者、教师教育者、学校管理者，以及一线教师提供参考。

10.1　主要观点

　　本研究呼应人文社科领域的情感转向（Clough & Halley，2007），首次探究中国外语教师在充满困难与挑战的教学改革进程中情感张力的长期变化过程。本研究通过整体主义视角出发（Kalaja et al.，2015），指出教师情感张力和与之密切关联的教师身份、信念、主体性彼此作用，共同构成改革生态的内在核心，对于教学改革中教师的专业发展起到关键性的影响。其中改革生态内核中的教师身份、信念或主体性可能成为影响教师情感张力的关键概念。

本研究呼应人文社科领域的话语转向（Benwell & Stokoe, 2010），继承以 Vygotsky 和 Bakhtin 为发端的社会文化理论和对话理论视角，同时发扬批评社会文化理论思想的后结构主义分析视角（Moje & Lewis, 2007），首次将改革生态中一线教师的工作现实视作蕴含张力和冲突的权力场所和话语空间。本研究指出改革实践共同体对于教学改革中教师发展具有重要作用，发现一线教师的专业发展是个体与教学改革实践共同体频繁互动和深入对话的产物。教学改革实践共同体是一线教师情感张力的主要来源，也是缓解教师情感张力以及促进教师专业发展的关键改革生态系统。

本研究呼应人文和社会科学领域中发生的复杂转向（Han, 2017）以及教师发展领域新近出现的生态转向（de Costa & Norton, 2017），首次将复杂动态系统理论和生态系统理论相互结合，准确描述出改革生态系统的复杂动态本质。本研究探讨一线教师如何吸纳改革生态的资源给养、处理生态系统内部的权力关系、化解生态系统之间的冲突与张力以及重构因教学改革严重冲击的生态平衡。本研究显示，改革进程中的关键事件可以有效激励教师实现改革要求的专业发展，有力推动复杂动态的改革生态达成新的平衡。

10.2　学术创新

本研究的理论创新在于首次深入中国一线外语教师在艰难的教学改革中所经历的情感张力变化。本研究以复杂动态理论为总体框架，同时整合生态系统理论（Bronfenbrenner, 2005）、教师发展的整体主义理论（Kalaja et al., 2015）、教师实践共同体的专业发展理论（Hökkä, 2012）、关注张力冲突的批评社会文化理论（Moje & Lewis, 2007），庖丁解牛般探寻教师情感的发展机理，创新性地提出中国高校一线教师在教学改革生态系统中教师情感张力的理论模型（图9-1）。该理论模型全面准确地反映复杂动态的教学改革现实和教师情感张力现实，能够切实指导教学改革工作的顺利推进，帮助一线教师正确认识情感张力并实现个人发展。

本研究的方法创新在于：采用质性研究方法，首次长期深度追踪外语教学改革进程中中国一线教师的情感历程。本研究帮助研究者细致观察和深度洞悉教师情感与身份、信念、主体性的整体互动，以及一线教师与改革生态的复杂动态的双向作用，从而真实呈现改革生态中一线教师的情感张力的变化轨迹。质性研究的人文性更加适合把握复杂工作环境中的一线教师的生存状态和情感感受（陈向明，2001）。质性研究擅长深度的人性化描写，能够揭示教育活动的微观部分，注重呈现复杂的现实本身，挖掘复杂现象的原因以及现象之间复杂的相互关系。教师情感与教师身份、信念、主体性密切交织，无法通过量化的方法简单处理，需要通过细致的描写抽丝剥茧（杨延宁，2014）。质性研究的情境性和过程性更加适合探讨教师发展的研究问题（陈向明，2001）。质性研究反对从孤立和静态的角度观察研究对象，反对将研究对象的发展变化切割成单个的片段。质性研究擅长追踪一线教师在自然工作状态下和真实改革语境中的情感变化，有助于研究者通过亲身体验获得对研究对象情感的直观了解。质性研究的平等性更加适合揭示一线教师改革生态中的情感经历。质性研究尊重每位教师个体（Brinkmann & Kvale，2014）。研究者认真倾听一线教师的声音，重视他/她们丰富的内心世界，努力重现他/她们生动的情感故事。研究者和研究对象合力呈现一线教师在教学改革中的情感历程。

本研究的成果创新在于：首次提出影响教师情感变化以及教师专业发展的关键构念、关键生态系统、关键事件。基于创新成果，本研究呼吁教学改革的政策制定者、改革推行者、教师教育者、学校管理者以及一线教师关注改革生态中可能出现的关键构念、关键生态系统、关键事件，实现教师个体和改革集体的协力双赢和共同发展。

本研究的理论价值如下：本研究提出的一线教师在教学改革生态系统中教师情感张力的理论模型（图9-1）为教师情感研究提供新的理论参考。模型显示：一线教师的身份、信念、主体性以及情感的整体构成了教学改革生态系统的内核，教师身份、信念或主体性可能对教师情感张力的动态变化产生关键性影响；处于改革生态中观系统的教学改革实践共同体属于改革生态中的关键系统，虽然造成一线教师大量的情感张力，但是也在教师参与其中的实践过程中构建教师身份、塑造教师信念、发挥教师主体性，从而消解教师情感张力并推动教师专业发展；教学改革进程中的关键事件可以促进深受改革冲击的工作场所的生态系统恢复平衡，从而极大缓解一线教师的情感张力。

本研究的应用价值如下：本研究响应我国教育界关注教师心理健康、提升教师幸福感的政策要求，呼吁关注教师情感的社会价值以及教师情感张力对于教学改革的重要作用。本研究发现，在复杂动态的教学改革生态系统中，每位一线教师面临的改革现实有所不同，影响一线教师情感张力变化的关键构念、关键改革生态系统、关键事件也可能不同。了解每位教师专业发展的关键构念、关键生态系统、关键事件无疑可以高效缓解教学改革造成的教师情感张力，快速推进整个改革进程。因此，政策制定者、改革推行者、教师教育者、学校管理者以及一线教师应深入认识教学改革的复杂动态的本质特征，重点关注并认真分析对于一线教师发展以及整体改革成功可能发挥重要作用的关键构念、关键生态系统、关键事件，着力在复杂动态的改革生态中有意建构关键构念、关键生态系统、关键事件，利用其关键性的影响有力实现教学改革目标并有效促进一线教师的专业发展。

10.3　结束语

人类社会的经济发展和科技进步必然要求相应的教育变革，而教育领域的创新探索正是对于人类文明不断进阶的积极回应。教学改革是当今教育体系需要面对的普遍事实，是一线教师职业生涯无法回避的职业经历。外语教学工作面临一轮又一轮的改革浪潮，正在兴起的人工智能技术必将更加深远而广泛地影响未来教育，引发规模巨大的教育变革，强力冲击一线教师的工作生态系统。外语教师如何面对新一轮的教育变革带来的挑战与机遇，如何应对人工智能技术所带来的教师身份、信念、主体性以及情感的张力，是下一步教师发展研究中需要深入探讨的问题。

参考文献

安美丽.2017.对大学英语教学改革争议的思考.教育理论与实践,（27）:55–57.

鲍明捷.2013.基于需求分析的大学英语教学体系中 ESP 教学研究.湖北社会科学,（12）:191–193.

蔡基刚,陈宁阳.2013.高等教育国际化背景下的专门用途英语需求分析.外语电化教学,（5）:3–9.

蔡基刚.2014.一个具有颠覆性的外语教学理念和方法——学术英语与大学英语差异研究.外语教学理论与实践,（2）:1–7.

蔡基刚.2015.再论我国大学英语教学发展方向:通用英语和学术英语.浙江大学学报（人文社会科学版）,（4）:83–93.

蔡基刚.2018.中国高校实施专门学术英语教学的学科依据及其意义.外语电化教学,（1）:40–47.

蔡基刚.2019.“双一流”建设背景下非英语专业本科生与专业教师的学术英语需求再调查.外语教育研究前沿,（2）:48–54.

陈坚林.2007.大学英语教材的现状与改革.外语教学与研究,（5）:374–378.

陈菁,李丹丽.2020.中介调节视角下高校英语教师技术教学内容知识的发展.外语与外语教学,（5）:22–32.

陈向明.2001.教师如何作质的研究.北京:教育科学出版社.

陈向明.2003.实践性知识:教师专业发展的知识基础.北京大学教育评论,（1）:104–112.

淳柳,郭月琴,王艳.2021.“双一流”背景下基于 OBE 的研究生学术英语教学模式改革与实践—以中国石油大学（华东）为例.学位与研究生教育,（5）:42–47.

戴运财.2015.复杂动态系统理论视角下的二语学习动机研究.外国语文研究,（6）:72–80.

丁晓蔚.2021.国内外英语教师情绪劳动研究述评.外语教育研究前沿,（3）:3–8.

杜小双,张莲.2021.学习成为教学研究者:英语教师身份认同变化个案的复杂动态系统分析.山东外语教学,（6）:63–73.

段瑞芳.2015.基于复杂动态系统理论的英语教育衔接问题探究.长春教育学院学报,（21）:95–97.

范良火.2003.教师教学知识发展研究.上海:华东师范大学出版社.

方延明.2022.新文科建设探义——兼论学科场域的间性功能.社会科学战线,（4）:165–177.

冯蕾, 李柯欣, 王纯磊. 2022. 动态系统理论视角下三语学习者句法复杂度发展变异特征个案研究. 西安外国语大学学报, (4): 46–52.

高雪松, 陶坚, 龚阳. 2018. 课程改革中的教师能动性与教师身份认同. 外语与外语教学, (1): 19–28.

高原. 2018. "尽头在远方"——通用英语向学术英语转型期外语教师的困惑来源及建议. 外语教育研究前沿, (1): 73–80.

高原. 2020. 从需求分析看学术英语教学中人文教育的重要性. 中国 ESP 研究, (1): 60–71.

高原, 崔雅琼. 2021. 英语教师在教学改革中情绪劳动变化轨迹的质性个案研究. 外语教育研究前沿, (3): 9–17.

龚晓斌. 2009. 客观需求观照下的大学英语教学目标定位. 外语与外语教学, (8): 35–38.

古海波, 许娅楠. 2021. 中学英语新教师情绪劳动策略案例研究. 外语教育研究前沿, (3): 10–18.

顾佩娅, 古海波, 陶伟. 2014. 高校英语教师专业发展环境调查. 解放军外国语学院学报, (4): 51–58.

韩佶颖, 张静, 赵艳琳. 2021. 从通用英语到学术英语: 教师改变的案例研究. 北京第二外国语学院学报, (5): 118–131.

韩晔, 许悦婷. 2020. 积极心理学视角下二语写作学习的情绪体验及情绪调节策略研究. 外语界, (1): 50–59.

何莲珍. 2019. 新时代大学外语教育的历史使命. 外语界, (3): 4–10.

胡惠闵, 王建军 (主编). 2014. 教师专业发展. 上海: 华东师范大学出版社.

胡开宝, 金山, 赵雪琴, 毛浩然. 2022. 外语学科新文科建设理念与实践四人谈. 山东外语教学, (3): 1–8.

胡兴莉. 2015. 动态复杂系统理论视角下的课堂教学探讨. 教学与管理, (3): 106–108.

胡作友, 郭海燕. 2020. 高校学术英语教学改革教师倾向性研究. 山东外语教学, (3): 98–108.

黄广芳. 2017. 外语教师发展共同体研究: 模式与对策. 北京: 中国轻工业出版社.

李茶, 隋铭才. 2017. 基于复杂理论的英语学习者口语负责度、准确度、流利度发展研究. 外语教学与研究, (3): 392–404.

李凤亮. 2020. 新文科: 定义·定位·定向. 探索与争鸣, (1): 5–7.

李韬, 赵雯. 2019. 国内学术英语研究述评. 外语电化教学, (187): 22–27.

梁爱民, 张秀芳. 2017. 复杂系统理论视角下二语动态发展研究综述. 鲁东大学学报 (哲学社会科学版), (6): 30–36.

廖雷朝. 2015. 云南大学开展学术英语教学改革的调查与思考. 山东外语教学, (4): 56–62.

刘文宇, 程永红. 2013. 复杂动态系统理论视角下应用语言学研究发展综述. 当代外语研究, (8): 31–34.

刘熠, 商国印. 2017. 世界英语背景下高校英语教师对跨文化教学的信念研究. 北京第二外国语学院学报, (5): 87–97, 126.

刘云龙, 高原. 2021. 连接学术英语教学大纲与测评——以中国科学院大学学术英语教学改革为例. 外语测试与教学, (1): 28–34.

刘振天, 俞兆达. 2022. 新文科建设: 新时代中国高等教育的"新文化运动". 厦门大学学报, (3): 117–128.

罗红玲. 2018. 复杂动态系统视域下的对外汉语课堂教学组织观. 海外华文教育, (4): 122–128.

马璨婧, 马吟秋. 2022. 新文科学科交叉融合的体系建设与路径探索. 南京社会科学, (9): 156–164.

孟宪宾, 鲍传友. 2004. 变革中的教师焦虑于教师专业发展. 外国教育研究, (11): 47–50.

孟昭兰(主编). 2005. 情绪心理学. 北京: 北京大学出版社.

秦丽莉, 戴炜栋. 2013. 二语习得社会文化理论框架下的"生态化"任务型语言教学研究. 外语与外语教学, (2): 41–46.

佘宇, 单大圣. 2018. 中国教育体制改革及其未来发展趋势. 管理世界, (10): 118–127.

束定芳. 2013. 对接国家发展战略培养国际化人才——新形势下大学英语教学改革与重新定位思考. 外语学刊, (6): 90–96.

宋缨, 朱锡明. 2019. "双一流"建设背景下高校学术英语教学改革实践研究. 外语教育研究前沿, (3): 51–57.

陶坚, 高雪松. 2019. 教学转型背景下的外语教师学习. 现代外语, (6): 805–817.

孙有中, 李莉文. 2011. CBI 和 ESP 与中国高校英语专业和大学英语教学改革的方向. 外语研究, (5): 1–4.

孙有中, 文秋芳, 王立非, 封一函, 顾佩娅, 张虹. 2016. 准确理解《国标》精神, 积极促进教师发展——"《国标》指导下的英语类专业教师发展"笔谈. 外语界, (6): 9–15.

汪晓莉, 韩江洪. 2011. 基于实证视角看中国高校外语教师科研现状及发展瓶颈. 外语界, (3): 44–51.

王初明. 2008. 语言学习与交互. 外国语, (6): 53–60.

王福顺(主编). 2018. 情绪心理学. 北京: 人民卫生出版社.

王守仁. 2016. 《大学英语教学指南》要点解读. 外语界, (3): 2–10.

王守仁. 2017. 高校外语教师发展的促进方式与途径. 外语教学理论与实践, (2): 1–4.

王守仁, 王海啸. 2011. 我国高校大学英语教学现状调查及大学英语教学改革与发展方向. 中国外语, (5): 4–17.

王守仁，姚成贺．2013. 关于学术英语教学的几点思考．中国外语，（5）：4-10.

王涛．2011. 动态系统理论视角下的复杂系统：理论、实践与方法．天津外国语大学学报，（6）：8-15.

王欣，王勇．2015. 大学英语教学改革形势下教师转型期期间状态焦虑的现状分析与对策研究．外语教学理论与实践，（2）：31-38.

文灵玲，徐锦芬．2014. 国外教师专业身份研究综述．教师教育研究，（6）：93-100.

文秋芳．2002. 编写英语专业教材的重要原则．外语界，（1）：17-21.

文秋芳．2014. 大学英语教学中通用英语与专用英语之争：问题与对策．外语与外语教学，（1）：1-8.

文秋芳．2017. 唯物辩证法在应用语言学研究中的应用——桂诗春先生的思想遗产．现代外语，（6）：855-860.

文秋芳．2018. "辩证研究范式"的理论与应用．外语界，（2）：2-10.

文秋芳．2020. 熟手型外语教师运用新教学理论的发展阶段与决定因素．中国外语，（1）：50-59.

吴云勇，姚晓林．2021. 中国教育发展的政策环境影响于未来改革的总体要求．现代教育管理，（5）：69-76.

武成．2022. "双一流"建设视域下高校对外交流合作：内在逻辑与基本方略．教育发展研究，（13-14）：117-124.

辛积庆．2019. 中国学术英语发展10年述评：基于与国际相关论文的对比．解放军外国语学院学报，（3）：64-72.

徐浩．2010. 教学视角下的英语教材与教材使用研究．基础英语教育，（2）：3-6.

徐锦芬．2021. 高校英语课堂教学素材的思政内容建设研究．外语界，（2）：18-24.

徐锦芬，雷鹏飞．2020. 大学英语教师教学科研融合发展的叙事研究．中国外语，（6）：62-68.

徐锦芬，李霞．2018. 国内外二语教师研究的方法回顾与反思（2000—2017）．解放军外国语学院学报，（4）：87-95.

徐锦芬，李霞．2019. 社会文化理论视角下的高校英语教师学习研究．现代外语，（6）：842-854.

徐锦芬，龙在波．2021. 英语教学新发展研究．北京：清华大学出版社．

徐柳明．2014. 英语教育衔接问题的动态系统理论阐释．外国语言文学，（3）：169-177.

徐启豪，王雪梅．2018. 教育生态学视阈下的大学英语课程空间研究．外语电化教学，（182）38-44.

许川根．2019. 复杂理论关照下高校英语新手教师自主动态系统构建研究．安徽电子信息职业技术学院学报，（6）：1-4.

许希阳，吴勇毅．2015. 复杂动态系统理论：对二语习得研究的反思．语言教学与研究，（2）：1-7.

颜奕，张为民，张文霞．2020. 优秀学术英语教师教学实践的活动系统分析．外语教学，（3）：73–77.

杨延宁．2014. 应用语言学研究的质性研究方法．北京：商务印书馆．

余樟亚．2012. 行业英语需求状况调查对大学英语教学的启示．外语界，（5）：88–96.

岳豪，庄恩平．2022. 大学英语课程思政的实践路径探索：用跨文化方式讲好中国故事．外语教学，（5）：55–59.

张德禄，张淑杰．2010. 多模态性外语教材编写原则探索．外语界，（5）：26–33.

张公瑾，丁石庆．2009. 混沌学与语言文化研究新进展．北京：中央民族大学出版社．

张莲．2013. 高校外语教师专业发展的制约因素及对策：一项个案调查报告．中国外语，（1）：81–88.

张莲．2019. 高校外语类专业教师知识基础及其建构与发展的现象图析学分析．解放军外国语学院学报，（5）：40–48.

张莲，高释然．2019. 中国外语教师教育与发展研究 40 年：回眸与展望．外语教育研究前沿，（2）：3–12.

张敏．2008. 教师学习策略结构研究．教育研究，（6）：84–90.

张为民，张文霞，刘梅华．2011. 通用英语教学转向学术英语教学的探索——清华大学公外本科生英语教学改革设想．外语研究，（5）：11–14.

张文霞，郭茜，吴莎，张浩．2017. 我国英语教学现状与改革建议——基于外语能力测评现状及需求调查．中国外语，（6）：18–26.

张雪红．2014. 基于中国情景的大学 ESP 课程模式与建构．上海：上海外国语大学博士学位论文．

赵晓光，马云鹏．2015. 外语教师学科教学知识的要素及影响因素辨析．外语教学理论与实践，（3）：36–41.

赵艳芳．2001. 认知语言学概论．上海：上海外语教育出版社．

郑咏滟．2011. 动态系统理论在二语习得研究中的应用．现代外语，（3）：303–309.

郑咏滟．2016. 复杂动态系统理论在应用语言学中的研究方法．复旦外国语言文学论丛，（春季号）：51–57.

郑咏滟．2019. 从复杂动态系统理论谈有效的外语教学．当代外语研究，（5）：12–16.

郑咏滟．2020. 复杂动态系统理论研究：十年回顾与国内外比较．第二语言学习研究，（10）：84–98.

周梅．2010. ESP：研究生公共英语课程的发展方向．学位与研究生教育，（11）：67–71.

朱文利．2022.“新文科”视域下 ESP 专业建设与创新．中国电化教育，（6）：127–132.

朱旭东（主编）．2011. 教师专业发展理论研究．北京：北京师范大学出版社．

庄智象．2006. 构建具有中国特色的外语教材编写和评价体系．外语界，（6）：49–56.

庄智象，黄卫．2003. 试论大学英语教材立体化建设的理论与实践．外语界，（6）：8–14.

邹斌. 2015. 从中外合作大学学术英语教学看大学英语教学改革——以西交利物浦大学为例. 外语界, 6: 69–76.

Abu-Lughod, L. & Lutz, C. A. 1990. Introduction: Emotion, discourse, and the politics of everyday life. In C. Lutz & L. Abu-Lughod (Eds.), *Language and the Politics of Emotion*. Cambridge: Cambridge University Press, 1–23.

Acheson, K., Taylor, J. & Luna, K. 2016. The burnout spiral: The emotion labor of five rural U. S. foreign language teachers. *The Modern Language Journal, 100*: 522–537.

Adebayo, S. B. 2019. Emerging perspectives of teacher agency in a post-conflict setting: The case of Liberia. *Teaching and Teacher Education, 86*: 102928.

Afshar, H. S. & Movassagh, H. 2016. EAP education in Iran: Where does the problem lie? Where are we heading? *Journal of English for Academic Purposes, 22*: 132–151.

Ahearn, L. M. 2001. Language and agency. *Annual Review of Anthropology, 30*(1): 109–137.

Ahonen, E., Pyhalto, K., Pietarinen, J. & Soini, T. 2014. Teachers' professional beliefs about their roles and the pupils' roles in the school. *Teacher Development, 18*(2): 177–197.

Ajzen, I. & Fishbein, M. 1980. *Understanding Attitudes and Predicting Social Behavior*. Englewood Cliffs: Prentice Hall.

Akkerman, S. F. & Meijer, P. C. 2011. A dialogical approach to conceptualizing teacher identity. *Teaching and Teacher Education, 27*(2): 308–319.

Alexander, O. 2007. Groping in the dark or turning on the light: routes into teaching English for academic purposes. In T. Lynch & J. Northcott (Eds.), *Symposium on Teacher Education in Teaching EAP*. Edinburgh: University of Edinburgh Institute for Applied Language Studies, 1–48.

Alexander, O. 2012. Exploring teacher beliefs in teaching EAP at low proficiency levels. *Journal of English for Academic Purposes, 11*(2): 99–111.

Allport, G. W. 1955. *Becoming*. New Haven: Yale University Press.

Anderson, L. 2010. Embedded, emboldened, and (net) working for change: Support-seeking and teacher agency in urban, high-needs schools. *Harvard Educational Review, 80*(4): 541–573.

Andrée, M. & Hansson, L. 2020. Industry, science education, and teacher agency: A discourse analysis of teachers' evaluations of industry-produced teaching resources. *Science Education*, Advance online publication.

Aragão, R. 2011. Beliefs and emotions in foreign language learning. *System*, *39*: 302–313.

Arar, K. 2017. Emotional expression at different managerial career stages: Female principals in Arab schools in Israel. *Educational Management Administration & Leadership*, *45*(6): 929–943.

Archer, M. 2000. *Being Human: The Problem of Agency*. Cambridge: Cambridge University Press.

Archer, M. 2003. *Structure, Agency and the Internal Conversation*. Cambridge: Cambridge University Press.

Arnold, J. (Ed.). 1999. *Affect in Language Learning*. Cambridge: Cambridge University Press.

Arnold, M. 1960. *Emotion and Personality*. Columbia: Columbia University Press.

Arvaja, M. 2016. Building teacher identity through the process of positioning. *Teaching and Teacher Education*, *59*: 392–402.

Arvaja, M. 2018. Tensions and striving for coherence in an academic's professional identity work. *Teaching in Higher Education*, *23*(3): 291–306.

Ashforth, B. E. & Humphrey, R. H. 1993. Emotional labor in service roles: The influence of identity. *Academy of Management Review*, *18*: 88–115.

Assen, J. H. E., Koops, H., Meijers, F., Otting, H. & Poell, R. F. 2018. How can a dialogue support teachers' professional identity development? Harmonsing multiple teacher I-positions. *Teaching and Teacher Education*, *73*: 130–140.

Baba, K. & Nitta, R. 2014. Phase transition in development of writing fluency from a complex dynamic systems perspective. *Language Learning*, *64*(1): 1–35.

Bahia, S., Freire, I., Amaral, A. & Estreia, M. A. 2013. The emotional dimension of teaching in a group of Portuguese teachers. *Teachers and Teaching Theory and Practice*, *19*(3): 275–292.

Bailey, K. M., Curtis, A. & Nunan, D. 2004. *Pursuing Professional Development: The Self as Source*. Beijing: Foreign Language Teaching and Research Press.

Bakhtin, M. M. 1982. *The Dialogic Imagination*. Texas: University of Texas Press.

Bandura, A. 2001. Social cognitive theory: An agentic perspective. *Annual Review of Psychology*, *52*(1): 1–26.

Barcelos, A. M. F. 2009. Unveiling the relationship between language learning beliefs, emotions, and identities. *Studies in Second Language Learning and Teaching, 5*(2): 301–325.

Bateson, G. 1972. *Steps to an Ecology of Mind*. New York: Ballantine Books.

Baumeister, R. F. 1986. *Identity, Cultural Change and the Struggle for Self*. Oxford: Oxford University Press.

Beauchamp, C. & Thomas, L. 2009. Understanding teacher identity: An overview of issues in the literature and implications for teacher education. *Cambridge Journal of Education, 39*(2): 175–189.

Beauchamp, C. & Thomas, L. 2011. New teachers' identity shifts at the boundary of teacher education and initial practice. *International Journal of Educational Research, 50*: 6–13.

Becker, E. S., Goetz, T., Morger, V. & Ranellucci, J. 2014. The importance of teachers' emotions and instructional behavior for their students' emotions—An experience sampling analysis. *Teaching and Teacher Education, 43*: 15–26.

Beckett, D. & Hager, P. 2000. Making judgments as the basis for workplace learning: Towards an epistemology of practice. *International Journal of Lifelong Education, 19*(4): 300–311.

Beckett, D. & Hager, P. 2002. *Life, Work and Learning: Practice in Postmodernity*. London: Routledge.

Beijaard, D., Meijer, P. C. & Verloop, N. 2004. Reconsidering research on teachers' professional identity. *Teaching and Teacher Education, 20*(2): 107–128.

Bellibas, M. S., Gümüs, S. & Kılınc, A. C. 2020. Principals supporting teacher leadership: The effects of learning-centred leadership on teacher leadership practices with the mediating role of teacher agency. *European Journal of Education, 55*: 200–216.

Bellibas, M. S., Polatcan, M. & Kılınc, A. C. 2022. Linking instructional leadership to teacher practices: The mediating effect of shared practice and agency in learning effectiveness. *Educational Management Administration & Leadership, 50*(5): 1–20.

Benesch, S. 2017. *Emotions and English Language Teaching: Exploring Teachers' Emotion Labor*. New York: Routledge.

Benesch, S. 2018. Emotions as agency: Feeling rules, emotion labour, and English language teachers' decision-making. *System, 79*: 60–69.

Benesch, S. 2020. Emotions and activism: English language teachers' emotion labor as responses to institutional power. *Critical Inquiry in Language Studies, 17*(1): 1–16.

Benwell, B. & Stokoe, E. 2010. Analysing identity in interaction: Contrasting discourse, genealogical, narrative and conversation analysis. In M. Wetherell & C. T. Mohanty (Eds.), *The Sage Handbook of Identities*. London: Sage Publications, 56–77.

Berger, J. & Van, K. L. 2018. Teacher professional identity as multidimensional: mapping its components and examining their associations with general pedagogical beliefs. *Educational Studies, 45*(2): 163–181.

Bhagat, R. S. & Allie, S. M. 1989. Oranizational stress, personal life stress, and symptoms of life strains: An examination of the moderating role of sense of competence. *Journal of Vocational Behaviour, 35*(3): 231–253.

Bhatia, S. 2016. Review of understanding emotion in Chinese culture: Thinking through psychology. *Journal of Theoretical and Philosophical Psychology, 36*(4): 256–259.

Biesta, G. & Tedder, M. 2007. Agency and learning in the lifecourse: Towards an ecological perspective. *Studies in the Education of Adults, 39*(2): 132–149.

Biesta, G., Priestley, M. & Robinson, S. 2017. Talking about education: Exploring the significance of teachers' talk for teacher agency. *Journal of Curriculum Studies, 49*(1): 38–54.

Bigelow, M. 2019. (Re)considering the role of emotion in language teaching and learning. *The Modern Language Journal, 103*(2): 515–516.

Billot, J. 2010. The imagined and the real: Identifying the tensions for academic identity. *Higher Education Research and Development, 29*(6): 709–721.

Block, D. 2007. *Second Language Identities*. London: Continuum.

Blommaert, J. 2010. *The Sociolinguistics of Globalization*. Cambridge: Cambridge University Press.

Bloome, D., Carter, S. P., Christian, B. M., Otto, S. & Shuart-Faris, N. 2005. *Discourse Analysis and the Study of Classroom Language and Literacy Events: A Microethnographic Perspective*. Mahwah: Lawrence Erlbaum Associate.

Boreham, N. & Morgan, C. 2004. A sociocultural analysis of organizational learning. *Oxford Review of Education, 30*(3): 307–325.

Borg, S. 2003. Teacher cognition in language teaching: A review of research on what language teachers think, know, believe, and do. *Language Teaching, 36*(2): 81–100.

Borg, S. 2006. *Teacher Cognition and Language Education*. London: Continuum.

Bourdieu, P. 1986. The forms of capital. In J. Richardson (Ed.), *Handbook of Theory and Research for the Sociology of Education*. New York: Greenwood Press, 241–258.

Bramald, R., Hardman, F. & Leat, D. 1995. Initial teacher trainees and their views of teaching and learning. *Teaching and Teacher Education, 11*: 23–31.

Bress, P. 2006. Beating stress: Creating happiness and well-being in TEFL. *Modern English Teacher, 15*(3): 5–15.

Brevik, L. M., Gudmundsdottir, G. B., Lund, A. & Strømme, A. T. 2019. Transformative agency in teacher education: Fostering professional digital competence. *Teaching and Teacher Education, 86*: 1–15.

Brinkmann, S. & Kvale, S. 2014. *InterViews: Learning the Craft of Qualitative Research Interviewing*. Thousand Oaks: Sage Publications.

Britzman, D. P. 2003. *Practice Makes Perfect: A Critical Study of Learning to Teach*. New York: State University of New York Press.

Bronfenbrenner, U. 2005. *Making Human Beings Human: Bioecological Perspectives on Human Development*. Thousand Oakes: Sage Publications.

Byrne, D. 2005. Complexity, configurations and cases. *Theory, Cultures & Society, 22*(5): 95–111.

Calderhead, J. 1996. Teachers: Beliefs and knowledge. In D. C. Berliner & R. C. Calfee (Eds.), *Handbook of Educational Psychology*. New York: Macmillan, 709–725.

Calderhead, J. & Shorrock, S. B. 1997. *Understanding Teacher Education*. London: The Falmer Press.

Campbell, E. 2012. Teacher agency in curriculum contexts. *Curriculum Inquiry, 42*(2): 183–190.

Campion, G. C. 2016. 'The learning never ends': Exploring teachers' views on the transition from General English to EAP. *Journal of English for Academic Purposes, 23*: 59–70.

Caudle, L., Moran, M. J. & Hobbs, M. 2014. The potential of communities of practice as contexts for the development of agentic teacher leaders: A three-year narrative of one early childhood teachers' journey. *Action in Teacher Education, 36*: 45–60.

Cekaite, A. 2013. Socializing emotionally and morally appropriate peer group conduct through classroom discourse. *Linguistics and Education, 24*: 511–522.

Cekaite, A. & Ekström, A. 2019. Emotions socialization in teacher-child interaction: Teachers' responses to children's negative emotions. *Frontiers in Psychology, 10*: 1–19.

Chaiklin, S. 2003. The zone of proximal development in Vygotsky's analysis of learning and instruction. In A. Kozulin, B. Gindis, V. S. Ageyew & S. M.

Miller (Eds.), *Vygotsky's Educational Theory in Cultural Context*. Cambridge: Cambridge University Press, 39–64.

Chang, M. 2009. An appraisal perspective of teacher burnout: Examining the emotional work of teachers. *Education Psychology Review*, *21*: 193–218.

Chao, X. & Kuntz, A. 2013. Church-based ESL program as a figured world: Immigrant adult learners, language, identity, power. *Linguistics and Education*, *24*: 466–478.

Chen, C. H. 2008. Why do teachers not practice what they believe regarding technology integration? *The Journal of Educational Research*, *102*(1): 65–75.

Chen, J. 2016. Understanding teacher emotions: The development of a teacher emotion inventory. *Teaching and Teacher Education*, *55*(1): 68–77.

Chen, J. 2017. Exploring primary teacher emotions in Hong Kong and Mainland China: A qualitative perspective. *Educational Practice and Theory*, *39*(2): 17–37.

Chen, J. 2019. Efficacious and positive teachers achieve more: Examining the relationship between teacher efficacy, emotions, and their practicum performance. *The Asia-Pacific Education Researcher*, *28*: 327–337.

Chen, J. & Walker, A. 2021. Emotional trajectory at different career stages of principalship: A perspective from excellent principals. *Educational Management Administration & Leadership*, Advance online publication. DOI: 10.1177/1741143220985300.

Chen, J., Lee, J. C. & Dong, J. 2020. Emotional trajectory at different career stages: Two excellent teachers' stories. *Frontiers in Psychology*, *11*: 1–11.

Chen, T. 2000. Self-training for ESP through action research. *English for Specific Purposes*, *19*: 389–402.

Chen, X. 2010. Identity construction and negotiation within and across school communities: The case of one English-as-a-new-language (ENL) student. *Journal of Language, Identity, and Education*, *9*: 163–179.

Chen, Z. & Goh, C. 2011. Teaching oral English in higher education: Challenges to EFL teachers. *Teaching in Higher Education*, *16*(3): 333–345.

Cheung, Y. L., Said, S. B. & Park, E. (Eds.). 2015. *Advances and Current Trends in Language Teacher Identity Research*. New York: Routledge.

Cilliers, P. 2001. Boundaries, hierarchies and networks in complex systems. *International Journal of Innovation Management*, *5*(2): 135–147.

Clarke, M. 2008. *Language Teacher Identities: Co-constructing Discourse and Community*. Clevedon: Multilingual Matters.

Clegg, S. 2005. Theorising the mundane: The significance of agency.

International Studies in Sociology of Education, 5(2): 149–163.

Clough, P. & Halley, J. (Eds.). 2007. *The Affective Turn: Theorizing the Social.* Durham: Duke University Press.

Coburn, C. E. 2003. Rethinking scale: Moving beyond numbers to deep and lasting change. *Educational Research, 32*(6): 3–12.

Cohen, J. I. 2010. Getting recognized: Teachers negotiating professional identities as learners through talk. *Teaching and Teacher Education, 26*: 473–481.

Cooley, C. H. 1902. *Human Nature and Social Order.* New York: Scribner's.

Cook, R., Bird, G., Catmur, C., Press, C. & Heyes, C. 2014. Mirror neurons: From origin to function. *Behavioral and Brain Sciences, 37*: 177–241.

Cowie, N. 2011. Emotions that experienced English as a Foreign Language (EFL) teachers feel about their students, their colleagues and their work. *Teaching and Teacher Education, 27*: 235–242.

Craig, C. J. 2018. Metaphors of knowing, doing and being: Capturing experience in teaching and teacher education. *Teaching and Teacher Education, 69*: 300–311.

Creese, A. 2005. Mediating allegations of racism in a multiethnic London school: What speech communities and communities of practice can tell us about discourse and power. In D. Barton & M. Hamilton (Eds.), *Beyond Communities of Practice: Language, Power, and Social Context.* Cambridge: Cambridge University Press, 55–76.

Croft, W. & Cruse, D. A. 2004. *Cognitive Linguistics.* Cambridge: Cambridge University Press.

Cross, D. I. & Hong, J. Y. 2012. An ecological examination of teachers' emotions in the school context. *Teaching and Teacher Education, 28*: 957–967.

Cross, R. & Gearon, M. 2007. The confluence of doing, thinking and knowing: Classroom practice as the crucible of foreign language teacher identity. In A. Berry, A. Clemans & A. Kostogriz (Eds.), *Dimensions of Professional Learning: Identities, Professionalism and Practice.* Rotterdam: Sense Publishers, 53–67.

Crystal, D. 2008. Two thousand million? *English Today, 24*(1): 3–6.

Csikszentmihalyi, M. & Larson, R. W. 1987. The experience sampling method. *Journal of Nervous and Mental Disease, 175*: 526–536.

Cuban, L. 1988. A fundamental puzzle of school reform. *Phi Delta Kappa, 69*(5): 341–344.

Cubukcu, F. 2013. The significance of teachers' academic emotions. *Procedia-Social and Behavioral Sciences, 70*: 649–653.

Cui, Y., Jin, H. & Gao, Y. 2023. Developing EFL teachers' feedback literacy for research and publication purposes through intra- and inter-disciplinary collaborations: A multiple-case study. *Assessing Writing, 57*: 100751.

Cui, Y., Liu, Y., Yu, H. & Gao, Y. 2022. Developing English teachers' language assessment literacy in an EAP reform context through test design: A case study. *System, 109*: 102866.

Cvetkovich, A. 2012. *Depression: A Public Feeling*. Durham: Duke University Press.

Danielewicz, J. 2001. *Teaching Selves: Identity, Pedagogy, and Teacher Education*. Albany: State University of New York Press.

da Silva, A. L. L. & Mølstad, C. E. 2020. Teacher autonomy and teacher agency: A comparative study in Brazilian and Norwegian lower secondary education. *The Curriculum Journal, 31*(1): 115–131.

Datnow, A. 2012. Teacher agency in educational reform: Lessons from social networks research. *American Journal of Education, 119*(1): 193–201.

Davey, R. 2013. *The Professional Identity of Teacher Educators: Career on the Cusp?* London: Routledge.

Day, C., Elliot, B. & Kington, A. 2005. Reform, standards and teacher identity: Challenges of sustaining commitment. *Teaching and Teacher Education, 21*(5): 563–577.

Day, C., Kington, A., Stobart, G. & Sammons, P. 2006. The personal and professional selves of teachers: Stable and unstable identities. *British Educational Research Journal, 32*(4): 601–616.

Day, C. & Gu, Q. 2007. Variations in the conditions for teachers' professional learning and development: Sustaining commitment and effectiveness over a career. *Oxford Review of Education, 33*(4): 423–443.

Day, C. & Leitch, R. 2001. Teachers' and teacher educators' lives: The role of emotion. *Teaching and Teacher Education, 17*(4): 403–415.

de Bot, K. 2015. Rates of change: Timescales in second language development. In Z. Dörnyei, P. MacIntyre & A. Henry (Eds.), *Motivational Dynamics in Language Learning*. Bristol: Multilingual Matters, 29–37.

de Bot, K., Lowie, W. & Verspoor, M. 2007. A dynamic systems theory approach to second language acquisition. *Bilingualism: Language and Cognition, 10*: 7–21, 51–55.

de Costa, P. I. 2011. Using language ideology and positioning to broaden the

SLA learner beliefs landscape: The case of an ESL learner from China. *System, 39*: 347–358.

de Costa, P. I. & Norton, B. 2017. Introduction: Identity, transdisciplinary, and the good language teacher. *The Modern Language Journal, 101*: 3–14.

Derrida, J. 1998. *Monolingualism of the Other or the Prosthesis of Origin.* Redwood City: Stanford University Press.

Dewaele, J. 2019. When elephants fly: The lift-off of emotion research in applied linguistics. *The Modern Language Journal, 103*(2): 533–536.

Dewaele, J., Chen, X., Padilla, A. M. & Lake, J. 2019. The flowering of positive psychology in foreign language teaching and acquisition research. *Frontiers in Psychology, 10*: 1–13.

Diener, E. 1999. Introduction to the special section on the structure of emotions. *Journal of Personality and Social Psychology, 76*: 803–804.

Dikilitaş, K. & Griffiths, C. 2017. *Developing Language Teacher Autonomy through Action Research.* Cham: Palgrave Macmillan.

Ding, X. & de Costa, P. I. 2018. Faith-based teacher emotional experiences: A case study of a veteran English lecturer in China. *Chinese Journal of Applied Linguistics, 41*(4): 529–548.

Ding, X. & Benesch, S. 2019. Why English language teachers' emotion labor? An interview with Professor Sarah Benesch. *The Journal of Teaching English for Specific and Academic Purposes, 6*(3): 543–551.

Donker, M. H., van Gog, T. & Mainhard, M. T. 2018. A quantitative exploration of two teachers with contrasting emotions: Intra-individual process analyses of physiology and interpersonal behavior. *Frontline Learning Research, 6*(3): 162–184.

Donker, M. H., van Vemde, L., Hessen, D. J., van Gog, T. & Mainhard, T. 2021. Observational, student, and teacher perspectives on interpersonal teacher behavior: Shared and unique associations with teacher and student emotions. *Learning and Instruction, 73*: 101–414.

Donnell, L. A. & Gettinger, M. 2015. Elementary school teachers' acceptability of school reform: Contribution of belief congruence, self-efficacy, and professional development. *Teaching and Teacher Education, 51*: 47–57.

Dörnyei, Z. 2009. The L2 motivational self system. In Z. Dörnyei & E. Ushioda (Eds.), *Motivation, Language Identity and the L2 Self.* Bristol: Multilingual Matters, 9–42.

Dörnyei, Z. & Ushioda, E. 2011. *Teaching and Researching Motivation.* Harlow: Longman.

Dörnyei, Z., MacIntyre, P. & Henry, A. (Eds.). 2015. *Motivational Dynamics in Language Learning*. Bristol: Multilingual Matters.

Dover, A. G., Henning, N. & Agarwal-Rangnath, R. 2016. Reclaiming agency: Justice-oriented social studies teachers respond to changing curricular standards. *Teaching and Teacher Education, 59*: 457–467.

Ecclestone, K. 2007. An identity crisis? The importance of understanding agency and identity in adults' learning. *Studies in the Education of Adults, 39*(2): 121–131.

Edwards, A. 2005. Let's get beyond community and practice: The many meanings of learning by participating. *The Curriculum Journal, 16*(1): 49–65.

Edwards, A. 2017. The dialectic of person and practice: How cultural-historical accounts of agency can inform teacher education. In J. Clandinin & J. Husu (Eds.), *The SAGE Handbook of Research on Teacher Education*. Los Angeles: Sage Publications, 269–285.

Edwards, E. & Burns, A. 2016. Language teacher-researcher identity negotiation: An ecological perspective. *TESOL Quarterly, 50*(3): 735–745.

Edwards, J. 2009. *Language and Identity*. Cambridge: Cambridge University Press.

Elfenbein, H. A., Marsh, A. A. & Ambady, N. 2002. Emotional intelligence and the recognition of emotion from facial expressions. In L. F. Barrett & P. Salovey (Eds.), *Emotions and Social Behavior. The Wisdom in Feeling: Psychological Processes in Emotional Intelligence*. New York: Guilford Press, 37–59.

Elisha-Primo, I., Sandler, S., Goldfrad, K., Ferenz, O. & Perpignan, H. 2010. Listening to students' voices: A curriculum renewal project for an EFL graduate academic program. *System, 38*: 457–466.

Ellis, R. 1986. *Understanding Second Language Acquisition*. Oxford: Oxford University Press.

Elman, J. 2003. Development: It's about time. *Developmental Science, 6*: 430–433.

Elmesky, R., Olitsky, S. & Tobin, K. 2006. Forum: Structure, agency, and the development of students' identities as learners. *Cultural Studies of Science Education, 1*: 767–789.

Emirbayer, M. & Mische, A. 1998. What is agency? *American Journal of Sociology, 103*: 962–1023.

Engeström, Y. 2009. The future of activity theory: A rough draft. In Sannino, A., Daniels, H. & Gutiérrez, K. D. (Eds.), *Learning and Expanding with*

Activity Theory. Cambridge: Cambridge University Press, 303–328.

Engeström, Y. 2011. From design experiments to formative interventions. *Theory & Psychology, 21*(5): 598–628.

Eraut, M., Alderton, J., Cole, G. & Senker, P. 1998. Learning from other people at work. In F. Coffield (Ed.), *Learning at Work*. Bristol: The Policy Press, 37–48.

Erss, M. 2018. "Complete freedom to choose within limits"—Teachers' views of curricular autonomy, agency and control in Estonia, Finland and Germany. *The Curriculum Journal, 29*(2): 238–256.

Ertmer, P. A., Ottenbreit-Leftwich, A. T., Sadik, O., Sendurur, E. & Sendurur, P. 2012. Teacher beliefs and technology integration practices: A critical relationship. *Computer & Education, 59*(2): 423–435.

Eteläpelto, A. 2008. Perspectives, prospects and progress in work-related learning. In S. Billett, C. Harteis & A. Eteläpelto (Eds.), *Emerging Perspectives of Workplace Learning*. Rotterdam: Sense, 233–247.

Eteläpelto, A., Vähäsantanen, K., Hökkä, P. & Paloniemi, S. 2013. What is agency? Conceptualizing professional agency at work. *Educational Research Review, 10*: 45–65.

Evaldsson, A. & Melander, H. 2017. Managing disruptive student conduct: Negative emotions and accountability in reproach-response sequences. *Linguistics and Education, 37*: 73–86.

Fairclough, N. 2003. *Analysing Discourse: Textual Analysis for Social Research*. London: Routledge.

Farouk, S. 2012. What can the self-conscious emotion of guilt tell us about primary school teachers' moral purpose and the relationships they have with their pupils? *Teachers and Teaching: Theory and Practice, 18*(4): 491–507.

Farrell, T. S. C. & Yang, D. 2019. Exploring an EAP teacher's beliefs and practices in teaching L2 speaking: A case study. *RELC Journal, 50*(1): 104–117.

Farrell, T. S. & Kun, S. T. K. 2007. Language policy, language teachers' beliefs, and classroom practices. *Applied Linguistics, 29*(3): 381–403.

Feiman-Nemser, S. 2001. From preparation to practice: Designing a continuum to strengthen and sustain teaching. *Teachers College Record, 103*: 1013–1055.

Feryok, A. 2012. Activity theory and language teacher agency. *The Modern Language Journal, 96*(1): 95–107.

Fishbein, M. & Ajzen, I. 1975. *Beliefs, Attitude, Intention and Behavior: An Introduction to Theory and Research*. Reading: Addison-Wesley.

Five, H. & Buehl, M. 2008. What do teachers believe? Developing a framework for examining beliefs about teachers' knowledge and ability. *Contemporary Educational Psychology, 33*(2): 134–176.

Flores, M. A. 2005. Teachers' views on recent curriculum changes: Tensions and challenges. *The Curriculum Journal, 16*(3): 401–413.

Flores, M. A. & Day, C. 2006. Contexts which shape and reshape new teachers' identities: A multi-perspective study. *Teaching and Teacher Education, 22*: 219–232.

Flowerdew, J. & Peacock, M. 2001. *Research Perspectives on English for Academic Purposes*. Cambridge: Cambridge University Press.

Fontaine, J. R. J., Scherer, K. R., Roesch, E. B. & Ellsworth, P. C. 2007. The world of emotions is not two-dimensional. *Psychological Science, 18*(12): 1050–1057.

Foucault, M. 1972. *The Archaeology of Knowledge*. New York: Pantheon.

Fox, J. D. 2009. Moderating top-down policy impact and supporting EAP curricular renewal: Exploring the potential of diagnostic assessment. *Journal of English for Academic Purposes, 8*: 26–42.

Fracchiolla, C., Prefontaine, B. & Hinko, K. 2020. Community of practice: A framework for understanding identity development within informal physics programs. *Physical Review Physics Education Research, 16*: 20115.

Freeman, D. 1993. Renaming experience, reconstructing practice. *Teaching and Teacher Education, 9*(5-6): 485–497.

Freeman, D. & Richards, J. C. 1993. Conceptions of teaching and the education of second language teachers. *TESOL Quarterly, 27*(2): 193–216.

Frenzel, A. C. & Stephens, E. J. 2013. Emotions. In N. C. Hall & T. Goetz (Eds.), *Emotion, Motivation, and Self-regulation: A Handbook for Teachers*. Bingley: Emerald, 1–56.

Friesen, M. D. & Besley, S. C. 2013. Teacher identity development in the first year of teacher education: A developmental and social psychological perspective. *Teaching and Teacher Education, 36*: 23–32.

Frost, D. 2006. The concept of 'agency' in leadership for learning. *Leading & Managing, 12*: 19–28.

Fu, G. & Clarke, A. 2017. Teacher agency in the Canadian context: Linking the how and the what. *Journal of Education for Teaching, 43*: 581–593.

Fuller, A. 2007. Critiquing theories of learning and communities of practice.

In J. Hughes, N. Jewson & L. Unwin (Eds.), *Communities of Practice: Critical Perspective*. London: Routledge, 17–29.

Fuller, A., Hodkinson, H., Hodkinson, P. & Unwin, L. 2005. Learning as a peripheral participation in communities of practice: A reassessment of key concepts in workplace learning. *British Educational Research Journal*, *31*(1): 49–68.

Fuller, F. F. & Bown, O. H. 1975. Becoming a teacher. In K. Ryan (Ed.), *Teacher Education 74th Yearbook of the National Society for the Study of Education II*. Chicago: University of Chicago Press, 25–52.

Gaddis, J. L. 2002. *The Landscape of History*. Oxford: Oxford University Press.

Gains, R. E., Osman, D. J., Maddocks, D. L. S., Warner, J. R., Freeman, J. L. & Schallert, D. L. 2019 Teachers' emotional experiences in professional development: Where they come from and what they can mean. *Teaching and Teacher Education, 77*: 53–65.

Gao, Y., & Cui, Y. 2021. To arrive where you are: A metaphorical analysis of teacher identity change in EAP reform. *Teaching and Teacher Education, 104*: 103–374.

Gao, Y. & Cui, Y. 2022a. Emotional tensions as rewards: An emerging teacher leader's identity construction in EFL textbook development. *TESOL Journal*, Advance online publication.

Gao, Y. & Cui, Y. 2022b. Agency as power: An ecological exploration of an emerging language teacher leaders' emotional changes in an educational reform. *Frontiers in Psychology*, Advance Online Publication.

Gao, Y. & Cui, Y. 2022c. "Agree to disagree": Reconciling an English teacher's identity tensions in negotiating an educational reform through a community of practice perspective. *Language Teaching Research*, Advance online publication.

Gao, Y. & Cui, Y. 2022d. English as a foreign language teachers'pedagogical beliefs about teacher roles and their agentic actions amid and after COVID-19: A case study. *RELC Journal*, Advance online publication.

Gee, J. P. 1999. *Introduction to Discourse Analysis: Theory and Method*. New York: Routledge.

Gee, J. P. 2000. Identity as an analytic lens for research in education. *Review of Research in Education, 25*: 99–125.

Ghanizadeh, A. & Royaei, N. 2015. Emotional facet of language teaching: Emotion regulation and emotional labor strategies as predictors of teacher burnout. *International Journal of Pedagogies and Learning, 10*(2): 139–150.

Gitlin, A. & Margonis, F. 1995. The political aspect of reform: Teacher resistance as good sense. *American Journal of Education, 103*(4): 377–405.

Goetz, T., Becker, E. S., Bieg, M., Keller, M. M. Frenzel, A. C. & Hall, N. C. 2015. The glass half empty: How emotional exhaustion affects the state-trait discrepancy in self-reports of teaching emotions. *PLOS ONE, 10*(9): 1–14.

Goetz, T., Bieleke, M., Gogol, K., van Tartwijk, J., Mainhard, T., Lipnevich, A. A. & Pekrun, R. 2021. Getting along and feeling good: Reciprocal associations between student-teacher relationship quality and students' emotions. *Learning and Instruction, 71*: 101349.

Goetz, T., Lüdtke, O., Nett, U. E., Keller, M. M. & Lipnevich, A. A. 2013. Characteristics of teaching and students' emotions in the classroom: Investigating differences across domains. *Contemporary Educational Psychology, 38*: 383–394.

Golombek, P. 2015. Redrawing the boundaries of language teacher cognition: Language teacher educators' emotion, cognition, and activity. *The Modern Language Journal, 99*(3): 470–484.

Golombek, P. & Johnson, K. E. 2004. Narrative inquiry as a mediational space: Examining emotional and cognitive dissonance in second-language teachers' development. *Teachers and Teaching: Theory and Practice, 10*(3): 307–327.

Golombek, P. & Doran, M. 2014. Unifying cognition, emotion, and activity in language teacher professional development. *Teaching and Teacher Education, 39*(2): 102–111.

Goodnough, K. 2010. The role of action research in transforming teacher identity: Modes of belonging and ecological perspectives. *Educational Action Research, 18*(2): 167–182.

Graves, K. (ed.). 1996. *Teachers as Course Developers*. Cambridge: Cambridge University Press.

Gray, J. & Morton, T. 2018. *Social Interaction and English Language Teacher Identity*. Edinburgh: Edinburgh University Press.

Green, T. 1971. *The Activity of Teaching*. New York: McGraw-Hill.

Gross, J. J. 1998a. Antecedent- and response-focused emotion regulation: Divergent consequences for experience, expression and physiology. *Journal of Personality and Social Psychology, 74*: 224–237.

Gross, J. J. 1998b. The emerging field of emotion regulation: An integrative review. *Review of General Psychology, 2*(3): 271–299.

Gross, J. J. 2002. Emotion regulation: Affective, cognitive, and social consequence. *Psychophysiology, 39*: 281–291.

Gross, J. J. (ed.). 2014. *Handbook of Emotion Regulation*. New York: Guilford Press.

Gross, J. J. 2015. Emotion regulation: Current status and future prospects. *Psychological Inquiry, 26*: 1–26.

Grossman, P. L. 1990. *The Making of a Teacher: Teacher Knowledge and Teacher Education*. New York: Teachers College Press.

Gu, M. M. 2010. Identities constructed in difference: English language learners in China. *Journal of Pragmatics, 42*: 139–152.

Gudmundsdottir, G. B. & Hathaway, D. N. 2020. "We always make it work": Teachers' agency in the time of crisis. *Journal of Technology and Teacher Education, 28*(2): 239–250.

Gurney, F. & Liyanage, I. 2016. EAL teacher agency: Implications for participation in professional development. *International Journal of Pedagogies and Learning, 11*(1): 49–59.

Guskey, T. R. 1986. Staff development and the process of change. *Educational Researcher, 15*: 5–12.

Haapasari, A., Engeström, Y. & Kerosuo, H. 2016. The emergence of learners' transformative agency in a change laboratory intervention. *Journal of Education and Work, 29*(2): 232–262.

Hadar, L. L. & Benish-Weisman, M. 2019. Teachers' agency: Do their values make a difference? *British Educational Research Journal, 45*(1): 137–160.

Hadley, K. M. & Dorward, J. 2011. The relationship among elementary teachers' mathematics anxiety, mathematics instructional practices, and student mathematics achievement. *Journal of Curriculum Instruction, 5*(2): 27–44.

Hagenauer, G., Hascher, T. & Volet, S. E. 2015. Teacher emotions in the classroom: Associations with students' engagement, classroom discipline and the interpersonal teacher-student relationship. *European Journal of Psychology of Education, 30*(4): 385–403.

Hall, N. C. 2019. An overview of research on emotions in Asian learners and educators: Implications and future directions. *The Asia-Pacific Education Researcher, 28*(4): 363–370.

Hall, S. 1996. Introduction: Who needs "identity"? In S. Hall & P. du Gay (Eds.), *Questions of Cultural Identity*. London: Sage Publications, 1–17.

Han, Y. 2017. Mediating and being mediated: Learner beliefs and learner engagement with written corrective feedback. *System, 69*: 133–142.

Harendita, M. E. 2017. What governs their practices? A study on pre-service English teachers' beliefs. *Language and Language Teaching Journal, 20*(1): 49–58.

Hargreaves, A. 1998. The emotional practice of teaching. *Teaching and Teacher Education, 14*: 835–854.

Hargreaves, A. 2000. Mixed emotions: Teachers' perceptions of their interactions with students. *Teaching and Teacher Education, 16*: 811–826.

Hart, S. N. & Brassard, M. R. 1987. A major threat to children's mental health: Psychological maltreatment. *American Psychologist, 42*(2): 160–165.

Harwood, N. (Ed.). 2021. *English Language Teaching Textbooks: Content, Consumption, Production*. Beijing: Foreign Language Teaching and Research Press.

Hascher, T. 2007. Exploring students' well-being by taking a variety of looks into the classroom. *Hellenic Journal of Psychology, 4*: 331–349.

Haviland, J. M. & Kahlbaugh, P. 1993. Emotion and identity. In M. Lewis & J. M. Haviland (Eds.), *Handbook of Emotions*. New York: Guilford Press, 327–339.

Hayak, M. & Avidov-Ungar, O. 2020. The integration of digital game-based learning into the instruction: Teachers' perceptions at different career stages. *TechTrends, 64*: 887–898.

Henry, A. 2016. Conceptualizing teacher identity as a complex dynamic system: The inner dynamics of transformations during a practicum. *Journal of Teacher Education, 67*(4): 291–305.

Hess, N. & Ghawi, M. 1997. English for Academic Purposes: Teacher development in a demanding arena. *English for Specific Purposes, 16*(1): 15–26.

Heylighen, F., Cilliers, P. & Gershenson, C. 2007. Worldviews, science and us: complexity and philosophy. In J. Bogg & R. Geyer (Eds.), *Complexity, Science and Society*. Oxford: Radcliffe Publishing, 41–49.

Higgins, E. T. 1987. Self-discrepancy: A theory relating self and affect. *Psychological Review, 94*(3): 319–340.

Hiver, P. 2015. Once burned, twice shy: The dynamic development of system immunity in teachers. In Z. Dörnyei, P. MacIntyre & A. Henry (Eds.), *Motivational Dynamics in Language Learning*. New York: Multilingual Matters, 214–237.

Hiver, P. 2017. Tracing the signature dynamics of language teacher immunity: A retrodictive qualitative modeling study. *The Modern Language Journal*, *101*(4): 669–699.

Hiver, P. & Al-Hoorie, A. H. 2016. A dynamic ensemble for second language research: Putting complexity theory into practice. *The Modern Language Journal*, *100*(4): 741–756.

Hiver, P. & Al-Hoorie, A. H. 2020. *Research Methods for Complexity Theory in Applied Linguistics*. Bristol: Multilingual Matters.

Hiver, P. & Al-Hoorie, A. H. 2021. Transdisciplinary research methods and complexity theory in applied linguistics: Introduction to the special issue. *IRAL*, *60*(1): 1–6.

Hiver, P. Al-Hoorie, A. H. & Larsen-Freeman, D. 2021. Toward a transdisciplinary integration of research purposes and methods for complex dynamic systems theory: beyond the quantitiative-qualitative divide. *IRAL*, *60*(1): 7–22.

Hiver, P., Al-Hoorie, A. H. & Evans, R. 2021. Complex dynamic systems theory in language learning. *Studies in Second Language Acquisition*, Advance online publication. DOI: 10.1017/S0272263121000553.

Hiver, P. & Dörnyei, Z. 2017. Language teacher immunity: A double-edged sword. *Applied Linguistics*, *38*: 405–423.

Hiver, P. & Whitehead, G. E. K. 2018. Sites of struggle: Classroom practice and the complex dynamic entanglement of language teacher agency and identity. *System*, *79*: 70–80.

Ho, E. C. & Yan, X. 2021. Using community of practice to characterize collaborative essay prompt writing and its role in developing language assessment literacy for pre-service language teachers. *System*, *101*: 102569.

Ho, Y. F. & Tsang, W. K. 2008. The besieged teaching profession and the corroded teachers' selves in the context of education reforms in Hong Kong SAR. In J. C. K. Lee & L. P. Shiu (Eds.), *Developing Teachers and Developing Schools in Changing Contexts*. Hong Kong: The Chinese University Press, 155–176.

Hochschild, A. 1979. Emotion work, feeling rules, and social structures. *American Journal of Sociology*, *85*(3): 551–575.

Hochschild, A. 1983. *The Managed Heart: Commercialization of Human Feelings*. Berkeley: University of California Press.

Hodges, C., Moore, S., Lockee, B., Trust, T. & Bond, A. 2020. The difference between emergency remote teaching and online learning. *Educause Review*, 27: https://er.educause.edu/articles/2020/3/the-difference-between-emergency-remote-teaching-and-online-learning.

Hofer, B. & Pintrich, P. R. 1997. The development of epistemological theories: Beliefs about knowledge and knowing and their relations to learning. *Review of Educational Research, 67*: 88–140.

Hofstede, G. 1991. *Culture and Organizations: Software of the Mind.* London: McGraw-Hill.

Hökkä, P., Vähäsantanen, K. & Mahlakaarto, S. 2017. Teacher educators' collective professional agency and identity – Transforming marginality to strength. *Teaching and Teacher Education, 63*: 36–46.

Holmes, J. & Celani, M. A. A. 2006. Sustainability and local knowledge: The case of the Brazilian ESP project 1980-2005. *English for Specific Purposes, 25*: 109–122.

Hong, J. Y. 2010. Pre-service and beginning teachers' professional identity and its relation to dropping out of the profession. *Teaching and Teacher Education, 26*: 1530–1543.

Horwitz, E. 1996. Even teachers get the blues: Recognizing and alleviating language teachers' feelings of foreign language anxiety. *Foreign Language Annals, 29*(3): 365–372.

Hosotani, R. & Imai-Matsummura, K. 2011. Emotional experience, expression, and regulation of high-quality Japanese elementary school teachers. *Teaching and Teacher Education, 27*(6): 1039–1048.

Huang, Z. 2019. An exploratory study of non-native English-speaking teachers' professional identity construction in a globalizing China. *Chinese Journal of Applied Linguistics, 42*(1): 40–59, 136.

Hüttner, J., Smit, U. & Mehlmauer-Larcher, B. 2009. ESP teacher education at the interface of theory and practice: Introducing a model of mediated corpus-based genre analysis. *System, 37*: 99–109.

Huy, N. V., Hamid, M. O. & Renshaw, P. 2016. Language education policy enactment and individual agency. *Language Problems and Language Planning, 40*(1): 69–84.

Hyland, K. 2002. Specificity revisited: How far should we go now? *English for Sepcific Purposes, 21*: 385–395.

Imants, J. & van der Wal, M. M. 2020. A model of teacher agency in professional development and school reform. *Journal of Curriculum Studies, 52*(1): 1–14.

Inan, F. A. & Lowther, D. L. 2010. Factors affecting technology integration in K-12 classrooms: A path model. *Educational Technology Research and Development*, 58(2): 137–154.

Insulander, E., Brehmer, D. & Ryve, A. 2019. Teacher agency in professional development programmes—A case study of professional development material and collegial discussion. *Learning, Culture and Social Interaction*, 23: 100330.

Izard, C. E. 2007. Basic emotions, natural kinds, emotion schemas, and a new paradigm. *Perspectives on Psychological Science*, 2(3): 260–280.

Jackson, J. 1998. Reality-based decision cases in ESP teacher education: Windows on practice. *English for Specific Purposes*, 17(2): 151–167.

Janssen, G., Nausa, R. & Rico, C. 2012. Shaping the ESP curriculum of an English for PhD students program: A Colombian case study of questionnaire research. *Journal of Colombian Applied Linguistics*, 14: 51–69.

Jenkins, G. 2020. Teacher agency: The effects of active and passive responses to curriculum change. *The Australian Educational Researcher*, 47: 167–181.

Jiang, Z., Mok, I. A. C. & Yin, H. 2021. The relationships between teacher emotions and classroom instruction: Evidence from senior secondary mathematics teachers in China. *International Journal of Educational Research*, 108: 101792.

Jiang, J., Vauras, M., Volet, S. & Salo, A. 2019. Teacher beliefs and emotion expression in light of support for student psychological needs: A qualitative study. *Education Sciences*, 9(68): 1–21.

Jo, S. H. 2014. Teacher commitment: Exploring associations with relationships and emotions. *Teaching and Teacher Education*, 43: 120–130.

Johnson, K. E. 1994. The emerging beliefs and instructional practices of preservice English as a second language teacher. *Teaching and Teacher Education*, 10(4): 439–452.

Johnson, K. E. 2006. The sociocultural turn and its challenges for second language teacher education. *TESOL Quarterly*, 40(1): 235–257.

Johnson, K. E. 2009. *Second Language Teacher Education: A Sociocultural Perspective*. New York: Routledge.

Junker, R., Donker, M. H. & Mainhard, T. 2021. Potential classroom stressors of teachers: An audiovisual and physiological approach. *Learning and Instruction*, 75: 101495.

Kagan, D. M. 1992. Implications of research on teacher belief. *Educational Psychologist*, 27: 65–90.

Kalaja, P., Barcelos, A. M. F., Aro, M. & Ruohotie-Lyhty, M. 2015. *Beliefs, Agency and Identity in Foreign Language Learning and Teaching*. London: Palgrave Macmillan.

Kayi-Aydar, H. 2015. Teacher agency, positioning, and English language learners: Voices of pre-service classroom teachers. *Teaching and Teacher Education, 45*: 94–103.

Kelchtermans, G. 2005. Teachers' emotions in educational reforms: Self-understanding, vulnerable commitment and micropolitical literacy. *Teaching and Teacher Education, 21*: 995–1006.

Kelchtermans, G. 2009. Who I am in how I teach is the message: Self-understanding vulnerability and reflection. *Teachers and Teaching: Theory and Practice, 15*(2): 257–272.

Kelso, J. A. S. 1995. *Dynamic Patterns: The Self-organization of Brain and Behavior*. Cambridge: MIT Press.

Kember, D. & Gow, L. 1994. Orientations to teaching and their effect on the quality of student learning. *The Journal of Higher Education, 65*(1): 58–74.

Kennedy, C. 2012. ESP projects, English as a global language, and the challenge of change. *Ibérica, 24*: 43–54.

Kennedy, L. M. 2020. At the dinner table: Preservice EFL teachers' identity negotiations and resources. In B. Yazan & K. Lindahl (Eds.), *Language Teacher Identity in TESOL: Teacher Education and Practice as Identity Work*. New York: Routledge, 46–61.

Kerlinger, F. N. & Kaya, E. 1959. The construction and factor analytic validation of scales to measure attitudes toward education. *Educational and Psychological Measurement, 19*: 13–29.

Ketelaar, E., Beijaard, D., Boshuizen, H. P. & den Brok, P. J. 2012. Teachers' positioning towards an educational innovation in the light of ownership, sense-making and agency. *Teaching and Teacher Education, 28*(2): 273–282.

Khany, R. & Tarlani-Aliabadi, H. 2016. Studying power relations in an academic setting: Teachers' and students' perceptions of EAP classes in Iran. *Journal of English for Academic Purposes, 21*: 72–85.

Kirkby, J., Walsh, L. & Keary, A. 2019. A case study of the generation and benefits of a community of practice and its impact on the professional identity of early childhood teachers. *Professional Development in Education, 45*(2): 264–275.

Kitching, K. 2009. Teachers' negative experiences and expressions of emotion: Being true to yourself or keeping you in your place? *Irish Educational Studies, 28*: 141–154.

Kubanyiova, M. 2012. *Teacher Development in Action: Understanding Language Teachers' Conceptual Change*. Hampshire: Palgrave Macmillan.

Kubanyiova, M. & Feryok, A. 2015. Language teacher cognition in applied linguistics research: Revisiting the territory, redrawing the boundaries, reclaiming the relevance. *The Modern Language Journal, 99*: 435–449.

Kuzborska, I. 2011. Teachers' decision-making processes when designing EAP reading materials in a Lithuanian university setting. *Journal of English for Academic Purposes, 10*: 223–237.

Labassi, T. 2010. Two ESP projects under the test of time: The case of Brazil and Tunisia. *English for Specific Purposes, 29*: 19–29.

Lai, C., Li, Z. & Gong, Y. 2016. Teacher agency and professional learning in cross-cultural teaching contexts: Accounts of Chinese teachers from international schools in Hong Kong. *Teaching and Teacher Education, 54*: 12–21.

Lakoff, G. & Johnson, M. 1999. *Philosophy in the Flesh: The Embodied Mind and its Challenge to Western Thought*. New York: Basic Books.

Lantolf, J. P. 2000. Introducing sociocultural theory. In J. P. Lantolf (Ed.), *Sociocultural Theory and Second Language Learning*. Oxford: Oxford University Press, 1–26.

Lantolf, J. P. & Thorne, S. L. 2006. *Sociocultural Theory and the Genesis of Second Language Development*. Oxford: Oxford University Press.

Larsen-Freeman, D. 1997. Chaos/complexity science and second language acquisition. *Applied Linguistics, 18*: 141–165.

Larsen-Freeman, D. 2007. Reflecting on the cognitive-social debate in second language acquisition. *The Modern Language Journal, 191*: 773–787.

Larsen-Freeman, D. 2012. Complex, dynamic systems: A new transdisciplinary theme for applied linguistics? *Language Teaching, 45*: 202–214.

Larsen-Freeman, D. 2017. Complexity theory: The lessons continue. In L. Ortega & Z. Han (Eds.), *Complexity Theory and Language Development: In Celebration of Diane Larsen-Freeman*. Amsterdam: John Benjamin, 1–32.

Larsen-Freeman, D. 2019. On language learner agency: A complex dynamic systems theory perspective. *The Modern Language Journal, 103*: 61–79.

Larsen-Freeman, D & Cameron, L. 2008. *Complex Systems and Applied Linguistics*. Oxford: Oxford University Press.

Lasky, S. 2005. A sociocultural approach to understanding teacher identity, agency and professional vulnerability in a context of secondary school reform. *Teaching and Teacher Education, 21*: 899–916.

Lave, J. & Wenger, E. 1991. *Situated Learning*. Cambridge: Cambridge University Press.

Lazarus, R. S. 1991. *Emotion and Adaption*. Oxford: Oxford University Press.

Leal, P. & Crookes, G. V. 2018. "Most of my students kept saying," 'I never met a gay person': A queer English language teacher's agency for social justice. *System, 79*: 38–48.

Leander, K. M. & Osborne, M. D. 2008. Complex positioning: Teachers as agents of curricular and pedagogical reform. *Journal of Curriculum Studies, 40*(1): 23–46.

Lee, C. D. 2000. Signifying in the zone of proximal development. In C. D. Lee & P. Smagorinsky (Eds.), *Vygotskian Perspectives on Literacy Research: Constructing Meaning through Collaborative Inquiry*. New York: Cambridge University Press, 191–225.

Lee, I. 2013. Becoming a writing teacher: Using "identity" as an analytic lens to understand EFL writing teachers' development. *Journal of Second Language Writing, 22*(3): 330–345.

Lee, J. C., Huang, Y. X., Law, E. H. & Wang, M. 2013. Professional identities and emotions of teachers in the context of curriculum reform: A Chinese perspective. *Asia-Pacific Journal of Teacher Education, 41*(3): 271–287.

Lee, J. C., Zhang, Z., Song, H. & Huang, X. 2013. Effects of epistemological and pedagogical beliefs on the instructional practices of teachers: A Chinese perspective. *Australian Journal of Teacher Education, 38*(12): 120–146.

Lee, S. & Dallman, M. 2008. Engaging in a reflective examination about diversity: Interviews with three preservice teachers. *Multicultural Education, 15*(4): 36–44.

Lewis, C., Enciso, P. & Moje, E. B. 2007. Introduction: Reframing sociocultural research on literacy. In C. Lewis, P. Enciso & E. B. Moje (Eds.), *Reframing Sociocultural Research on Literacy. Identity, Agency and Power*. New Jersey: Lawrence Erlbaum, 1–11.

Li, X. 2012. The role of teachers' beliefs in the language teaching-learning process. *Theory & Practice in Language Studies, 2*(7): 1397–1402.

Lincoln, Y. S. & Guba, E. G. 1985. *Naturalistic Inquiry*. Newbury Park: Sage Publications.

Linehan, C. & McCarthy, J. 2001. Reviewing the "Community of Practice" metaphor: An analysis of control relations in a primary school classroom. *Mind, Culture, and Activity, 8*(2): 129–147.

Lipponen, L. & Kumpulainen, K. 2011. Acting as accountable authors: Creating interactional spaces for agency work in teacher education. *Teaching and Teacher Education*, 27(5): 812–819.

Little, T. D., Hawley, P. H., Henrich, C. C. & Marsland, K. W. 2002. Three views of the agentic self: A developmental synthesis. In E. D. Deci & R. M. Ryan (Eds.), *Handbook of Self-determination Research*. Rochester: University of Rochester Press, 389–404.

Liu, H., Lin, C. & Zhang, D. 2017. Pedagogical beliefs and attitudes toward information and communication technology: A survey of teachers of English as a foreign language in China. *Computer Assisted Language Learning*, 30(8): 745–765.

Liu, J., Chang, Y., Yang, F. & Sun, Y. 2011. Is what I need what I want? Reconceptualising college students' needs in English courses for general and specific/academic purposes. *Journal of English for Academic Purposes*, 10: 271–280.

Liu, S. H. 2011. Factors related to pedagogical beliefs of teachers and technology integration. *Computers & Education*, 56(4): 1012–1022.

Liu, S., Hallinger, P. & Feng, D. 2016. Supporting the professional learning of teachers in China: Does principal leadership make a difference? *Teaching and Teacher Education*, 59: 79–91.

Liu, Y. & Xu, Y. 2013. The trajectory of learning in a teacher community of practice: A narrative inquiry of a language teacher's identity in the workplace. *Research Papers in Education*, 28(2): 176–195.

Liyanage, I., Bartlett, B., Walker, T. & Guo, X. 2015. Assessment policies, curricular directives, and teacher agency: Quandaries of EFL teachers in inner Mongolia. *Innovation in Language Learning and Teaching*, 9(3): 251–264.

Lobatón, J. C. G. 2012. Language learners' identities in EFL settings: Resistance and power through discourse. *Colombian Applied Linguistics Journal*, 14(1): 60–76.

Loh, C. E. & Liew, W. M. 2016. Voices from the ground: The emotional labour of English teachers' work. *Teaching and Teacher Education*, 55: 267–278.

López, M. G. M. & Cárdenas, M. A. F. 2014. Emotions and their effects in a language learning Mexican context. *System*, 42: 298–307.

Lu, X., Zou, X. & Tao, J. 2020. Spanish language teachers' pedagogical beliefs in Chinese universities. *CLAC*, 84: 41–53.

Lund, A., Furberg, A. L. & Gudmundsdottir, G. B. 2019. Expanding and embedding digital literacies: Transformative agency in education. *Media and Communication, 7*(2): 47–58.

Lunenberg, M., Korthagen, F. & Swennen, A. 2007. The teacher educator as a role model. *Teaching and Teacher Education, 23*: 586–601.

MacIntyre, P. D., Gregersen, T. & Mercer, S. 2020. Language teachers' coping strategies during the Covid-19 conversion to online teaching: Correlations with stress, wellbeing and negative emotions. *System, 94*: 102352.

MacIntyre, P. D., Ross, J., Talbot, K., Mercer, S., Gregersen, T. & Banga, C. A. 2019. Stressors, personality and wellbeing among language teachers. *System, 82*: 26–38.

Mackenzie, J. L. & Alba Juez, L. (Eds.). 2019. *Emotion in Discourse*. Amsterdam: Benjamins.

Maclellan, E. 2017. Shaping agency through theorizing and practicing teaching in teacher education. In J. Clandinin & J. Husu (Eds.), *The SAGE Handbook of Research on Teacher Education*. Los Angeles: Sage Publications, 253–268.

MacLure, M. 1993. Arguing for your self: Identity as an organizing principle in teachers' jobs and lives. *British Educational Research Journal, 19*(4): 311–323.

Margolin, I. 2007. Creating a collaborative school-based teacher education program. In M. Zellermayer & E. Munthe (Eds.), *Teachers Learning in Communities. International Perspectives*. Rotterdam: Sense, 113–125.

Markus, H. & Wurf, E. 1987. The dynamic self-concept: A social psychological perspective. *Annual Review of Psychology, 38*(1): 299–337.

Markus, H. & Nurius, P. 1986. Possible selves. *The American Psychologist, 41*(9): 954–969.

Mathews, A. 1993. Biases in emotional processing. *The Psychologist: Bulletin of the British Psychological Society, 6*: 493–499.

Matsumoto, D. 1989. Cultural influences on the perception of emotion. *Journal of Cross-Cultural Psychology, 20*: 92–105.

Maulucci, M. S. R. 2008. Intersections between immigration, language, identity, and emotions: A science teacher candidate's journey. *Cultural Studies of Science Education, 3*: 17–42.

McNaughton, S. M. & Billot, J. 2016. Negotiating academic teacher identity shifts during higher education contextual change. *Teaching in Higher Education, 21*(6): 644–658.

Meeus, W., Cools, W. & Placklé, I. 2018. Teacher educators developing professional roles: Frictions between current and optimal practices. *European Journal of Teacher Education, 41*(1): 15–31.

Mercer, S. 2011. Language learner self-concept: Complexity, continuity and change. *System, 39*(3): 335–346.

Meyer, H. 2002. From "loose coupling" to "tight management"? Making sense of the changing landscape in management and organization theory. *Journal of Educational Adminstration, 40*(6): 515–520.

Meyer, J. W. & Rowan, B. 1977. Institutionalized organizations: Formal structure as myth and ceremony. *American Journal of Sociology, 83*(2): 340–346.

Mikolajczak, M., Tran, V., Brotheridge, C. M. & Gross, J. J. 2009. Using an emotion regulation framework to predict the outcomes of emotional labor. *Research on Emotion in Organizations, 5*: 245–273.

Miller, E. R. & Gkonou, C. 2018. Language teacher agency, emotion labour and emotional rewards in tertiary-level English language programs. *System, 79*: 49–59.

Miller, E. R. & Gkonou, C. 2021. An exploration of language teacher reflection, emotion labor, and emotional capital. *TESOL Quarterly, 55*(1): 134–155.

Mitchell, S. 2003. *Biological Complexity and Integrative Pluralism*. Cambridge: Cambridge University Press.

Moate, J. & Ruohotie-Lyhty, M. 2020. Identity and agency development in a CLIL-based teacher education program. *Journal for the Psychology of Language Learning, 2*(2): 92–106.

Moje, E. B. & Lewis, C. 2007. Examining opportunities to learn literacy: The role of critical sociocultural literacy research. In C. Lewis, P. Enciso & E. B. Moje (Eds.), *Reframing Sociocultural Research on Literacy. Identity, Agency and Power*. New Jersey: Lawrence Erlbaum, 15–48.

Moos, L. 2005. How do schools bridge the gap between external demands for accountability and the need for internal trust? *Journal of Educational Change, 6*(4): 307–328.

Morin, E. 2007. Restricted complexity, general complexity. In C. Gershenson, D. Aerts & B. Edmonds (Eds.), *Worldviews, Science and Us: Philosophy and Complexity*. Singapore: World Scientific, 5–29.

Morita, N. 2004. Negotiating participation and identity in second language academic communities. *TESOL Quarterly, 38*(4): 573–603.

Morris, J. A. & Feldman, D. C. 1996. The dimensions, antecedents and consequences of emotional labor. *Academy of Management Journal, 21*: 986–1010.

Murray, J. & Male, T. 2005. Becoming a teacher educator. Evidence from the field. *Teaching and Teacher Education, 21*: 125–142.

Myers, D. G. 2002. *Exploring Psychology*. Michigan: Worth Press.

Nakata, Y. 2011. Teachers' readiness for promoting learner autonomy: A study of Japanese EFL high school teachers. *Teaching and Teacher Education, 27*: 900–910.

Nasrollahi Shahri, M. N. 2018. Constructing a voice in English as a foreign language: Identity and engagement. *TESOL Quarterly, 52*(1): 85–109.

Navarro, D. & Thornton, K. 2011. Investigating the relationship between belief and action in self-directed language learning. *System, 39*: 290–301.

Nevgi, A. & Löfström, E. 2015. The development of academics' teacher identity: Enhancing reflection and task perception through a university teacher development programme. *Studies in Educational Evaluation, 46*: 53–60.

Nguyen, C. D. 2016. Metaphors as a window into identity: A study of teachers of English to young learners in Vietnam. *System, 60*: 66–78.

Nguyen, M. H. 2019. *English Language Teacher Education: A Sociocultural Perspective on Preservice Teachers' Learning in the Professional Experience.* Singapore: Springer.

Nias, J. 1996. Thinking about feeling: The emotions in teaching. *Cambridge Journal of Education, 26*(3): 293–306.

Niemi, H. 2002. Active learning–a cultural change needed in teacher education and schools. *Teaching and Teacher Education, 18*: 763–780.

Norton, B. 2000. *Identity and Language Learning: Gender, Ethnicity and Educational Change*. Harlow: Pearson Education.

Norton, B. & Toohey, K. 2011. Identity, language learning, and social change. *Language Teaching, 44*: 412–446.

Nuñez, R. 1997. Eating soup with chopstick: Dogmas, difficulties and alternatives in the study of conscious experience. *Journal of Consciousness Studies, 4*(2): 143–166.

Oatley, K. & Jenkins, J. 1996. *Understanding Emotions*. Oxford: Blackwell.

O'Connor, K. 2001. Contextualization and the negotiation of social identities in a geographically distributed situated learning projects. *Linguistics and Education, 12*: 285–308.

Olsen, B. 2010. *Teaching for Success: Developing your Teacher Identity in Today's Classroom*. London: Paradigm Publishers.

Olson, R. E., McKenzie, J., Mills, K. A., Patulny, R., Bellocchi, A. & Caristo, F. 2019. Gendered emotion management and teacher outcomes in secondary school teaching: A review. *Teaching and Teacher Education, 80*: 128–144.

Oolbekkink-Marchand, H. W., Hadar, L. L., Smith, K., Helleve, I. & Ulvik, M. 2017. Teachers' perceived professional space and their agency. *Teaching and Teacher Education, 62*: 37–46.

Ortega, L. & Han, Z. (Eds.). 2017. *Complexity Theory and Language Development: In Celebration of Diane Larsen-Freeman*. Amsterdam: John Benjamins.

Packer, M. J. & Goicoechea, J. 2000. Sociocultural and constructivist theories of learning: Ontology, not just epistemology. *Educational Psychologist, 35*(4): 227–241.

Paechter, C. 1995. *Crossing Subject Boundaries: The Micropolitics of Curriculum Innovation*. London: HMSO.

Pantić, N. 2015. A model for study of teacher agency for social justice. *Teachers and Teaching, 21*(6): 759–778.

Pajares, M. F. 1992. Teachers' beliefs and educational research: Cleaning up a messy construct. *Review of Educational Research, 62*(3): 307–322.

Paris, C. & Lung, P. 2008. Agency and child-centered practices in novice teachers: Autonomy, efficacy, intentionality, and reflectivity. *Journal of Early Childhood Teacher Education, 29*(3): 253–268.

Parrott, W. G. 2001. *Emotions in Social Psychology: Essential Readings*. Philadelphia: Psychology Press.

Patton, M. Q. 2002. *Qualitative Research and Evaluation Methods*. Thousand Oaks: Sage Publications.

Pavlenko, A. 2001. "In the world of the tradition I was unimagined": Negotiation of identities in cross-cultural autobiographies. *The International Journal of Bilingualism, 5*: 317–344.

Pavlenko, A. & Lantolf, J. P. 2000. Second language learning as participation and the (re)construction of selves. In J. P. Lantolf (Ed.). *Sociocultural Theory and Second Language Learning*. Oxford: Oxford University Press, 155–177.

Peters, P. & Fernández, T. 2013. The lexical needs of ESP students in a professional field. *English for Specific Purposes, 32*, 236–247.

Phipps, S. & Borg, S. 2007. Exploring the relationship between teachers' beliefs and their classroom practice. *The Teacher Trainer, 21*(3):17–19.

Phipps, S. & Borg, S. 2009. Exploring tensions between teachers' grammar teaching beliefs and practices. *System, 37*: 380–390.

Pillen, M., Beijaard, M. & den Brok, P. 2013. Tensions in beginning teachers' professional identity development, accompanying feelings and coping strategies. *European Journal of Teacher Education, 36*(3): 240–260.

Pillen, M., den Brok, P. J. & Beijaard, D. 2013. Profiles and change in beginning teachers' professional identity tensions. *Teaching and Teacher Education, 34*: 86–97.

Plutchik, R. 1980. A general psychoevolutionary theory of emotion. In R. Plutchik & H. Kellerman (Eds.), *Emotion: Theory, Research, and Experience*. New York: Academic Press, 3–33.

Prawat, R. S. 2002. Dewey and Vygotsky viewed through the rearview mirror–and dimly at that. *Educational Reseracher, 31*(5): 16–20.

Priestley, M., Biesta, G. J. J., Philippou, S. & Robinson, S. 2015. The teacher and the curriculum: Exploring teacher agency. In D. Wyse, L. Hayward & J. Pandya (Eds.), *The SAGE Handbook of Curriculum, Pedagogy and Assessment*. London: Sage Publications, 187–201.

Priestley, M., Biesta, G. J. J. & Robinson, S. 2015. *Teacher Agency: An Ecological Approach*. London: Bloomsbury Academic.

Priestley, M., Edwards, R., Priestley, A. & Miller, K. 2012. Teacher agency in curriculum making: Agents of change and spaces for manoeuvre. *Curriculum Inquiry, 42*(2): 191–214.

Prior, M. T. 2019. Elephants in the room: An "affective turn," or just feeling our way? *The Modern Language Journal, 103*(2): 516–529.

Pyhältö, K., Pietarinen, J. & Soini, T. 2012. Do comprehensive school teachers perceive themselves as active professional agents in school reforms? *Journal of Educational Change, 13*: 95–116.

Pyhältö, K., Pietarinen, J. & Soini, T. 2015. Teachers' professional agency and learning–from adaption to active modification in the teacher community. *Teachers and Teaching: Theory and Practice, 21*(7): 811–830.

Quintelier, A., Vanhoof, J. & de Maeyer, S. 2019. A full array of emotions: An exploratory mixed methods study of teachers' emotions during a school inspection visit. *Studies in Educational Evaluation, 63*: 83–93.

Remmik, M., Karm, M. & Lepp, L. 2013. Learning and developing as a university teacher: Narratives of early career academics in Estonia. *European Educational Research Journal, 12*: 330–341.

Richards, J. & Rodgers, T. S. 1986. *Approaches and Methods in Language Teaching: A Description and Analysis*. Cambridge: Cambridge University Press.

Robinson, M. & McMillan, W. 2006. Who teaches the teachers? Identity, discourse and policy in teacher education. *Teaching and Teacher Education*, 22: 327–336.

Robinson, S. 2012. Constructing teacher agency in response to the constraints of education policy: Adoption and adaptation. *Curriculum Journal*, 23(2): 231–245.

Rocheach, M. 1968. *Beliefs, Attitudes, and Values: A Theory of Organization and Change*. San Francisco: Jossey-Bass.

Rostami, F. & Yousefi, M. H. 2020. Iranian novice English teachers' agency construction: The complexity dynamic/system perspective. *Asian-Pacific Journal of Second and Foreign Language Education*, 5(4): 1–16.

Ruan, X. & Zheng, X. 2019. The rhetoric and the reality: Exploring the dynamics of professional agency in the identity commitment of a Chinese female teacher. *Learning, Culture and Social Interaction*, 21: 348–361.

Ruan, X., Zheng, X. & Toom, A. 2020. From perceived discrepancies to intentional efforts: Understanding English department teachers' agency in classroom instruction in a changing curricular landscape. *Teaching and Teacher Education*, 92: 103074.

Rubin, H. J. & Rubin, I. S. 2005. *Qualitative Interviewing: The Art of Hearing Data*. Thousand Oaks, CA: Sage Publications.

Rugen, B. 2013. Language learner, language teacher: Negotiating identity positions in conversational narratives. In G. Barkhuizen (Ed.), *Narrative Research in Applied Linguistics*. Cambridge: Cambridge University Press, 199–217.

Ruohotie-Lyhty, M. 2013. Struggling for a professional identity: Two newly qualified language teachers' identity narratives during the first years at work. *Teaching and Teacher Education*, 30: 120–129.

Ruohotie-Lyhty, M., Aragão, R. C. & Pitkänen, A. 2021. Language teacher identities as socio-politically situated construction: Finish and Brazilian student teachers' visualisations of their professional futures. *Teaching and Teacher Education*, 100: 103–270.

Ruohotie-Lyhty, M. & Moate, J. 2016. Who and how? Preservice teachers as active agents developing professional identities. *Teaching and Teacher Education*, 55: 318–327.

Rupp, D. E., McCance, A. S., Spencer, S. & Sonntag, K. 2008. Customer (in) justice and emotional labor: The role of perspective taking, anger, and emotional regulation. *Journal of Management, 34*(5): 903–924.

Ryan, K. 1986. *The Induction of New Teachers*. Bloomington: Phi Delta Kappa Educational Foundation.

Sakui, K. & Gaies, S. J. 1999. Investigating Japanese learners' beliefs about language learning. *System, 27*: 473–492.

Sampson, R. J. 2016. EFL teacher motivation in-situ: Co-adaptive processes, openness and relational motivation over interacting timescales. *Studies in Second Language Learning and Teaching, 6*: 293–318.

Samuelowicz, K. & Bain, J. D.1992. Conceptions of teaching held by academic teachers. *Higher Education, 24*: 93–111.

Sander, D. 2013. Models of emotion: The affective neuroscience approach. In J. Armony & P. Vuilleumier (Eds.). *The Cambridge Handbook of Human Affective Neuroscience*. Cambridge: Cambridge University Press, 5–53.

Sannino, A. 2010. Teachers' talk of experiencing: Conflict, resistance and agency. *Teaching and Teacher Education, 26*: 838–844.

Sannino, A. & Engeström, Y. 2017. Relational agency, double stimulation, and the object of activity: An intervention study in a primary school. In A. Edwards (Ed.), *Working Relationally in and across Practices: A Cultural-historical Approach to Collaboration*. New York: Cambridge University Press, 43–57.

Saunders, R. 2013. The role of teacher emotions in change: Experiences, patterns and implications for professional development. *Journal of Educational Change, 14*(3): 303–333.

Schutz, P. A., Hong, J. Y., Cross, D. I. & Osbon, J. N. 2006. Reflections on investigating emotions among educational contexts. *Educational Psychology Review, 18*: 343–360.

Šeďová, K., Šalamounová, Z., Švaříček, R. & Sedláček, M. 2017. Teachers' emotions in teacher development: Do they matter? *Studia Paedagogica, 22*(4): 77–110.

Sfard, A. 1998. On two metaphors for learning and the dangers of choosing just one. *Educational Researcher, 27*(2): 4–13.

Sfard, A. & Prusak, A. 2005. Telling identities: In search of an analytic tool for investigating learning as a culturally shaped activity. *Educational Researcher, 34*(4): 14–22.

Shapiro, S. 2010. Revisiting the teachers' lounge: Reflections on emotional experience and teacher identity. *Teaching and Teacher Education, 26*(2): 616–621.

Shi, L. & Yang, L. 2014. A community of practice of teaching English writing in a Chinese university. *System, 42*: 133–142.

Skinner, D., Valsiner, J. & Holland, D. 2001. Discerning the dialogical self: A theoretical and methodological examination of A Nepali adolescent's narrative. *Forum: Aualitative Social Research, 2*(3): 1–17.

Smagorinsky, P., Cook, L. S., Moore, C., Jackson, A. Y. & Fry, P. G. 2004. Tensions in learning to teach: Accommodation and the development of a teaching identity. *Journal of Teacher Education, 55*: 8–24.

Smith, K. 2003. So, what about the professional development of teacher educators? *European Journal of Teacher Education, 26*(2): 201–215.

Solomon, R. 2000. The philosophy of emotions. In M. Lewis & J. M. Haviland-Jones (Eds.), *Handbook of Emotions*. New York: The Guilford Press, 3–15.

Song, J. 2018. Critical approaches to emotions of non-native English speaking teachers. *Chinese Journal of Applied Linguistics, 41*: 453–467.

Spillane, J. P. 1999. External reform initiatives and teachers' efforts to reconstruct their practice. *Curriculum Studies, 31*(2), 143–175.

Spratt, M., Humphreys, G. & Chan, V. 2002. Autonomy and motivation: Which come first? *Language Teaching Research, 6*(3): 245–266.

Stanley, C. (1999). Learning to think, feel and teach reflectively. In J. Arnold (Ed.), *Affect in language learning*. Cambridge: Cambridge University Press, 109–124.

Stephanou, G. & Oikonomou, A. 2018. Teacher emotions in primary and secondary education: Effects of self-efficacy and collective-efficacy, and problem solving appraisal as a moderating mechanism. *Psychology, 9*: 820–875.

Storey, A. 2007. Cultural shifts in teaching: New workforce, new professionalism? *The Curriculum Journal, 18*: 253–270.

Strauss, A. & Corbin, J. 1990. *Basics of Qualitative Research: Grounded Theory Procedures and Techniques*. Newbury Park: Sage Publications.

Stritikus, T. 2003. The interrelationship of beliefs, context, and learning: The case of a teacher reacting to language policy. *Journal of Language, Identity, and Education, 2*(1): 29–52.

Susoliakova, O., Smejkalova, J., Bicikova, M., Potuznikova, D., Hodacova,

L., Grimby-Ekman, A. & Fiala, Z. 2014. Salivary cortisol in two professions: Daily cortisol profiles in school teachers and firefighters. *Neuroendocrinology Letters, 35*(4): 314–321.

Sutherland, L., Howard, S. & Markauskaite, L. 2010. Professional identity creation: Examining the development of beginning preservice teachers' understanding of their work as teachers. *Teaching and Teacher Education, 26*: 455–465.

Sutton, R. E. 2004. Emotional regulation goals and strategies of teachers. *Social Psychology of Education, 7*: 379–398.

Sutton, R. E. & Wheatley, K. F. 2003. Teachers' emotions and teaching: A review of the literature and directions for future research. *Educational Psychology Review, 15*: 327–358.

Sutton, R. E., Mudrey-Camino, R. & Knight, C. C. 2009. Teachers' emotion regulation and classroom management. *Theory into Practice, 48*: 130–137.

Swain, M. 2013. The inseparability of cognition and emotion in second language learning. *Language Teaching, 46*(2): 195–207.

Swennen, A., Shagrir, L. & Cooper, M. 2008. Becoming a teacher educator: Voices of beginning teacher educators. In A. Swennen & M. van der Klink (Eds.), *Becoming a Teacher Educator. Theory and Practice for Teacher Educators*. Amsterdam: Springer, 91–102.

Tajino, A., James, R. & Kijima, K. 2005. Beyond needs analysis: Soft systems methodology for meaningful collaboration in EAP course design. *Journal of English for Academic Purposes, 4*: 27–42.

Tao, J. & Gao, X. 2017. Teacher agency and identity commitment in curricular reform. *Teaching and Teacher Education, 63*: 346–355.

Tao, J. & Gao, X. 2018. Identity constructions of ESP teachers in a Chinese university. *English for Specific Purposes, 49*: 1–13.

Taxer, J. L. & Frenzel, A. C. 2015. Facets of teachers' emotional lives: A quantitative investigation of teachers' genuine, faked, and hidden emotions. *Teaching and Teacher Education, 49*: 78–88.

Taxer, J. L. & Gross, J. J. 2018. Emotion regulation in teachers: The "why" and "how". *Teaching and Teacher Education, 74*: 180–189.

Taylor, L. A. 2017. How teachers become teacher researchers: Narrative as a tool for teacher identity construction. *Teaching and Teacher Education, 61*: 16–25.

Taylor, L. P., Newberry, M. & Clark, S. K. 2020. Patterns and progression of emotion experiences and regulation in the classroom. *Teaching and Teacher Education, 93*: 103–181.

Teng, F. 2019. *Autonomy, Agency, and Identity in Teaching and Learning English as a Foreign Language*. Singapore: Springer.

Thelen, E. & Smith, L. 1994. *A Dynamic System Approach to the Development of Cognition and Action*. Cambridge, MA: MIT Press.

Thomson, M. M. & Turner, J. E. 2019. The role of emotions in teachers' professional development: Attending a research experience for teachers (RET) program. *Education Research International, 19*: 1–12.

Tomlinson, B. 2003. *Developing Materials for Language Teaching*. London: Bloomsbury.

Toom, A., Pietarinen, J., Soini, T. & Pyhältö, K. 2017. How does the learning environment in teacher education cultivate first year student teachers' sense of professional agency in the professional community? *Teaching and Teacher Education, 63*: 126–136.

Tondeur, J. 2008. The impact of primary school teachers' educational beliefs on the classroom use of computers. *Computers & Education, 51*(4): 1499–1509.

Torquati, J. C. & Raffaelli, M. 2004. Daily experiences of emotions in social contexts of securely and insecurely attached young adults. *Journal of Adolescent Research, 19*: 740–758.

Torres-Rocha, J. C. 2017. High school EFL teachers' identity and their emotions towards language requirements. *Issues in Teachers' Professional Development, 19*(2): 41–55.

Tran, A., Burns, A. & Ollerhead, S. 2017. ELT lecturers' experiences of a new research policy: Exploring emotion and academic identity. *System, 67*: 65–76.

Trent, J. & Lim, J. 2010. Teacher identity construction in school-university partnerships: Discourse and practice. *Teaching and Teacher Education, 26*: 1609–1618.

Trigwell, K. 2012. Relations between teachers' emotions in teaching and their approaches to teaching in higher education. *Instructional Science, 40*: 607–621.

Tsui, A. B. M. 2003. *Understanding Expertise in Teaching: Case Studies of ESL Teachers*. Cambridge: Cambridge University Press.

Turner, J. H. 2002. *Face to Face: Toward a Sociological Theory of Interpersonal Behavior*. Stanford: Stanford University Press.

Uitto, M., Jokikokko, K. & Estola, E. 2015. Virtual special issue on teachers and emotions in Teaching and teacher education (TATE) in 1985–2014. *Teaching and Teacher Education, 50*: 124–135.

Usher, R. & Edwards, R. 1994. *Postmodernism and Education*. London: Routledge.

Uzuntiryaki-Kondakci, E., Kirbulut, Z. D., Oktay, O. & Sarici, E. 2021. A qualitative examination of science teachers' emotions, emotion regulation goals and strategies. *Research in Science Education*, Advance online publication.

Vähäsantanen, K. 2015. Professional agency in the stream of change: Understanding educational change and teachers' professional identities. *Teaching and Teacher Education, 47*: 1–12.

Vähäsantanen, K., Hökkä, P., Eteläpelto, A., Rasku-Puttonen, H. & Littleton, K. 2008. Teachers' professional identity negotiations in two different work organisations. *Vocations and Learning, 1*: 131–148.

Vähäsantanen, K., Saarinen, J., & Eteläpelto, A. 2009. Between school and working life: Vocational teachers' agency in boundary-crossing settings. *International Journal of Educational Research, 48*: 395–404.

Väisänen, S., Pietarinen, J., Pyhältö, K., Toom, A. & Soini, T. 2017. Social support as a contributor to student teachers' experienced well-being. *Research Papers in Education, 32*(1): 41–55.

van der Heijden, H., Geldens, J., Beijaard, D. & Popeijus, H. 2015. Characteristics of teachers as change agents. *Teachers and Teaching, 21*(6): 681–699.

van Dijk, M. 2003. *Child Language Cuts Capers: Variability and Ambiguity in Early Child Development*. Groningen: University of Groningen.

van Driel, J. H., Bulte, A. M. W. & Verloop, N. 2007. The relationships between teachers' general beliefs about teaching and learning and their domain specific curricular beliefs. *Learning and Instruction, 17*: 156–171.

van Huizen, P., van Oers, B. & Wubbels, T. 2005. A Vygotskian perspective on teacher education. *Journal of Curriculum Studies, 37*(3): 267–290.

van Lankveld, T., Schoonenboom, J., Croiset, G., Volman, M. & Beishuizen, J. 2017a. The role of teaching courses and teacher communities in strengthening the identity and agency of teachers at university medical centres. *Teaching and Teacher Education, 67*: 399–409.

van Lankveld, T., Schoonenboom, J., Volman, M., Croiset, G. & Beishuizen, J. 2017b. Developing a teacher identity in the university context: A systematic review of the literature. *Higher Education Research & Development, 36*: 325–342.

van Lier, L. 2000. From input to affordances. In J. P. Lantolf (Ed.), *Sociocultural Theory and Second Language Learning*. Oxford: Oxford University Press, 245–259.

van Lier, L. 2002. Ecology, contingency, and talk in the postmethod classroom. *New Zealand Journal of Applied Linguistics, 8*: 1–20.

van Lier, L. 2008. Agency in the classroom. In J. P. Lantolf & M. E. Poehner (Eds.), *Sociocultural Theory and the Teaching of Second Languages*. Oakville, CT: Equinox, 163–186.

van Twillert, A., Kreijns, K., Vermeulen, M. & Evers, A. 2020. Teachers' beliefs to integrate Web 2.0 technology in their pedagogy and their influence on attitude, perceived norms, and perceived behavior control. *International Journal of Educational Research Open, 1*: 100014.

van Uden, J. M., Ritzen, H. & Pieters, J. M. 2014. Engaging students: The role of teacher engagement in vocational education. *Teaching and Teacher Education, 37*: 21–32.

van Veen, K., Sleegers, P. & van de Ven, P. 2005. One teacher's identity, emotions, and commitment to change: A case study into the cognitive-affective processes of a secondary school teacher in the context of reforms. *Teaching and Teacher Education, 21*: 917–934.

Varghese, M., Morgan, B., Johnston, B. & Johnson, K. 2005. Theorizing language teacher identity: Three perspectives and beyond. *Journal of Language, Identity, and Education, 4*: 21–44.

Vásquez, C. 2011. TESOL, teacher identity, and the need for "small" story research. *TESOL Quarterly, 45*(3): 535–545.

Verity, D. P. 2000. Side affects: The strategic development of professional satisfaction. In J. Lantolf (Ed.), *Sociocultural Approaches to Second Language Learning and Teaching*. Oxford: Oxford University Press, 179–197.

Verspoor, M., de Bot, K. & Lowie, W. (Eds.). 2011. *A Dynamic Approach to Second Language Development: Methods and Techniques*. Amsterdam: John Benjamins.

Virkkunen, J. 2006. Dilemmas in Building Shared Transformative Agency. *Activités 3*(1): 43–66.

Vitanova, G. 2018. "Just treat me as a teacher!" Mapping language teacher agency through gender, race, and professional discourses. *System, 79*: 28–37.

Vitanova, G., Miller, E., Gao, X. & Deters, P. 2015. Introduction to theorizing and analyzing agency in second language learning: Interdisciplinary approaches. In P. Deters, X. Gao, E. Miller & G. Vitanova (Eds.), *Theorizing and Analyzing agency in Second Language Learning: Interdisciplinary Approaches*. Bristol: Multilingual Matters, 1–13.

Vygotsky, L. S. 1986. *Thought and Language*. Cambridge: MIT Press.

Wallen, M. & Tormey, R. 2019. Developing teacher agency through dialogue. *Teaching and Teacher Education, 82*: 129–139.

Wang, L. & Du, X. 2016. Chinese language teachers' beliefs about their roles in the Danish context. *System, 61*: 1–11.

Wang, Y., Mu, G. M. & Zhang, L. 2017. Chinese inclusive education teachers' agency within temporal-relational contexts. *Teaching and Teacher Education, 61*: 115–123.

Watson, D. & Clark, L. A. 1988. Development and validation of brief measures of positive and negative affect: The PANAS scales. *Journal of Personality and Social Psychology, 54*: 1063–1070.

Weedon, C. 1997. *Feminist Practice and Poststructuralist Theory*. Cambridge: Blackwell.

Weick, K. E. 1976. Educational organizations a loosely coupled systems. *Adminstrative Science Quarterly, 21*(1): 1–19.

Wells, G. 2007. Who we become depends on the company we keep and on what we do and say together. *International Journal of Educational Research, 46*: 100–103.

Wenden, A. L. 1999. An introduction to metacognitive knowledge and beliefs in language learning beyond the basic. *System, 24*(4): 435–441.

Wenger, E. 1998. *Communities of Practice: Learning, Meaning, and Identity*. Cambridge: Cambridge University Press.

Wenger, E. 2000. Communities of practice and social learning systems. *Organization, 7*(2): 225–246.

Wenner, J. A. & Campbell, T. 2017. The theoretical and empirical basis of teacher leadership: A review of the literature. *Review of Educational Research, 87*(1): 134–171.

Werang, B. R., Leba, S. M. R., Agung, A. A. G., Wullur, M. M., Yunarti, B. S. & Asaloei, S. I. 2021. Indonesian teachers' emotional exhaustion and commitment to teaching: A correlational study. *Cypriot Journal of Educational Sciences, 16*(2): 522–531.

Wernicke, M. 2018. Plurilingualism as agentive resource in L2 teacher identity. *System, 79*: 91–102.

Wertsch, J. V. 1991. *Voices of the Mind*. Cambridge: Harvard University Press.

Wertsch, J. V. 2007. Mediation. In H. Daniels, M. Cole & J. V. Wertsch (Eds.), *The Cambridge Companion to Vygotsky*. New York: Cambridge University Press, 178–192.

White, C. J. 2018. Agency and emotion in narrative accounts of emergent conflict in an L2 classroom. *Applied Linguistics, 39*(4): 579–598.

Widodo, H. P., Fang, F. & Elyas, T. 2020. The construction of language teacher professional identity in the global Englishes territory: 'We are legitimate language teachers'. *Asian Englishes, 22*(3), 309–316.

Williams, J. 2010. Constructing a new professional identity: Career change into teaching. *Teaching and Teacher Education, 26*: 639–647.

Wilson, S. M. 2013. Professional development for science teachers. *Science, 340*(130): 310–313.

Woods, D., Barksdale, M. A., Triplett, C. F. & Potts, A. 2014. The teacher in me: Exploring preservice teacher identity through self-portraits. *Journal for Multicultural Education, 8*(2): 112–136.

Wright, S. 2015. Relational agency from a teacher as researcher perspective. *Cultural Studies of Science Education, 10*: 629–636.

Wu, H. & Badger, R. G. 2009. In a strange and uncharted land: ESP teachers' strategies for dealing with unpredicted problems in subject knowledge during class. *English for Specific Purposes, 28*: 19–32.

Wu, Z. & Chen, J. 2018. Teachers' emotional experience: Insights from Hong Kong primary schools. *Asia Pacific Education Review*, Advance online publication.

Yan, E. M., Evans, I. M. & Harvey, S. T. 2011. Observing emotional interactions between teachers and students in elementary school classrooms. *Journal of Research in Childhood Education, 25*(1): 82–97.

Yang, J. 2019. Understanding Chinese language teachers' beliefs about themselves and their students in an English context. *System, 80*: 73–82.

Yang, S., Shu, D. & Yin, H. 2021. "Frustration drives me to grow": Unraveling EFL teachers' emotional trajectory interacting with identity development. *Teaching and Teacher Education, 105*: 103420.

Yayli, D. 2017. Coping strategies of pre-service teachers of Turkish with tensions in achieving agency. *Eurasian Journal of Educational Research, 17*(68): 189–204.

Yilmaz, K., Altinkurt, Y., Güner, M. & Şen, B. 2015. The relationship between teachers' emotional labor and burnout level. *Eurasian Journal of Educational Research, 59*: 75–90.

Yin, H. 2016. Knife-like mouth and tofu-like heart: Emotion regulation by Chinese teachers in classroom teaching. *Social Psychology of Education, 19*: 1–22.

Yin, H. & Lee, J. C. 2012. Be passionate, but be rational as well: Emotional rules for Chinese teachers' work. *Teaching and Teacher Education, 28*: 56–65.

Yoo, J. & Carter, D. 2017. Teacher emotion and learning as praxis: Professional development that matters. *Australian Journal of Teacher Education, 42*(3): 38–52.

Yuan, R. 2016. The dark side of mentoring on pre-service language teachers' identity formation. *Teaching and Teacher Education, 55*: 188–197.

Yuan, R. 2019. A critical review on nonnative English teacher identity research: From 2008 to 2017. *Journal of Multilingual and Multicultural Development, 40*(6): 518–537.

Yuan, R. 2020. Novice nontraditional teacher educators' identity (re) construction in higher education: A Hong Kong perspective. *International Journal of Educational Research, 99*: 1–11.

Yuan, R., Sun, P. & Teng, L. 2016. Understanding language teachers' motivations toward research. *TESOL Quarterly, 50*(1): 220–234.

Zahorik, J. A. 1986. Acquiring teaching skills. *Journal of Teacher Education, 37*(1): 21–25.

Zembylas, M. 2002. "Structures of feelings" in curriculum and teaching: Theorizing the emotional rules. *Educational Theory, 52*(2): 187–208.

Zembylas, M. 2004. The emotional characteristics of teaching: An ethnographic study of one teacher. *Teaching and Teacher Education, 20*: 185–201.

Zembylas, M. 2005. Discursive practices, genealogies, and emotional rules: A poststructuralist view on emotion and identity in teaching. *Teaching and Teacher Education, 21*: 935–948.

Zembylas, M. 2007a. Emotional capital and education: Theoretical insights from Bourdieu. *British Journal of Educational Studies, 55*: 443–463.

Zembylas, M. 2007b. Emotional ecology: The intersection of emotional knowledge and pedagogical content knowledge in teaching. *Teaching and Teacher Education, 23*: 355–367.

Zembylas, M. 2016. Making sense of the complex entanglement between emotion and pedagogy: Contributions of the affective turn. *Cultural Studies of Science Education, 11*: 539–550.

Zembylas, M., Charalambous, C. & Charalambous, P. 2014. The schooling of emotion and memory: Analyzing emotional styles in the context of a teacher's pedagogical practices. *Teaching and Teacher Education, 44*: 69–80.

Zhang, L., Yu, S. & Jiang, L. 2020. Chinese preschool teachers' emotional labor and regulation strategies. *Teaching and Teacher Education, 92*: 103024.

Zhang, Q. & Zhu, W. 2008. Exploring emotion in teaching: Emotional labor, burnout, and satisfaction in Chinese higher education. *Teaching and Teacher Education, 57*(1): 105–122.

Zheng, H. 2015. *Teacher Beliefs as a Complex System: English Language Teachers in China*. Bern: Springer.

Zysberg, L. & Maskit, D. 2017. Teachers' professional development, emotional experiences and burnout. *Journal of Advances in Education Research, 2*(4): 287–300.

附　　录

附录 1　Parrott（2001）的情感分类

基本情感	二级情感	三级情感
Love	Affection	Adoration, Fondness, Liking, Attractiveness, Caring, Tenderness, Compassion, Sentimentality
	Lust	Arousal, Desire, Passion, Infatuation
	Longing	Longing
Joy	Cheerfulness	Amusement, Bliss, Gaiety, Glee, Jolliness, Joviality, Joy, Delight, Enjoyment, Gladness, Happiness, Jubilation, Elation, Satisfaction, Ecstasy, Euphoria
	Zest	Enthusiasm, Zeal, Excitement, Thrill, Exhilaration
	Contentment	Pleasure
	Pride	Triumph
	Optimism	Eagerness, Hope
	Enthrallment	Enthrallment, Rapture
	Relief	Relief
Surprise	Surprise	Amazement, Astonishment
Anger	Irritation	Aggravation, Agitation, Annoyance, Grouchy, Grumpy, Crosspatch
	Exasperation	Frustration
	Rage	Anger, Outrage, Fury, Wrath, Hostility, Ferocity, Bitter, Hatred, Scorn, Spite, Vengefulness, Dislike, Resentment
	Disgust	Revulsion, Contempt, Loathing
	Envy	Jealousy
	Torment	Torment

（续表）

基本情感	二级情感	三级情感
Sadness	Suffering	Agony, Anguish, Hurt
	Sadness	Depression, Despair, Gloom, Glumness, Unhappy, Grief, Sorrow, Woe, Misery, Melancholy
	Disappointment	Dismay, Displeasure
	Shame	Guilt, Regret, Remorse
	Neglect	Alienation, Defeatism, Dejection, Embarrassment, Homesickness, Humiliation, Insecurity, Insult, Isolation, Loneliness, Rejection
Fear	Horror	Pity, Sympathy
	Nervousness	Alarm, Shock, Fear, Fright, Horror, Terror, Panic, Hysteria, Mortification

附录 2　本科学术英语改革实践共同体编写的
《通用学术英语综合教程（读写）》（2020: vi-ix）的基本情况

Contents

Chapter	Topic	Readings	Subject	Genre/Source	Page
1	Aladdin's Lamp vs. Magic in Real Life	The Magic of Reality	Evolutionary biology	Popular science publication	1
		Queuing Theory	Mathematics and Economics	Science ABC website	
2	Can We Work Together?	Why Do We Cooperate?	Developmental Psychology	Popular science publication	23
		Getting Even or Being at Odds Coalition in Three- to Six-person Groups	Management Science	Research article	
3	All You Need Is Laugh	Are Smart People Funnier?	Cognitive Science	Science blog	51
		Theories of Humor	Cognitive Science and Linguistics	PhD thesis	
4	Double-edged Design	Brains over Brawn?	Evolutionary Biology	Popular science publication	77
		Harvesting Human Organs from Pigs	Biological Ethics	Science blog	
5	Experiments Happen	Experimentation	Computer Science and Psychology	Popular science publication	101
	Twenty-four Seven	The Pen Is Mightier than the Keyboard	Psychological Science	Research article	

（续表）

Chapter	Topic	Readings	Subject	Genre/Source	Page
6	Myth of Identity	The Name Game	Cognitive Science and Logic	Popular science publication	121
		Born Lucky	Psychological Science	Popular science publication	
		The Influence of Minority	Social Psychology	Classic textbook	
7	Inconvenient Truth About Choice	Peer Effects and Attrition from the Sciences	Law Science and Economics	Research article	147
8	Create Me If You Can	Why Is Frankenstein a Stigma Among Scientists?	Science and Engineering Ethics	Research article	171
		Is Your Robot Male or Female?	Computer Science	Research article	

Syllabus

BPSE	Week	Readings	Language Focus	Academic Literacy Skills
背景 Background	W1	The Magic of Reality	Dealing with unknown words	Recognizing academic style/structure
	W2	Queuing Theory	Identifying formal expressions	Narrowing down a topic
	W3	Why Do We Cooperate?	The use of synonyms	In-text citations and references
	W4	Getting Even or Being at Odds	Reporting verbs	Paraphrasing/summarizing/quoting
		Coalition in Three- to Six-person Groups		
	W5	Are Smart People Funnier?	Linking words and phrases	Supporting an argument with evidence
	W6	Theories of Humor	Expressions that link ideas	Synthesizing and critiquing

（续表）

BPSE	Week	Readings	Language Focus	Academic Literacy Skills
问题 Problem	W7	Brains Over Brawn?	Tense and voice	Hypotheses/research questions/ research objectives
	W8	Harvesting Human Organs from Pigs	Pronoun reference	Thematic development
	W9	Experimentation	Impersonal stance	Designing an experiment or a survey
方案 Solution	W10	The Pen Is Mightier than the Keyboard	Passive voice and past tense	Describing a process
	W11	The Name Game	Collocations	Describing your findings
	W12	Born Lucky	Causal expressions	Data visualization
	W13	The Influence of Minority	Unreal conditionals	Comparing/contrasting your findings with others'
评估 Evaluation	W14	Peer Effects and Attrition from the Sciences	Evaluative prefixes	Highlighting your contribution
	W15	Why Is Frankenstein a Stigma Among Scientists?	Hyphenated compound words	Hedging expressions
	W16	Is Your Robot Male or Female?	Explaining special terms	Nominalization

附录 3　硕士学术英语改革实践共同体编写的
《研究生学术英语读写教程》（2019：iv-v）的基本情况

Contents

Project-Based Learning	Content-Based Learning	Academic Reading Skills	Academic Writing Skills
Literature Review	Unit 1 Psychology　P1	Predicting Theme and Identifying Patterns and Structures	Paraphrasing
	Unit 2 Geoscience　P25	Making Inferences	Summarising
	Unit 3 Physics　P47	Determining Differences Between Facts and Opinions	Reporting and Synthesising
Critical Thinking	Unit 4 Mathematics　P71	Evaluating Facts or Evidence	Choosing Effective Evidence to Support a Thesis
	Unit 5 Computer Science　P95	Evaluating Arguments	Identifying Limitations and Indicating Research Gaps
Writing Descriptively	Unit 6 Biology　P113	Creating and Using Mental Images	Describing Processes and Procedures
	Unit 7 Materials Science　P133	Understanding and Analysing Data	Describing Tables and Figures
Writing Correctly, Properly, and Logically	Unit 8 Chemistry　P157	Analysing Unknown Words Through Context	Expressing with Nominalisation
	Unit 9 Management　P179	Understanding Collocation	Using Hedging Expressions Properly
	Unit 10 Medicine　P197	Understanding Ellipsis and Substitution	Creating Cohesion

附录4　博士学术英语改革实践共同体编写的
《学科英语写作系列教程》（2022）的基本情况

《学科英语写作系列教程》	系列教材的整体特点
《学科英语写作教程（化学）》 《学科英语写作教程（地学）》 《学科英语写作教程（计算机）》 《学科英语写作教程（材料科学）》 《学科英语写作教程（电子工程）》	**学术性** 语料源于真实学术语境，彰显学科英语特色。本系列教材以各学科领域重要国际期刊的学术论文为素材进行编撰，真实呈现期刊论文的体裁特征和语言规范，介绍了学术论文写作的特点、要点，直击学术英语写作的难点问题，旨在帮助相关专业的学生全面提升其学术论文写作水平与学术思辨能力。 **开创性** 融入语料库数据处理方法，创新教材编写模式。语料库方法可以十分客观快捷地捕捉学术语篇中的词汇、短语、搭配、语块、句子结构等语言层面的使用规律。语料库的运用不仅能够呈现自然学术语境中真实的语言使用，更为重要的是，能够引导学习者建立适合自己微观研究方向的专业文献语料库，并将其作为未来学术生涯的开端以及追随学术生命成长过程的见证。 **针对性** 理论指导与实际应用相结合，切实满足学习需求。本系列教材总结了撰写学术论文的常用词汇、短语、句型、自建语料库的方法及其基本应用，通过课前引入、案例分析、常用表达积累等环节，循序渐进地引导学生发现、学习并掌握各章节的重难点；课后练习丰富、新颖、多样，帮助学习者巩固学习成果。

《学科英语写作系列教程》（分册）	系列教材的分册简介
《学科英语写作教程（化学）》	本教材基于语料库编写。全书教学活动中所用的语言实例、常用功能语句，以及附录中的高频词词表均基于编者建立的化学专业语料库，利用语料库软件 AntConc 检索结果，辅以人工识别筛选而来。为了建立用于编写本书的语料库，编者收集了来自 *JACS*、*Nature Chemistry*、*Inorganic Chemistry*、*ACS Catalysis*、*Analytical Chemistry* 等国际期刊的论文共 280 篇，主要涉及无机化学（50篇）、有机化学（50 篇）、物理化学（50 篇）、分析化学（50 篇）、高分子化学（50 篇）和其他专业方向（30 篇）。本教材指导学生自建化学专业语料库，并通过 Corpus in Use 活动帮助学生练习使用语料库软件检索自建语料库，传授学生自主发现本学科论文语言特点的方法。本教材针对学生论文写作时的痛点和难点，设计了大量的教学活动。这些活动并非简单练习，其主要目的在于帮助学生高效、切实地提高论文写作能力。学生通常需要在活动中完成一个层层递进的学习过程，即"观察例文 → 理解逻辑 → 识别功能语句 → 练习功能语句用法 → 在语境中运用功能语句"。教学活动之间必要之处有语言精练的讲解，既能帮助教程使用者进一步理解所学，也不至对非英语专业人士造成过大的阅读负担。
《学科英语写作教程（地学）》	本教材旨在帮助地学相关专业的研究生了解该领域重点期刊英文论文的写作规范、结构、语步、功能句型、常用词汇等，全面提升他们的学术论文写作水平。本教材共分七个章节，系统讲述标题、摘要、引言、方法、结果、讨论、总结与致谢的写作规范。每章节的具体内容由整体概述、案例分析和功能句型构成。除此以外，在论文写作授课过程中，编者发现学生们的需求还包括提升语法知识，准确运用学术词汇和句型，及提升所写语篇的学术感。基于这些需求，编者在每章分别安排了介词、冠词、非谓语动词、从句、衔接手法、模糊限制语、名词化的专题讲解，且配有相关练习题，期望通过这些能帮助学生解决一些语法困惑，恰当使用学术写作技能，为写出高质量的学术论文打牢语言基础。本教材基于近年地学重点期刊论文及地学论文语料库，选材真实，贴近研究热点；语料系统全面，语法讲解易懂；配套练习形式新颖且针对性较强，注重语言能力与思辨思维的双重提升；另外，本教材附有地学专业常用词汇与搭配附录，能有效帮助地学专业相关学生快速掌握本领域术语与搭配。本教材适合地学专业的研究生与科研工作者使用。可以当作论文写作类教材学习，也可以当作工具书使用。编者也建议读者根据本书所列出的语步，继续在平常的阅读中总结相关表达与句型。

（续表）

《学科英语 写作系列教程》 （分册）	系列教材的分册简介
《学科英语写 作教程（计算 机）》	本教材以计算机学科一区和二区期刊的研究论文为语料，采用语料库方法，从学术词汇、学术搭配和学术句式三个角度出发，为读者梳理具有学科代表性和权威性、凸显本专业特色的学术用语。为帮助读者准确理解本专业典型的学术论文结构，并识别论文结构与学术用语之间的潜在联系，编者以本专业学术论文语步为单位编排内容，将学术搭配和学术句式穿插其中，方便读者熟悉并掌握本专业特色的写作特征。教材遵循"一书两用"的编写方案，既提供涵盖从词汇到句子的真实语料用于查询和应用，又提供论文结构的样文讲解和学术语料的分析教程用于自主学习。本教材因具有专业针对性，因此适用于拥有计算机专业知识背景或对专业学术论文写作感兴趣的硕/博士研究生和科技工作者。
《学科英语写 作教程（材料 科学）》	本教材的一大特色是基于真实学术语料，体现了科学性。本教材提供的词汇、短语和句型均提取自新近发表在知名 SCI 期刊（例如 *Acta Materialia*、*Current Opinion in Solid State & Materials Science*、*Materials Today*、*Advanced Materials*、*Advanced Functional Materials* 等）上的百余篇材料科学研究论文及由北京外国语大学开发的 50 万字的材料科学论文语料库（CQPweb-MatDEAP）。编者根据研究论文中出现的单词频率汇编成材料科学词汇表（Materials Science Word List）供学习者参考。常用句型则按照 Swales（2004）和 Hyland（2009）总结的研究论文的主要语步进行排列组织。在每个语步中，句型根据其在学术写作中的交际功能进行了进一步分类，如表示肯定、质疑、比较和对比等。虽然这些句型是从研究论文中摘录的，但它们是由编者筛选、提取并整合的，因此这些句型和表达方式在内容上是中性的，直接使用不会构成抄袭行为。编者希望学习者可以根据自身需求合理使用这些句型和表达方式。为突出本教材的思想性，编者引用了一些中国科学家发表的具有较大国际影响力的期刊论文，以彰显我国科学工作者对推动科技进步作出的贡献，凸显我国学者在国际学术界的话语权。本教材是一本容易上手的学术写作指南，不仅有理论指导和学习资源，更有实践的技巧、方法和策略，旨在帮助材料科学及相关研究领域的学习者和科研工作者提高学术写作能力。鉴于本教材的内容主要来源于真实的学术文章，具有一定难度，因此主要面向英语语言能力处于中等及以上水平的材料科学相关专业的学生、科研工作者或教授相关领域的学术英语教师。

《学科英语写作系列教程》（分册）	（续表）系列教材的分册简介
《学科英语写作教程（电子工程）》	本教材自建语料库，选取 IEEE 影响因子 5 以上的 11 种期刊，具体为 Internet of Things、Transactions on Automatic Control、Transactions on Automation Science and Engineering、Transactions on Communications、Transactions on Circuits and Systems for Video Technology、Transactions on Geoscience and Remote Sensing、Transactions on Mobile Computing、Transactions on Multimedia、Transactions on Pattern Analysis and Machine Intelligence、Transactions on Vehicular Technology、Computational Intelligence Magazine，选择这些期刊中的高被引文章或者 2018 年以后发表的文章，共计 87 篇，约 55 万字。本教材语料完全来自自建的语料库，体例和格式也都保留了期刊论文的特点，目的是尽可能让读者熟悉真实的学术论文结构和语言特点。本教材强调学术论文的体裁特征和规范，详尽地展示了论文写作整体框架和各个部分的特征和语言。

附录 5　课堂观察（节选）

授课教师：教师 X				
授课时间：2017 年 10 月 20 日				
课程名称：学术英语读写				
授课内容：学术写作中的图表				
教学过程	**主要目的**	**具体内容**	**教师方法和手段**	**学生课堂反应**
设计 1： 复习 时长： 10 分钟	复习 报告图表	First, I would like to review what we have learned last week, especially how to report figures. Please look at here. Do you still remember three elements we should use to report data?...	用英文提问，通过点名的方式，请学生回答问题	用英文回答老师提出的问题
设计 2： 时长：				
设计 3： 时长：				

附录 6　集体备课会（节选）

备课时间：2018 年 5 月 25 日		
备课内容：讨论教材中医学单元的教学内容		
备课老师：教师 Y 等		
备课环节	主要目的	具体内容
环节 1	讨论医学单元的医学伦理问题	我们小组认为整篇文章主要讲的是医学伦理。医学作为一种技术本身并不存在什么问题，但是重点是医生如何把这种技术运用到病人的身上，所以这篇文章的主题就是，医学是否需要一种思考道德伦理问题的方式，以应对不同的道德价值观和人们的直觉，进而可以跟上医学这种技术进步的步伐。我们小组讨论的结果是，把这篇文章分成三个部分，分别是 1~8 段、9~11 段，以及 12~15 段。大家可以在后面标注一下。首先 1~8 段讲的就是自几个世纪以来，医学伦理面临的问题是，医学上的一个决定、道德上的一个决定，以及道德伦理上的一个决策。其中第 8 段是个过渡段，它提出医学技术不存在问题，但是重点是医生如何运用医学技术，他 / 她的行为和后果是需要人们去思考的，也就是平常我们说的医学伦理问题。第 9~11 段讲的是现代医学伦理的问题，自第二次世界大战以来，人们对医学的权威考察中，形成了现代医学伦理。这三个自然段中引用了一个法律的案例，就是这个医生在没有事先通知病人的情况下，对病人实施了输卵管手术，因为她的输卵管对他的外科手术造成影响，以及会对这个病人造成影响。但是后来这个病人认为医生行为有问题，对他进行了举报。也就是说，可能我们日常生活中认为医生所做的抉择都是正确的，但是他 / 她们不可能在病人自己不知情的情况下，让医生对他 / 她进行处理，当然紧急情况除外……
环节 2		
环节 3		

附录 7　教材讨论会（节选）

会议时间：2018 年 6 月 22 日		
讨论内容：讨论教材选材		
参会老师：教师 X 等		
讨论环节	**主要目的**	**具体内容**
环节 1	指出教材选材出现的问题	负责人 J：这次选材有突破，关于立意深远、发人深思这一点大家往前进了一大步，未来可以放在第一篇（Text A），选择余地比较大。选材的类别也比较好，向不同的方向拓展了，不是只有 AI，大家都脑洞大开了。所以是不是继续下去，选出更拓展的材料。另外，大家提供的两篇选材出自同一本书、同一个作者，这种情况也不要出现。为什么呢？我们知道同一个作者笔法是很相近的，所以选材尽量要来自不同的声音和不同的资源……
环节 2		
环节 3		

附录 8　教师日志（节选）

教师：教师 Z
课程名称：博士学术英语写作
授课第___5___周
本周教学目的： 学术期刊论文中的长难句解析
本周教学内容： 1）预习测试，15 分钟 2）小组汇报，20 分钟 3）讲解主题、词汇、长难句、结构划分，65 分钟
教学重点和难点： 长难句的语法分析
教学方法和策略： 这一周是新单元的开始，主要以讲授课文内容为主，未涉及与学科学术英语的相关的内容。课堂上大部分时间用来分析课文中的 8 个长难句。学生在分析长难句时有较大的问题，主要体现在词汇量和基础语法上。大多数学生不能理解非谓语动词、并列结构等概念。并列结构本来可以很简单，但是有些并列结构，如 A and B 中，A 的后面可以加很多的修饰成分，使得 A 与 B 之间被隔开。这导致学生无法很快找出并列结构中主要被并列的两个主体。我的解决策略是在课堂上讲解一些基本的语法概念、长难句的划分步骤等，并提供一些关于上述并列结构的具体例子。
教学反思： 我觉得，基本的语言知识和学术英语相关的规范与思维是同等重要的，前者对后者的理解至关重要，两者在课堂上都应该得到重视。

术 语 表

边缘信念　　　　　　　　　peripheral belief

边缘性参与　　　　　　　　legitimate peripheral participation

辩证唯物主义　　　　　　　dialectical materialism

标准范式　　　　　　　　　standard paradigm

表层扮演策略　　　　　　　surface acting strategy

场景多样的主体性　　　　　situationally diverse agency

斥态　　　　　　　　　　　repellor state

传递主义信念　　　　　　　transmission view

次要矛盾　　　　　　　　　secondary contradiction

抵制　　　　　　　　　　　resistance

动态系统理论　　　　　　　dynamic systems theory

动态整体　　　　　　　　　dynamic ensemble

多重身份　　　　　　　　　multiple identities

多面平衡的主体性　　　　　multifaceted balancing agency

二级情感　　　　　　　　　secondary emotion

二元论　　　　　　　　　　dualism

反应聚焦自动情绪调节　　　response-focused regulation

复合情感　　　　　　　　　compound emotions

负面情感　　　　　　　　　negative emotion

复杂动态系统　　　　　　　complex dynamic system

复杂系统理论　　　　　　　complex systems theory

复杂性科学　　　　　　　　complexity science

复杂性理论　　　　　　　　complexity theory

复杂转向　　　　　　　　　complex turn

改革设计者　　　　　　　　reform designer

改革实施者　　　　　　　　reform implementer

改革生态　　　　　　　　　reform ecology

个人主体性　　　　　　　　personal agency

个体发展　　　　　　　　　individual development

个体主体性	individual agency
共同适应	co-adaptation
共同行动	joint enterprise
共享资源	shared repertoire
构建主义信念	constructivist belief
关键事件	critical event
关系中成长的主体性	relationally emergent agency
关系主体性	relational agency
行业英语	English for Vocational Purposes (EVP)
核心身份	core identity
核心信念	core belief
宏观系统	macro-system
后结构主义视角	post-structuralist perspective
蝴蝶效应	butterfly effect
话语中的身份	identity-in-discourse
话语转向	discursive turn
还原主义	reductionism
混沌理论	chaos theory
基本情感	basic emotions/primary emotions
集体身份	collective identity
集体主体性	collective agency
给养	affordance
教师发展	teacher development
教师情感	teacher emotion
教师身份	teacher identity
教师信念	teacher belief
教师张力	teacher tension
教师主体性	teacher agency
教学信念	pedagogical belief
紧密耦合组织	tightly coupled organization
静态主体性	static agency
科技英语	English for Scientific and Technological Purposes (EST)
可能自我理论	possible selves theory
恐惧自我	feared selves

扩展的主体性	extensive agency
理想自我	the ideal self
理性主义	rationalism
前辈	old-timer
嵌套的复杂系统	embedded complex system
情感规则	feeling rules
情感劳动	emotion labor
情感轮盘	wheel of emotion
情感强度	emotional intensity
情感生态	emotional ecology
情感失调	emotional dissonance
情感调节	emotional regulation
情感投资	emotional investment
情感现实	emotional reality
情感学	emotionology
情感资本	emotional capital
情感张力	emotional tension
情感转向	the affective turn
情景修正	situation modification
情景选择	situation selection
权力差距	power distance
权力关系	power relation
全面联结性	complete interconnectedness
扰动作用	perturbation
认知重评	cognitive reappraisal
三级情感	tertiary emotion
三角验证	triangulation
上调	up-regulate
社会文化理论	sociocultural theory
社会资本	social capital
深层扮演策略	deep acting strategy
身份崩溃	identity breakdown
身份冲突	identity conflicts
身份冲突理论	identity conflicts theory
身份共建	identity co-construction

身份捎客	identity broker
身份缺陷	identity deficit
身份危机	identity crisis
身份张力	identity tension
身份—主体性	identity-agency
身份转化	identity transformation
身在心中	body in mind
生态平衡	ecological equilibrium
生态系统	ecological system
生态转向	ecological turn
时间系统	chrono-system
实践共同体	Community of Practice (CoP)
实践中的身份	identity-in-practice
守门人	gatekeeper
舒适区	comfort zone
双一流	"Double First-Class" initiative
松散耦合组织	loosely coupled organization
缩减的主体性	truncated agency
体验主义	embodism
通用英语	English for General Purposes (EGP)
外部系统	exo-system
微观系统	micro-system
伪装	faking
位置身份	positional identity
吸态	attractor state
下调	down-regulate
先行聚焦自动情绪调节	antecedent-focused regulation
现实自我	the actual self
相互支撑	mutual engagement
协商	negotiate
新手成员	new comer
新文科	new liberal arts
心在身中	mind in body
形成性评估	formative assessment
需求分析	needs analysis

学科学术英语	Discipline-specific Academic English
学科知识	subject knowledge
学术英语	English for Academic Purposes (EAP)
掩饰	masking
一线教师	frontline teacher
英本主义	native-speakerism
应该自我	the ought self
英文授课	English as a Medium of Instruction (EMI)
涌现范式	emerging paradigm
有限的主体性	restricted agency
语言测评素养	language assessment literacy
增强的主体性	expanded agency
张力	tension
真实表达策略	genuine expression strategy
整体主义视角	Holistic/integrated approach
正面情感	positive emotions
知识传授	knowledge transmission
知识共建	knowledge co-construction
知识信念	epistemological beliefs
中观系统	meso-system
终结性评估	summative assessment
重要他人	significant others
主体能力	agentic capacity
主要矛盾	principal contradiction
注意分配	attentional deployment
终身学习	lifelong learning
专门用途英语	English for Specific Purposes (ESP)
专业发展	professional development
转型主体性	transformative agency
自上而下的方式	top-down approach
自我差异理论	self-discrepancy theory
自我概念	self-concept
自我培训	self-training
自组织	self-organization
组织发展	organizational development